W0074036

Prolog

Lebenstolle Witwen und entliebte Traumpaare, unmoralische Seelsorger und unscheinbare Casanovas, Alltagshelden und Charakterferkel – manche Menschen scheinen an Bord nicht nur den Alltag zu vergessen, sondern auch ihre Masken zu verlieren. Was dann passiert? Das Leben zeigt sich ungeschminkt. So entstehen brandgefährliche Situationen und kleine Wunder. So kommt es zu schicksalhaften Begegnungen, zu streng gehüteten Geheimnissen und zu mysteriösen Vorfällen, die manchmal unglaublich, aber immer wahr sind. Denn Sarah Laux hat sie alle erlebt.

Sarah Laux studierte Schauspiel und Gesang und ging mit 39 erstmals mit ihrem eigenen Solo-Programm auf Kreuzfahrt-Tournee. Auf rund 150 Reisen lernte sie die Welt, doch vor allem die Menschen kennen. Sie sah genau hin, hörte gut zu und hat vor und hinter die Kulissen geschaut. Nun hat sie geschrieben, was sie noch heute bewegt und berührt, was komisch, tragisch oder besonders war.

Sarah Laux lebt heute bei München. Ihre Konzerte sind legendär. Ihre Stimme erzeugt Gänsehaut, ihre Texte und Kompositionen treffen mitten ins Herz. Die 21 Geschichten in diesem Buch sind wie ihr musikalisches Repertoire: mitten im Leben, authentisch, nah.

Sarah Laux

Wenn Kreuzfahrtschiffe reden könnten

Wahre Begegnungen auf hoher See

Umschlaggestaltung, Layout und Satz: Konstantin Morjan
Gesetzt aus der Garamond / Adobe Indesign

Verlag und Druck:
KASTNER AG – das medienhaus
Schloßhof 2 - 6 · 85283 Wolnzach · www.kastner.de

1. Auflage 2018
ISBN 978-3-945296-70-7

Printed in Germany

Einen ganz lieben Dank an Petra, Ute, Uwe und Dieter.

Ohne Petra Clamer gäbe es dieses Buch nicht. Meine Erlebnisse fanden bei ihr offene Ohren, und die Geschichten, die ich schrieb, erwachten zum Leben. Was als inspirierende Zusammenarbeit begann, wurde zu Freundschaft. Petra Clamer ist freie Journalistin, Kommunikationswirtin und Autorin. Sie arbeitet auch als renommierte Texterin und begeisternde Edutainerin. Seit vielen Jahren ist sie erfolgreich für die Touristik, insbesondere für die Kreuzfahrt tätig.

Ich danke von ganzem Herzen Uwe Klötzer und Ehefrau Ute, die maßgeblich die Produktion meines Buches unterstützt haben. Uwe Klötzer arbeitet als erfolgreicher Unternehmer (www.lawita.de) in der Frisch- und Abwassertechnik. Seine Motivation: „Wasser ist die wertvollste Ressource auf unserem Planeten – unentbehrlich für unser Überleben. Wasser ist gleichzeitig Taktgeber und Motor für unsere Seele. Wo träumen wir lieber als am heimischen See, am Meeresstrand oder an Bord eines Kreuzfahrtschiffes."

Und dann ist da noch Dieter. Er war von Anfang an davon überzeugt, dass es dieses Buch geben muss und geben wird. Ohne seinen Einsatz für und seinen Glauben an mein Buch wäre es dennoch nie entstanden. Mein größter Dank gilt daher ihm, seinem Zuspruch und Rückhalt, doch vor allem seiner sanft-strengen Beharrlichkeit.

Inhalt

Witwen im Glück

Alleinstehende Damen auf Kreuzfahrt sind zumeist verwitwet oder lukrativ geschieden. Ältere Semester, die überaus interessant, weltterfahren, lebensklug, liebenswert, schrullig oder exzentrisch sein können. Oder alles zusammen. Oder aber das genaue Gegenteil. Diese Damen genießen die neue Unabhängigkeit und ihre Freiheit. Die meisten verreisen nun – nach all den Ehejahren – am liebsten alleine. Nur wenige teilen lieber die Kabine und all die schönen Reiseerlebnisse mit einer guten Bekannten.

Auf einer Kreuzfahrt in der Ägäis traf ich erstmalig auf ein Quartett im Witwenstand: vier befreundete, reifere Damen, die in einer einzigen Kabine zusammen wohnen wollten. 14 Tage und Nächte lang. Vier gestandene Persönlichkeiten auf engstem Raum. Vier Witwen mit einem gewissen Nachholbedarf. Vier Rheinländerinnen auf Kreuzfahrt. Ich nenne sie jetzt einfach mal Anna, Elsbeth, Ilse und Christel.

Anna, die älteste des Quartetts, war bereits beeindruckende 86. Sie war sehr schlank und überaus stolz auf ihre Figur. Sie zeigte sie daher auch entsprechend gerne: ein kurzes Röckchen hier, ein offenherziges Blüschen dort, enge Glitzer-T-Shirts, avantgardistische Farbkombinationen. Ebenfalls recht ungewöhnlich für ihr Alter war Annas außergewöhnlicher Bewegungsdrang, mit dem sie sich fit und eisern in Form hielt. Jeden Morgen Punkt 7 Uhr sah man Anna bereits zügig rund um das ganze Deck spazieren. Und das nicht nur einmal. Drei lange Runden waren ihr Minimum pro Tag. Sie schien Walking erfunden zu haben. Mit jedem energischen Schritt übers Meer schien sie ihrem wahren Alter erfolgreich die Stirn zu bieten. Danach ging sie frisch und fröhlich an das reichhaltige Frühstücksbuffet und holte sich mit viel Obst und Müsli ihre Vitamine ab. Mehr nicht. Zu erwähnen wäre vielleicht nur noch, dass ihr sexy Sport-Outfit in Größe S durch auffälligen Modeschmuck ergänzt wurde.

Elsbeth, die zweite im Bunde, war recht klein, mit stattlichen 75 Lebensjahren gesegnet und mit mindestens doppelt so vielen Pfunden. Elsbeth war dementsprechend wenig an Sport oder Fitness interessiert. Dafür umso mehr am nachmittäglichen Kuchenbuffet, auf das sie sich schon am frühen Morgen freute. Annas drei Frischluft-Runden am Morgen waren für Susanne drei Sahnestücke am Nachmittag. Ebenfalls ein tägliches Minimum. Es stand zu befürchten, dass ihr quergestreiftes Lieblingskleid bereits zur Halbzeit der Reise noch weitere zwei Nummern zu klein werden würde. Und dass – zum Ende der Reise – die weite großblumige Tunika einen ziemlich figurbetonten Schnitt bekommen könnte. Aber das behielt ich natürlich schmunzelnd für mich. Denn Elsbeth liebte jede einzelne ihrer pfundigen Rollen. Auch gerne mit Plissee umhüllt.

Freundin Ilse zählte 71 Lenze und hatte vor allem eins: einen unschlagbaren rheinischen Humor. Vom frühen Morgen bis in die spätere Nacht hinein brach er ungebremst aus ihr heraus. Sie war die Neugierigste von allen, die Kontaktfreudigste und Lauteste. Doch falls Sie jetzt leicht pikiert „Ach herrje" denken, liegen Sie falsch: Ilses Erfahrung aus 71 Jahren Karnevalstreiben am Rhein, ihre scharfe Beobachtungsgabe und ihre unbändige Lebenslust hatten sie zu einer liebenswürdigen und klugen Kommentatorin sämtlicher menschlichen Schwächen gemacht. Ihr Witz war spontan und immer auf den Punkt. Wenn sie über die Stränge der Etikette schlug, verletzte sie nie. Ihre Vergangenheit als umjubelte Büttenrednerin glaubte man ihr sofort. Und bei ihrem Lieblingsthema „Männer" war sie einfach unschlagbar. Langwierige Busausflüge mit geschichtskundigen Reiseleitern zu geschichtsträchtigen Stätten garnierte sie freundlich mit scharfzüngigen Beobachtungen. Sie war häufig die süße Sahne auf einem trockenen Stück Wissen. Alle liebten sie. Wirklich. Sogar diejenigen, die dummerweise in ihre komödiantische Schusslinie gerieten. Hauptsächlich Männer, versteht sich.

Ja, und dann war da noch Christel. Sie war mit gerade mal 68 Jahren die Jüngste, die Unternehmungslustigste und auch die Wohlhabendste des ungleichen Quartetts. Durch und durch eine Lady. Gepflegt, stilsicher, distinguiert und geübt in leicht fließender Konversation. Christel legte viel Wert darauf, eine glückliche Ehe geführt zu haben. Christel zeigte Gold, Gucci und Juwelen. Und Christel betonte, dass ihre sehr, sehr gute Witwenpension nicht zuletzt ihr Verdienst gewesen sei. Christel war es auch, die die Idee zu dieser Reise gehabt hatte. Sie finanzierte eine Freundin völlig, für alle anderen spendierte sie die Ausflüge und hier und da ein wenig Taschengeld. Der Grund war ein überaus pragmatischer: Eine Seereise war für sie Neuland. Und jedes Neuland braucht emotionale Sicherheiten – durch erprobte Freundinnen, zum Beispiel. So gewappnet wollte sie mit dieser Kreuzfahrt etwas von dem unter die Leute bringen, was ihr Mann ihr nach seinem Tod vor fünf Jahren vermacht hatte. Sie machte keinen Hehl daraus, dass ihr Vermögen beträchtlich war. Und dass sie es – nebst Pension – als den selbstverständlichen Lohn einer wirklich guten Gattin ansah.

Christels öffentliche Großzügigkeit war den drei anderen nie peinlich. Man verstand sich prächtig, man neckte sich und nahm reihum die Eigenheiten jeder einzelnen aufs Korn – wenn auch stilistisch sehr unterschiedlich. Ein ungleiches vierblättriges Kleeblatt, das sich gegenseitig Glück brachte. Und so – ohne jeglichen finanziellen Engpass – sah man alle immer in allerbester Laune. An ihrem Dinner-Tisch war an jedem Abend viel Gelächter. Die Tischnachbarn schauten oft ein wenig neidisch zu ihnen hinüber. Denn die gute Urlaubsstimmung war an keiner Tafel so beständig ausgelassen. Selbstverständlich wusste Ilse immer, warum sich Paar X anmuffelte. (Er hatte den Weg zum Ausflugsbus nicht gefunden und dem richtigen Rückweg-Vorschlag der Gattin nicht vertraut.) Oder warum Frau Y heute so biestig war. (Ihr Mann war überaus eifrig der blutjungen und bildschönen Reiseleiterin gefolgt, hatte ihr freiwillig Komplimente gemacht, ihr ein viel zu üppiges Trinkgeld geschenkt und sie zu allem Überfluss auch noch „meine schöne Helena" genannt.) Es freute mich immer sehr, dass diese vier Frauen, die in ihrer Art nicht unterschiedlicher hätten sein können, sich so wunderbar verstanden. Ihre lebenslustige Stimmung war ansteckend und man hatte einfach Spaß daran sich mit ihnen zu freuen.

13

Bei allen meinen Shows sicherten sie sich rechtzeitig ihren Platz in der ersten Reihe. Sie applaudierten am längsten. Sie waren die Ersten, die mit mir ein Foto wollten. Und wenn sie mich irgendwo an Bord trafen, verwickelten sie mich immer in ein langes Gespräch. Natürlich stellten sie mir auch viele neugierige Fragen. Am liebsten zu meiner Person. Manche beantwortete ich wahrheitsgemäß. Manche nicht. Das waren die konkret indiskreten. Sie ahnen es vielleicht: Es ging dann um mein Liebesleben. Und um „meine Männer", die mir doch scharenweise willig zu Füßen liegen müssten. Ihre fantasievollen Mutmaßungen amüsierten mich. Doch weitaus mehr amüsierte mich ihre eigene Haltung der Männerwelt gegenüber. Elsbeth wollte sich weder Pfunde noch Tortenstücke schlechtreden lassen. Christel verwies fast empört auf ihre gute Witwen-Pension. Und die älteste fragte zurück: „Warum sollte ich mir einen Pflegefall ins Bett holen?" Nur Ilse antwortete nicht, lächelte dafür vielsagend und sah dabei ziemlich verrucht und erstaunlich verjüngt aus. Wer weiß, wie viele Jecken ihr einst von der Bütt ins Bett gefolgt sind. Ich hielt seitdem alles für möglich.

Eigentlich war ich indirekt bei jedem ihrer Landausflüge dabei. Denn natürlich erzählten sie mir alles so ausführlich, dass ich all ihre Erlebnisse bildhaft vor mir sah. Ob „Trümmer angucken", Landschaften, denen „die Sonne bestimmt auch das Hirn verbrannt hatte" oder „herzallerliebste Eselchen" – alles wurde aufgesogen, intensiv genossen und von allen Seiten beleuchtet. Sie hatten wirklich Spaß. Und wie!

Vielleicht ahnen Sie es bereits: Die griechischen Märkte waren ihr Himmel auf Erden, ein buntes, quirliges Abenteuerland für große Mädchen im Kaufrausch. Es wurden Püppchen in griechischer Tracht erbeutet, zu enge Shirts mit Sonnenuntergangs-Motiven erstanden, echte handbemalte Ledergürtel, in die man „zu Hause wieder reinwachsen wollte" oder Repliken berühmter Statuen, die statt Diskus oder Lyra eine Mini-Vase in der Hand hielten. Denken Sie einfach an Souvenirs, bei denen Sie ungläubig staunen, legen Sie dann noch 'ne große Schippe Kitsch obendrauf und Sie ahnen ansatzweise, welche

14

Schätze da so an Bord kamen und die Kabine nach und nach noch beengter machten. Voller Stolz führten sie mir alle ihre Errungenschaften vor. Es war unglaublich, was da an Souvenirs aus den Plastiktüten herauskam. Oder aus der großen Gucci-Tasche. Dezent hielt ich mich immer mit meiner wahren Meinung zurück, da ich keiner der vier Damen ihre Freude an den Beutestücken nehmen wollte. Doch höchstwahrscheinlich wäre diese Form der Diplomatie gar nicht nötig gewesen. Denn jede glaubte bedingungslos an ihren eigenen guten Geschmack und stand voll und ganz hinter ihrem Fund. Da konnten die Freundinnen noch so sehr die Augen verdrehen und sich lustig machen. Es schien für sie völlig normal zu sein: Was die eine herrlich aufregend fand, war für die andere völlig unmöglich. Worauf ihre ungleiche Freundschaft auch immer beruhte – Geschmackseinigkeit war es ganz sicher nicht. Ja, diese Märkte, die hatten es ihnen allen gleichermaßen angetan.

An einem Tag stand ich zufällig an der Reling und sah, wie sie wieder mit neuen bunten Plastiktüten bewaffnet die Gangway herauf kamen. Prustend vor Lachen. Tränen in den Augen. Selbst die zurückhaltende Christel konnte sich kaum halten. Was war da los? Ich war zu neugierig, um auf ein späteres Zusammentreffen zu warten. Ich ging daher hin. Was nun folgte, war ein Kuddelmuddel aus Kichern und Satzfetzen: „Zwei Stunden – Hilfe – schöne Geschäfte – Polizei – Toilette – Tischdecken – Arzt – Tumult – Tür kaputt." Nur langsam offenbarte sich mir die ganze Geschichte. Doch nach und nach begriff ich, was passiert war. Die Vier waren wieder ihrer Lieblingsbeschäftigung nachgegangen: dem Stöbern. Es gab so viele schöne Geschäfte, so viel zu sehen, so viel zu ergattern. Oder besser: Die Suche nach dem Besonderen hatte sie wieder einmal alle gepackt. Bei den Tischdecken merkte Elsbeth, dass sie schnell mal auf einer Toilette verschwinden sollte. Sie ging davon aus, dass sie nur kurz weg war. Und da die anderen so hingebungsvoll bei der Sache waren, würde ihr kurzes Fehlen sicher nicht auffallen. Tat es auch nicht. Über eine Stunde lang. Erst dann merkte das Trio, dass Elsbeth nicht mehr dabei war. Sie suchten. Sie gingen zurück. Sie fragten nach. Keine Spur von Elsbeth. Nach einer endlos lang erscheinenden Zeit – es waren mittlerweile zwei

15

Stunden vergangen – wollten sie schon aufgeben. Doch dann wurden sie auf einen Tumult aufmerksam, der sich von einem Hinterhof in eine schmale Gasse hinein erstreckte. Und mittendrin stand ihre Freundin. Blass um die Nase, etwas verlegen, leicht erschöpft, aber zum Glück quicklebendig. Dahinter eine aufgebrochene Holztür, die schief in den Angeln hing. Die arme Elsbeth hatte geschlagene zwei Stunden auf ihrem stillen Örtchen verbracht. Das Schloss hatte sich verklemmt.

Anfangs glaubte sie noch, dass der nächste Besucher schon bald kommen müsste. Stimmte nicht. Dann rüttelte sie an der Tür und klopfte. Vergeblich. Dann rief sie leise um Hilfe. Leider auch vergeblich. Sie durchsuchte ihre Handtasche. War irgendwas dabei, was man für einen Ausbruch nutzen konnte? Leider nein. Sie setzte sich hin, sie wartete ab. Sie hoffte, dass ihre Freundinnen ihr Fehlen bemerkten, bereute ihr Wegschleichen, beschimpfte ihre Blase und sich selbst. Doch alles ohne Erfolg: Um das stille Örtchen herum blieb weiterhin alles still. Ihre Fantasie schlug Purzelbäume. Das Schiff weg. Deutsche Touristin (75) nach Tagen tot auf der Toilette entdeckt. Entkräftet auf der Brille liegend. „Tod auf der To" malte sie sich die Schlagzeile aus. Au weia, wie peinlich! Gefühlt vergingen Ewigkeiten. Die Geschäfte leer gekauft. Die Sonne untergegangen. Die Gassen verwaist. „Was für ein Quatsch", sagte sie sich laut. Sie schlug auf die Tür ein. Ihr Herz pochte schneller. Ihre Hilferufe wurden lauter. Und irgendwann wurde ihr Schreien dann doch gehört. Menschen kamen angerannt. Menschen rannten weg und holten die Polizei. Menschen brachen die Tür auf. Menschen riefen nach einem Arzt. Menschen blieben stehen und schauten zu. Und Menschen drängelten sich neugierig nach vorne, um besser sehen zu können. Viel Tumult, eine kaputte Tür und eigentlich nichts los. Außer einem langwierigen Toilettenbesuch und einem weiteren typischen Erlebnis-Souvenir aus Griechenland.

Sie hatten fast alle angebotenen Ausflüge gebucht. Daher gab es auch fast täglich etwas Neues zu berichten. Nie verschwendete eine der vier Damen einen einzigen Gedanken daran, dass irgendetwas sie aus ihrer guten Laune herausreißen könnte. Nie dachte eine daran, dass ihnen etwas Ernsthaftes passieren könnte oder diese wunderschöne Reise ein jähes Ende nehmen könnte. Selbst die 86-jährige Anna ließ ungern einen Ausflug ausfallen. Nur wenn unnötig viele Treppen zu steigen waren, steckte sie wegen ihres Alters eben doch ein wenig zurück. Sie blieb dann an Bord oder in der Nähe des Busses. Genau wie Elsbeth, der immer ein wenig schneller die Puste ausging – allerdings wegen ihres Gewichtes.

Am nächsten Tag stand Kreta auf dem Programm. Die Panoramafahrt mit dem sagenhaften Knossos war fest gebucht und bezahlt, doch sie entschieden sich plötzlich um. Christel, die eine exzellente Schwimmerin war, wollte lieber zum Strand und ans Meer. Sand unter den Füßen fühlen. Statt türkisfarbener Kacheln im Pool das legendäre Blau der Ägäis sehen. Und darin ausgiebig baden. Die vier bestellten sich daher beim Concierge ein Taxi. Sie fragten mich, ob ich nicht Lust hätte, mit ihnen zusammen an den Strand zu fahren. „Einfach faul im Sand liegen", meinte Elsbeth. „Nur einen Bikini an" lockte Anna. „Und sich von den Wellen streicheln lassen" zwinkerte mir Ilse leicht anzüglich zu. Ich lachte, dankte für das reizende Angebot und lehnte ab. Meine zweite Solo Show musste vorbereitet werden.

Am Vormittag war die letzte Probe mit meiner Band und am Abend wartete die Bühne auf mich. Wir verabredeten uns daher für später: in der Piano Bar, nach meinem Konzert. Ich wünschte den Damen noch einen wunderschönen Tag und war sicher, dass die vier den auch haben würden. Wer sonst, wenn nicht sie? Nach meiner Probe ging ich an den verwaisten Pool, suchte mir einen schattigen Platz und einen Liegestuhl. Ich muss ziemlich fest eingeschlafen sein, denn erst am späten Nachmittag weckten mich drei muntere Stimmen: „Ah, Frau Laux, hier sind Sie also!" „Wir sind wieder zurück!" „Wir freuen uns schon sehr auf Ihre Show heute Abend!" Ich blinzelte nach oben, schaute in drei fröhliche Gesichter und erwartete den Erlebnisbericht des Tages.

Lächelnd fragte ich nach ihrer Freundin Christel, die ich nirgendwo sehen konnte. „Die kommt nicht," sagte man mir lapidar. „Warum

17

denn nicht?", fragte ich nach und befürchtete, dass sie sich jetzt vielleicht doch ein wenig in die Haare gekriegt hätten. Ein Tag so ganz ohne Markt... „Sie kommt überhaupt nicht mehr", sagte eine. „Sie ist gestorben", ergänzte die zweite. Und Anna meinte mit unverhohlenem Stolz: „Ich bin zwar die Älteste, aber war nicht die Erste." Ich muss gestehen, ich war völlig irritiert. Keine war aufgeregt, keine erschien traurig. Sie waren so gelassen als sei Christels Tod die natürlichste Sache der Welt. Unbedeutender als ein bemalter Teller mit Windmühlen, weißen Häusern und blauen Dächern. „Aber was ist denn bloß passiert?", brach es fast unter Tränen aus mir heraus. „Beruhigen Sie sich doch, Frau Laux," beschwichtigte Elsbeth. „Es war das Schönste, was ihr passieren konnte", bestärkte Ilse, „es war im Meer", schloss Anna trocken die kurze Zusammenfassung ab. Doch dann erzählten sie. Endlich!

Christel hatte ihnen auf der ganzen Taxifahrt zum Strand immer wieder erzählt, wie sehr sie sich auf das Schwimmen im offenen Meer freute. Das letzte Mal war schon so lange her, dass sie sich kaum noch daran erinnern konnte. Nachdem sie es sich am Strand gemütlich gemacht hatten, tauschte Christel ihren Gucci-Turban gegen eine Badehaube mit bunten Plastikblümchen, ging zielstrebig zum Wasser, tauchte kurz unter, kam wieder hoch, ging ein paar Schritte und schwamm dann mit kräftigen Zügen hinaus. Zuerst von den Dreien noch neugierig beobachtet. Doch dann wurde das Gespräch unter sechs Augen wichtiger. „Sie ist schon ganz schön lange weg" fiel es irgendwann auf. „Komisch, ich seh immer nur ihre Blumen!." „Merkwürdig, immer so mit dem Kopf im Wasser" wunderten sie sich. „Ist das normal?" fragte Ilse in die Runde, stand auf und ging zu einem jungen, hübschen Griechen, der am Ufer stand. Sie zeigte zum Gucci-Strandtuch, dann aufs Meer und dann in Richtung der Blümchen. Und dann ging auf einmal alles ganz schnell. Der junge Mann schrie etwas, schnappte sich ein Ruderboot und legte sich mächtig ins Zeug. Die Muskeln seines braun gebrannten Körpers waren deutlich gefordert. Er erreichte Christel, fischte sie mühsam aus dem Wasser und brachte die Leblose an den Strand. Die Diagnose: Herzinfarkt. Reanimieren zwecklos. Die Freundinnen riefen das Schiff an, das sich um alles kümmerte: Abtransport, Papierkram, Kühlkammer. Alles ging schnell und problemlos. Schiffe haben bei Todesfällen ja nicht nur Erfahrung, sondern auch Platz und Takt.

Mir ging Christels Schicksal nicht aus dem Kopf. Ich hoffte, dass der Schatten, der auf meinen Soloabend fiel, von niemandem bemerkt würde. Ich war ziemlich durcheinander. Als ich die Bühne betrat, blickte ich automatisch in Richtung des Quartetts, das seit heute nur noch ein Trio war. Sie hatten augenfällig Spaß. Sie klatschten begeistert. Sie waren kein Stück traurig. Doch irgendwas stimmte dennoch nicht. Irgendwas war anders. Ich wusste nur nicht was.

Unserer Verabredung in der Piano-Bar sah ich mit gemischten Gefühlen entgegen. Eigentlich wollte ich absagen, doch sie bestanden auf unser Treffen. Sie lachten gerade, als ich die Bar betrat. Waren sie wirklich so herzlos? War Christel denn kein emotionaler Verlust? An diesem Abend war ich stiller als sonst. Sie sprudelten wie immer. Das wenige, was sie noch zu ihrem Tod sagten, bestand aus „es hat halt die Jüngste erwischt", „wer weiß, wie wir sterben" oder „unsere Reise geht weiter". „Klar", dachte ich, „und bezahlt ist sie auch bis zuletzt". In diesem Moment fiel mir auf, was anders war. Was mich bereits irritierte, als ich noch auf der Bühne war: Sie trugen Christels Schmuck! Auch am nächsten Abend griffen sie in Christels Schmuckschatulle. Doch dann war damit Schluss. Christels Schmuck wurde konfisziert. Und ihr Gepäck von der Kabinenstewardess und dem Sicherheitsoffizier abgeholt. Sie erzählten mir, wie unmöglich sie das fanden. Und wie schlecht sie sich behandelt fühlten.

Zwei Tage, zwei Märkte und einen Ausflug später erreichten wir Athen. In Athen wurde Christels Sarg nach Deutschland überführt. Die Kreuzfahrtdirektorin sagte mir im Vertrauen, dass die anderen Damen am Tag nach Christels Tod sogar an den Safe der Rezeption wollten, um an das restliche Bargeld von Christel zu kommen. Sie waren fast empört als das nicht ging. In Athen gingen auch Anna, Ilse und Elsbeth von Bord. Ich sah am Abend vor ihrer Abreise zufällig drei Koffer vor ihrer Kabinentür. Einer war von Gucci.

Und dann kam Kurt

Allein reisende Männer auf hoher See sind dünn gesät und häufig sehr eigenartige Gewächse. Da sind zum einen die einsamen Wölfe, die sich nur für die Reiseroute interessieren und zumeist leidenschaftliche Filmer oder Fotografen sind. Sie geben sich abweisend, einsilbig und ungesellig. Bei gesellschaftlichen Höhepunkten an Bord glänzen sie am liebsten durch Abwesenheit. Im Gegensatz zu den Salonlöwen. Die nutzen diese Highlights für ihre Selbstdarstellung. Hier ein Champagner für den Tisch, dort Cocktails an der Bar, und für die Damen gibt's dazu noch einstudierte Komplimente. Es sind Abenteurer, deren primäres Reiseziel darin zu bestehen scheint, so viel wie möglich zu erleben. An Bord und mit Frauen, versteht sich. Der dritte Typus ist im Grunde kein Gast sondern eher ein Geist. Es ist der Unscheinbare, der Schüchterne und Holprige. Mann nimmt ihn nicht ernst. Frau übersieht ihn. Und obwohl er immer und überall dabei ist, kann sich am Ende der Reise niemand daran erinnern ihn jemals an Bord gesehen zu haben. Natürlich gibt es – wie immer – rare Ausnahmen. Eine davon schien der Mann zu sein, den ich bemerkte, als ich die Ankunft der neuen Gäste von der Reling aus beobachtete.

Er war nicht zu übersehen. Er fiel mir sofort auf. Und er reiste eindeutig allein an – gut aussehend, stattlich gebaut, schätzungsweise um die 70 und bestimmt so um die 1, 86 Meter groß. Ein wahrer Hüne und ein echtes Bild von einem Mann. Genauso wenig zu übersehen war jedoch, dass er trotz seiner imposanten Erscheinung irgendwie verloren, schutzsuchend und unsicher wirkte. Kurzum: Er war ein Dornröschen im Körper eines Männer-Mannes – einer, der sämtliche mütterlichen Instinkte einer Frau wachküsst.

Bereits am nächsten Morgen entdeckte ich ihn am Frühstücksbuffet. Leicht überfordert und orientierungslos stand er vor all den köstlichen Leckereien. Ohne Nachdenken ging ich direkt auf ihn zu. Ich strahlte ihm ein „Guten Morgen" entgegen und fragte höflich, ob ich helfen könnte. In diesem Moment wusste ich zweierlei: Meine mütterlichen Anteile waren mit mir durchgegangen und meine freundliche Kontaktaufnahme war ein großer Fehler. Er bat mich um Tipps für seine Frühstücksauswahl. Er ließ durchblicken, dass er sich ab jetzt auf diese Reise freuen könnte. Er bat mich um einen Platz an meinem Tisch. Und dabei strahlte er mich so umwerfend an, dass ich es nicht übers Herz brachte ihm einen Korb zu geben. Im Gegenteil. Ich nahm ihm seinen Korb ab und brachte seine Brötchen und ihn an meinen Tisch. War ich verrückt geworden?

Es gibt Männer, die gehen aus der liebenden Fürsorge der Mutter nahtlos in die Obhut der Ehefrau über. Sie werden sich nie selbst Socken oder Krawatten kaufen, ziehen brav alles an, was Frau ihnen mitbringt, und lassen sich selbst Glückwunschkarten für ihre besten Freunde zur Unterschrift vorbereiten. Es sind Männer, die Umsorgen so nötig brauchen wie Luft zum Atmen – ein ganzes Leben lang. Nicht, dass Sie mich falsch verstehen. Diese Männer sind durchaus nicht die schlechtesten. Sie sind zumeist charmant, gebildet, großzügig, geistreich und sogar beruflich sehr erfolgreich. Doch jenseits ihrer Arbeit sind sie kaum überlebensfähig. Sie heiraten daher eine bessere Hälfte für die schnöde Hälfte des Lebens: den Alltag. Diese Männer sind auf ewig Sohnemann. Und dieser hieß Kurt. Er war so dankbar, dass sich jemand um ihn kümmerte. Er war so glücklich, dass ich ihm die Butter reichte. Er schien schon fast verliebt als ich den Kellner zum Nachschenken seines Kaffees rief. Und ich? Ich machte, was Mamas häufig tun: einfach immer weiter. Wider besseren Wissens.

Nach zehn Minuten hatte er mir sein Leben erzählt. Oder zumindest den Teil davon, den er wichtig fand: Kurt war 78 Jahre alt und seit fünf Jahren Witwer. Er liebte klassische Konzerte. Aber wer geht schon gerne alleine aus? Er wohnte auf 200 Quadratmetern in Hamburg. Aber ist das nicht schrecklich einsam? Er hatte eine geringfügig kleinere Ferienwohnung in Travemünde. Aber ist nicht auch das zu groß für einen? Seine Terrassen hatten einen weiten Elb- oder Strandblick. Aber war es nicht unendlich viel schöner all das zu Zweit zu genießen? Er redete wie ein Wasserfall und schaute mir bei jeder neuen Offen-

22

barung tief in die Augen. Als er mir erzählte, dass er als Prokurist bei einer großen Reederei gearbeitet und weder Kinder noch Erben hatte, wurde aus meinem fürsorglichen Mutter- ein vorsorglicher Fluchtinstinkt. Und das obwohl die Marmelade auf seinem Brötchen kurz vorm Kleckern war. Ich machte ihm daher so freundlich und höflich wie möglich klar, dass ich nicht auf der Suche nach einem so wunderbaren Mann wie ihm war. Er schien sichtlich enttäuscht.

Am nächsten Abend war Captain's Welcome. Ich saß bereits mit einer Freundin beim Gala-Dinner als Kurt das Restaurant betrat. Er sah einfach umwerfend aus. Fast alle Frauen blickten ihn interessiert und wohlwollend an. „Das ist er doch, oder?" tuschelte mir meine Freundin zu. Ich nickte kurz und hoffte, dass ihm der Maître einen Tisch bei anderen allein reisenden Gästen zuweisen würde. Doch ich hatte mich geirrt. Kurt hatte mich entdeckt und ließ sich an unseren Tisch geleiten. Mir wurde klar: Er gibt nicht auf! Ich war recht einsilbig an diesem Abend. Dafür plauderte Kurt sehr angeregt mit meiner Freundin. Er war sehr charmant. Er war sehr geistreich. Er war ein sehr guter Erzähler und wirklich sehr sympathisch. Aber er war genauso sehr kein Mann für mich. Er sah das anders und schien davon überzeugt zu sein, dass ich es nur noch nicht wusste. Er setzte daher seine Brautwerbung fort. Allerdings nun über Bande – getarnt als Gespräch mit meiner Freundin. Er schwärmte von 40 glücklichen Ehejahren und 40 Jahren Treue. Seitenblick zu mir. Er sprach über Perlen von einer Südsee-Reise, die zu Hause in ein einzigartiges Collier verwandelt worden waren. Seitenblick zu mir. Er erzählte von den Lieblingsedelsteinen seiner Frau und wie schade es doch sei, dass all diese Rubingeschmeide nur noch im Safe liegen. Seitenblick zu mir. Doch als er meine Freundin fragte, ob mir so was nicht fantastisch stehen würde, hörte ich mich fast schon schnippisch sagen: „Smaragde stehen mir besser!" Dass wir alle diesen Gala-Abend einigermaßen heil überstanden, hatten wir vor allem meiner Freundin zu verdanken. Sämtliche Köder für mich warf sie zurück ins plätschernde Wasser einer gepflegten Unterhaltung. Endlich allein meinte meine Freundin zwar noch, dass man Smaragde auch an Bord kaufen könnte, doch ich war mir sicher: So weit geht er nicht! Oder vielleicht doch?

23

Am nächsten Abend hatte ich meinen Auftritt. Kurt saß in der ersten Reihe und staunte nicht schlecht als er mich erkannte. Seine Augen glänzten. Er applaudierte frenetisch. Und wurde noch anhänglicher. Was sollte ich bloß tun? Er war im Grunde ja sehr nett. Er tat mir auch irgendwie leid. Ich wollte auch nicht grob werden. Das geht doch nicht. Das macht man doch nicht. Doch was macht man dann? Mein Glück im Unglück war und blieb meine Freundin, die von seinen Annäherungsversuchen geschickt ablenken konnte. Sie bekam sogar fast so etwas wie eine rein freundschaftliche Beziehung zwischen uns Dreien hin. Wir halfen ihm bei seinen Was-zieh-ich-heute-an-Schwierigkeiten. Wir saßen fast immer an einem Tisch. Wir trafen uns abends häufig an der Bar. Wir suchten mit ihm seine Ausflüge aus. Wir freuten uns über sein Aufblühen. Wir bedauerten ihn um sein schweres Asthmaleiden. Und es war meine Freundin, die stets darauf achtete, dass er sein Asthma-Spray immer dabei hatte. Doch wenn er dann sagte, dass er ohne uns verloren wäre, dann war er wieder da: dieser Seitenblick zu mir.

An einem strahlenden Sommermorgen frühstückten wir zu zweit draußen auf dem Sonnendeck und planten einen Strandtag. Schwimmen im azurblauen Meer, ein wenig mehr Farbe bekommen, einen ganzen langen Tag mal ohne Kurt sein. Denn der Weg zum schönsten Strand der Insel war – zum Glück – sehr beschwerlich. Und auch nur zu Fuß erreichbar. Selbst mit Asthma-Spray war das nicht zu schaffen. Als Kurt an unseren Tisch kam war unsere Freude ihn zu sehen fast so groß wie unsere Vorfreude. Wir überschlugen uns förmlich mit der Beschreibung des traumhaften Strandes und des ach so beschwerlichen Weges dort hin. Kurt sah – wie erwartet – bei unserer Schwärmerei nicht ganz so glücklich aus. Leicht gequält wünschte er uns tapfer einen wunderschönen Tag. Wir bekamen fast schon ein schlechtes Gewissen.

Als wir allein von Bord gingen, ging es uns bestens. Als wir den Hafenbereich allein verließen, ging es uns glänzend. Und als wir den holprigen Weg zum Strand allein erreichten, ging es uns hervorragend. Wir fühlten uns übermütig wie Teenager. Alles war herrlich.

Einfach nur herrlich. Die Sonne, der Strandweg, der Tag, das Allein-sein, die Stille. Kurt-frei! Doch auf halbem Wege hörten wir etwas, das uns irritierte. Was war das? Was kam da näher? Wir hatten beide den gleichen Gedanken. Wir drehten uns beide gleichzeitig um und haben beide das gleiche dumme Gesicht gemacht: Ein merkwürdiges Gefährt aus Taxi, Jeep und Mofa kam vorsichtig näher. Wir blieben wie angewurzelt stehen. Drin saß Kurt. Er winkte uns fröhlich zu und strahlte heller als die Sonne. Als das fahrende Kuriosum neben uns anhielt, erzählte uns Kurt stolz wie Oskar, dass er etwas hilflos an der Gangway gestanden hatte. Doch zum Glück sei er angesprochen worden und hatte von seinem aussichtslosen Vorhaben erzählt. Dann war alles ganz einfach. Nun war er hier. Kurt schien auch väterliche Instinkte zu wecken. Oder die Geschäftstüchtigkeit der Insulaner. Seine Einladung mitzufahren lehnten wir dankend ab. Er holperte davon. Und wir? Wir überlegten fieberhaft. Zurück zum Schiff? Gab es noch einen anderen Strand? Weglaufen? Wir wurden langsamer. Unsere Taschen wurden immer schwerer und auch wir fühlten uns nicht mehr so leicht wie noch vor wenigen Minuten. Eine kleine Anhöhe später erblickten wir unser Strandparadies. Es war wirklich bildschön. Doch wir sahen auch den Schönheitsfehler auf uns warten. War Kurt vielleicht doch durchtriebener als wir dachten? Oder war er einfach nur anhänglich, eben diese treue Seele? Nach einem kur-zen Zögern entschlossen wir uns, unser Schicksal mit Namen Kurt anzunehmen. Augen zu und durch! Einfach das Beste draus machen! Doch ein klitzekleines Stückchen Argwohn in Sachen Kurt blieb.

Kurt empfing uns mit dem unschuldigsten Blick aller Zeiten. Und wir reagierten sofort mit fürsorglichen Fragen: „Hast Du alles dabei? Spray? Handtuch? Sonnencreme? Badehose?" „Ja, die hab ich an." Wir waren erleichtert. „Spray ist hier." „Und das andere?" „Hab ich vergessen", kam prompt die Antwort. Zerknirscht sah er aus, hilflos und mindestens einen Meter kleiner. „Das hat doch alles immer meine Frau für mich gemacht..." Da war er wieder: unser kleiner Kurt. Wir gaben ihm unser Reserve-Handtuch und die Sonnencreme. Und beim Rückeneincremen hat natürlich meine Freundin Hand angelegt. Ich war ihr unendlich dankbar – vor allem, da da wieder dieser Seitenblick

25

war. Nach und nach verziehen wir ihm seine Gesellschaft. Wir hatten ja schließlich auch was davon: Kurt passte stolz auf unsere Sachen auf. Wir konnten ausgiebig im azurblauen warmen Meerwasser baden. Kurt nahm unser Gepäck in diesem Vehikel zum Schiff zurück. Wir liefen.

Am Abend hatte ein Kollege seine Show. Kurt wollte sie sehen. Natürlich mit uns. Es wurde eine sehr schöne Show. Vielleicht auch, weil wir seinen Versuch den Platz neben mir zu ergattern, erfolgreich vereiteln konnten. Danach spielte das Bord-Orchester Rumba, Foxtrott, Wiener Walzer und Slowfox. Viele Paare tanzten und Kurt gestand mir, dass er gerne mit mir einen langsamen Walzer tanzen würde. „Das schaffst Du doch nie mit Deinem Asthma", meinte ich entgeistert. „Mit meinem Spray geht's", erwiderte er bestimmt. „Ich muss mich nur noch für den Tanzkurs anmelden." „Ein Tanzkurs?" „Ja, ich habe in meinem ganzen Leben noch nie getanzt." Ach Herrje, was kam da nun wieder auf mich zu? Bis zum Reiseende waren es noch sieben Tage. Würde er das wirklich schaffen?

Am nächsten Tag ging ich – natürlich rein zufällig – an der Lounge vorbei und sah Kurt tatsächlich bei den Proben. Er war so in seine Schrittfolge vertieft, dass er mich nicht bemerkte. So ging es weiter, Tag für Tag. Er sah große Fortschritte. Er war sich sicher, dass es klappen würde. Sein erster Walzer im Leben am letzten Abend unserer Reise. Vor dem Gala-Abend schaute ich daher gespannt und neugierig beim Tanzkurs vorbei. Er machte es wirklich recht gut. Doch irgendetwas war mit seiner Haltung. Warum schaute er seiner Tanzpartnerin bloß so konzentriert auf die Schulter? Ich ging näher ran. Und traute meinen Augen nicht: Kurt hatte einen Zettel mit der Schrittfolge an der Schulter seiner Tanzpartnerin festgemacht. Mit einer Sicherheitsnadel! Als der Tanzkurs zu Ende war, fing ich ihn ab. „Du kannst den Walzer mit mir vergessen, wenn Du mir morgen auch so einen Zettel an meiner Schulter befestigen willst!" sagte ich bestimmt. Er blickte ertappt und leicht verschämt zu Boden. Er nickte und versprach hoch und heilig bis dahin alles auswendig zu können. Ich war mir da nicht so sicher.

26

Dann war er da: unser letzter Abend. Alle saßen in ihrer festlichsten Abendgarderobe in der Lounge. Nur Kurt fehlte. Wir hatten ihn auch beim Dinner an keinem anderen Tisch entdeckt. Ob es ihm gut ging? Ob er eine Sicherheitsnadel suchte? Meine Stimmung pendelte zwischen Sorge und Hoffnung. Ob er kniff? Doch dann betrat Kurt den Saal – perfekt gestylt mit Smoking und Fliege. Und einem hochroten Kopf. Ich sah ihm seine Angst, seine Aufregung und Freude an, während er ganz langsam auf mich zu kam. Er nahm sehr sanft meine Hand und das Orchester fing an zu spielen. War das abgesprochen? War sein perfektes Timing Zufall? Ach, egal. Er führte mich auf die Tanzfläche. Er wirkte nervös und konzentriert. Er war mit Asthmaspray voll gepumpt. Ich hoffte, dass dieser langsame Walzer nicht sein letzter sein würde. Ich hoffte es für ihn. Aber auch für mich.

Man kann es kaum glauben: Er machte seine Sache sehr, sehr gut. Er war stolz. Er hatte mit 78 Jahren den langsamen Walzer erlernt. Er war glücklich. Er hatte mit mir getanzt. Selbstverständlich haben wir ihn und seine Leistung gebührend bewundert und gelobt. Und trotz des Tuschelns meiner Freundin, was wir für ein schönes Paar gewesen wären, ließ ich mir seine Telefonnummer geben und versprach ihm, ihn in den nächsten Tagen zu mir nach Hause einzuladen. Ich weiß nicht wer überraschter war: Kurt, meine Freundin oder ich.

Drei Wochen später war es dann so weit. Kurt stand mit roten Rosen vor meiner Tür. Er hatte sich riesig über meine Einladung gefreut und sich wieder eine kleine Hoffnung gemacht. Doch er ahnte ja nicht, was vor ihm lag. Ich führte ihn in mein Esszimmer. Dort saß bereits eine weitere Person. Genauer: eine andere Frau. Noch genauer: Brigitte. Sie war eine sehr liebe Bekannte von mir und etwas älter als ich. Sie musste beruflich nach Hamburg und war genauso an Kultur interessiert wie Kurt. Sie kannte dort niemanden und er machte dort nichts allein. Es erschien mir perfekt. Zumindest in der Theorie. In der Praxis war ich mir da nicht so sicher.

Brigitte war eine gestandene, erfolgreiche Geschäftsführerin in einer Edel-Parfümerie. Sie war ein vollkurviges Rasse-Weib mit schönen

27

dunklen Haaren und grünen Katzenaugen. Ihren gekonnten Raubtier-Blick unterstrich sie gern mit entsprechend wilder Garderobe: am liebsten mit Leoparden- oder Tiger-Print. Sie machte ohne Frage richtig viel her, war voller Lebensfreude und Esprit, gepflegt und herzlich. Doch Männer? Die kriegten es gerne mal mit der Angst. Ich muss gestehen, dass ich vor diesem Zusammentreffen reichlich aufgeregt war. Ich hatte nämlich auch Brigitte nichts von einem weiteren Gast gesagt. Ich hatte auch keine Ahnung, ob Brigitte einen Mann wie Kurt akzeptiert. Oder Kurt einen Feuervogel. Würden vielleicht beide die Flucht ergreifen? Doch wir alle hatten Glück. Nach dem ersten kurzen Fremdeln verstanden sich die Beiden prima. Zumindest so fürs Erste.

Vier Wochen später rief mich Brigitte aus Hamburg an. Sie hatte mittlerweile ein schickes eineinhalb Zimmer Appartement mit Dachterasse angemietet und mit all ihren eigenwilligen Möbeln dekoriert: ein Riesenbett in oval mit dunklem Fellüberwurf (hoffentlich kein echter Nerz); ein sehr teures, weißes Ledersofa, auf dem man eher liegen als sitzen kann (nichts für Bandscheibenvorfälle); ein opulenter Messing-Lüster (oder war es sogar Gold?), ein Tisch mit Löwentatzen, entsprechende Stühle und einen fast lebensgroßen Mohren mit einem Armleuchter in der Hand. Wie auch immer – es war ihr Geschmack. Sie erzählte mir flirrig, dass Kurt sie gleich zum Konzert abholen würde, er das erste Mal ihre schöne Wohnung sehen könnte, sie schon öfter essen waren und sich prima verstanden. Und seine Geschenke seien einfach umwerfend. „Ist da mehr?" fragte ich überrascht. „Noch nicht," meinte sie mit einem gewissen Unterton. Mein armer Kurt! Ich hatte Angst um sein Seelenheil. Ich war mir sicher, dass Brigittes Wohnung der Schock seines Lebens werden würde. Denn vermutet man ein solches Ambiente nicht eher in gewissen Etablissements?

Nach einer gewissen Anstandszeit konnte ich meine Neugier nicht zügeln. Ich rief Brigitte an. Nein, es ist noch nichts passiert. Ja, sie kommen sich immer näher. Kurt ist ein echter Gentleman. Kurt ist so ganz nach alter Schule. Kurt ist dies und Kurt ist das, sprudelte sie munter. „Und sein Eindruck von Deiner Wohnung?" Er hatte nichts dazu gesagt. Kurt war wirklich ein Gentleman...

28

Zwei Wochen später klingelte es bei mir. Es war Brigitte. Sie war entsetzt. Sie war empört. Ich verstand kaum, was sie mir da alles sagte. Hatte er ihre Optik und ihre Wohnung jetzt doch als etwas zu halbseiden für sich empfunden? Wollte er sie braver? Was war mit Spielzeug? Warum sehen sie sich niemals wieder? Nach und nach begriff ich. Nach und nach bekam ich rote Ohren. Ich wunderte mich immer mehr. Über Brigitte. Aber mehr noch über Kurt. Sie war in seiner Wohnung gewesen. Sie kam bis in sein Schlafzimmer. Dort war eine bestimmte Schublade in der Nähe des Betts, die er ihr mit leuchtenden Augen zeigte. Was dort alles drin war, hatte wenig mit Asthmasprays zu tun. Dafür mehr mit dem Luxus-Angebot einiger Erotik-Shops. Brigitte war entsetzt. Und Kurt war entsetzt, dass Brigitte entsetzt war. Und ich? Ich hatte mich in beiden Geschmäckern gründlich geirrt.

Wenige Wochen später war Kurt tot. Eine junge Tänzerin des Kreuzfahrt-Show-Ensembles erbte alles. Mein ach so hilfloser Kurt hatte sie ebenfalls auf unserer Reise kennengelernt. Er hatte schon an Bord mit ihr getechtelmechtelt. Von uns völlig unbemerkt. Kurt, diese treue harmlose Seele, hatte wohl mehrere Eisen im Feuer. Und sie geschmiedet so lange er noch heiß war...

29

Paradiesische Gesetze

Es gibt Regionen auf der Welt, die sich auf einer Kreuzfahrt am besten entdecken lassen. Sie sind irgendwo im Nirgendwo der Südsee oder des Nordatlantiks, in arktischen oder antarktischen Breiten. Für Naturbanausen ist dort nur der Hund begraben, andere finden dort des Pudels Kern des Reisens: Ursprünglichkeit. Doch diese einsamen Paradiese haben alle den gleichen Haken: Die Anreise kann die Hölle werden. Zumindest deren Vorhof. Verspätete Langstreckenflüge, mehrmaliges Umsteigen, verpasste Anschlussflüge, Wartezeiten, verwirrende Wege in unbekannten Flughäfen und volle Wartehallen, Zeitverschiebungen, diverse Passkontrollen und missverständliche Einreiseformulare, andere Klimazonen und mit richtig viel Pech ein falscher Koffer. Mit noch mehr Pech keiner. Dazu die herrliche Aussicht sein Gepäck wohl erst nach der Reise wieder zu sehen. Denn wie soll es in den Weiten des Pazifiks oder in der Abgeschiedenheit der Antarktis den Weg zum Schiff finden? Wenn die geplante Traumreise als Alptraum beginnt, was dann?

Wie durch ein Wunder habe ich auf allen meinen Reisen richtig viel Glück gehabt. Ich kam immer pünktlich beim Schiff an und meine umfangreiche Garderobe auch. Doch es gibt fast immer Pechvögel, die sich 14 Tage lang irgendwie behelfen müssen: mit Sachen aus der Bordboutique, von anderen Gästen oder aus dem Fundus der Crew. Um dieses Risiko zu minimieren, haben die meisten Veranstalter einen Puffer eingeplant: eine Übernachtung in der letzten Metropole vor dem eigentlichen Hafen. Ein solcher Puffer ist Buenos Aires. Für mich der schönste, wenn ich ehrlich bin.

Argentiniens Hauptstadt ist eine der aufregendsten Metropolen der Welt. Gleich drei Stadtteile liegen mir besonders nah am Herzen. Der erste heißt La Boca. Die originellen, bunt bemalten Häuser wurden aus Schiffswracks erbaut, aus jedem Fenster klingt Musik, auf der Straße wird Tango getanzt und die zahlreichen Restaurants erinnern daran, dass die meisten einst aus Italien eingewandert sind. In dem eleganten Viertel La Recoleta wohnen die Reichen und Schönen. Und auf dem gleichnamigen Friedhof wohnen sie genauso reich und schön weiter: in einer Stadt der Mausoleen. Alle, die einst Rang und Namen hatten, liegen hier Tür an Tür, oder besser: Sie ruhen Portal an Portal. Unter ihnen auch Evita Péron. Doch viele Verstorbene residieren weitaus pompöser als die legendäre Präsidentengattin.

An Sonntagen ist dieser Cementerio am spannendsten. Man trifft sich dort mit der ganzen Familie, sitzt auf der Bank vor der Villa der Verschiedenen, plaudert und lacht mit ihnen oder über sie und füttert dabei die streunenden Katzen. So kann Lebensfreude auch nach dem Leben weiter gehen! Mein dritter Lieblingsort, San Telmo, führte mich immer malerisch zurück ins 19. Jahrhundert und hat – ebenfalls nur am Sonntag – einen spannenden Markt für Antiquitäten. Einfach herrlich!

Mit diesen bunten Impressionen aus einer quirligen Welt geht es dann fröhlich ins Bett und am nächsten Tag ausgeruht mit dem Flieger weiter: ganz runter nach Feuerland, zur südlichsten Stadt Argentiniens und zum beliebtesten Hafen in Richtung Einsamkeit: Ushuaia. Nach dem Abflug aus Europa und der Zwischenlandung in Amerika nähert man sich nun auf hoher See dem dritten Kontinent dieser Reise: Antarktika.

Das mit der hohen See sagt sich leicht. Es klingt ganz harmlos. Doch auf dem Weg in die Antarktis erlebt man, was mit hoher See wirklich gemeint ist. Wer schnell seekrank wird, hat in den nächsten ein, zwei Tagen (und Nächten) wenig Freude. Denn hier, am südlichen Ende der Neuen Welt, treffen zwei willensstarke Ozeane aufeinander. Zwei Giganten, die unterschiedlicher nicht sein könnten. Der eine drängt mit warmen Wassermassen, der andre hält mit kalten dagegen. Sie möchten sich nicht vereinen, sie wollen kämpfen. Aber nicht nur das. Hier messen sich auch die Winde nach Leibeskräften. Windstärke 10? Fast lachhaft. Ein Orkan mit Windstärke 12? Nichts leichter als das. Vielleicht für eine halbe Stunde, vielleicht auch für länger. Graue Nebelbänke, schwer wie Blei. Dramatische Wolkenformationen, die nach Rache dürsten. Regen, der nicht von oben, sondern von vorne kommt. Er sticht wie Nadeln. Diese Region durchkreuzt unser Schiff. Unter uns liegt der größte Schiffsfriedhof der Welt. Und mittendrin erhebt sich ein Fels in der Brandung: das berühmt-berüchtigte Kap Hoorn.

Dieser Mythos war der erste Höhepunkt unserer Reise. Klar, dass fast alle Passagiere dort hin mussten. Klar, dass man das berühmte Albatros-Denkmal sehen wollte, den Leuchtturm und die kleine Kapelle. Klar, dass man einmal im Leben seinen Fuß auf diese Klippe setzen möchte, die so häufig das letzte war, was so mancher Seemann sah. Alles war klar, nur nicht der Himmel. Wird es eine Anlandung geben können? Der Kapitän zögerte. Das Wetter war unberechenbar. Aber Gäste sind es auch. Nach zwei Stunden bangem Warten in aller Herrgotts Frühe war es dann so weit. Das erste Zodiac wurde zu Wasser gelassen. Eine ausgewählte Vorhut vom Schiff wurde voraus geschickt. Die Crew testete den Wellengang während der Überfahrt und die aktuellen Gegebenheiten an Land. Alle Gäste standen an der Reling. Alle Gäste waren gespannt. Alle Gäste tauschten sich aus – am liebsten über die Wetterlage. „Zum Glück kein Regen." „Die See wird ruhiger." „Da hinten kommt schon die Sonne raus." „Es wird schon klappen." Irgendwann kam sie denn auch: die frohe Botschaft von Kap Hoorn direkt zum Kapitän. Wir konnten es wagen. Sogar ein verirrter Sonnenstrahl erleuchtete kurz das Schiff. Wie einstudiert. Absolut Hollywood-reif. Wenn das kein gutes Omen war? Die Stimmung an Bord wurde euphorisch. Die meisten Gäste waren bereits zu dem Deck geeilt, an dem sich die Plattform für das Ausbooten befand. Die Zodiac-Schlauchboote wiegten sich leicht im Wasser. Endlich ging es los!.

Diese besondere Form eines Landgangs, das Ausbooten und Anlanden mit Zodiacs ist wenig komfortabel. Und auch nicht jedermanns Sache. Das Schiff ankert auf dem Meer, eine Tür an der Bordwand wird geöffnet und eine Plattform mit einer Treppe wird dort vorübergehend fest gemacht. Plattform und Stufen sind natürlich stabil und belastbar, dennoch sieht alles sehr luftig aus. Alles ist nämlich aus

33

Gitterwerk. Man geht vorsichtig die Treppe hinab, hält sich dabei am wackeligen Geländer fest und wird unten, wenige Zentimeter über der Meeresoberfläche, von zwei Crewmitgliedern empfangen. Der eine steht im Schlauchboot, der andere auf der Plattform. Beide fassen einen Unterarm des Gastes, man selbst tut das bei ihnen auch, und dann wird man hinübergehievt – mit einem großen Schritt geht es in das schaukelnde Boot. Natürlich hat man dabei beide Hände frei, setzt sich sofort hin und rutscht danach auf seinen zugewiesenen Platz. Zu viel Fantasie schadet bei einem solchen Übergang. Zu viel Angst oder Ungestüm auch. Man sollte sich daher immer eine Art Mantra sagen: Die Crew weiß, was sie tut. Om. Ich lasse mir Zeit. Omm. Ich habe auch eine Schwimmweste an. Ommm. Und so ein Zodiac-Schlauchboot ist ja eigens für Expeditionen entwickelt worden. Ommmm. Wenn ein Zodiac voll belegt ist, mit maximal 12 Personen, legt es ab. Dann kommt das nächste. Und die gleiche Prozedur. Immer mehr abenteuerwillige Gäste entschwanden auf dem offenen Meer. Immer mehr Schlauchboote wurden zu kleinen, schwarzen Punkten auf dem Weg zum Kap. Die Zodiac-Fahrer nahmen Kurs auf die Landestelle und fuhren so dicht wie möglich ans Ufer. Immer mehr Kreuzfahrer landeten am Kap, wurden ausgesetzt an einer einsamen Küste. Aber was für eine!

Zwei, drei Stunden vergingen. Die ersten Gäste kamen mit leuchtenden Augen zurück. Die Mittagszeit nahte. Allerdings auch ein Sturmtief. Jetzt musste es schnell gehen. Was an Land geschah, weiß ich nicht. Doch ich sah, was mit der Plattform passierte. Sie wurde immer häufiger vom Wasser überspült. Sie wurde immer höher in die Luft gehoben. Und es gab nur wenige Momente, in der sie auf der richtigen Position war, um gefahrlos betreten zu werden. Doch das war erst der Anfang. Es wurde immer schlimmer. Ich glaube, die Gäste in den letzten drei Zodiacs werden ihre Rückkehr nie vergessen. Die Schlauchboote sanken in tiefe Wellentäler, kämpften sich an Wellen hoch, waren auf dem Wellenkamm und schossen wieder zurück in den Abgrund. Eine dramatische Achterbahnfahrt. Zu zwölft zusammengekauert in einem kleinen Schlauchboot. Auf einem Meer, von dem man weiß, dass es Mann und Maus verschlang.

Von meinem sicheren und trockenen Fensterplatz aus bewunderte ich die Zodiac-Fahrer. Sie fanden immer genau den richtigen Moment, um nah genug ans Schiff zu kommen. Doch ihr Zeitfenster war eng. Sie konnten nur ein, zwei Gäste auf die Plattform entlassen. Dann kehrten sie wieder in die aufgewühlte See zurück. Mit allen anderen Gästen im Boot. Sie kamen erst bei der nächsten Runde dran. Oder dem übernächsten waghalsigen Manöver. Jeder Gast, der nun das Schiff betrat, sah ziemlich mitgenommen aus. Von leuchtenden Augen keine Spur. Manche schienen noch gar nicht recht zu begreifen, dass sie es wirklich geschafft hatten. Hatten sie bereits mit ihrem Leben abgeschlossen – im Angesicht der sich auftürmenden Wellenberge?

Das letzte Boot und die letzten Gäste traf es besonders hart. Wir alle konnten nur von Glück reden, dass kein Unglück passierte. Denn nun versank die Plattform bei jeder Welle noch tiefer, noch wilder und noch schneller. Nur jetzt mit Gästen drauf. Sie hielten sich krampfhaft am Geländer fest, tauchten rund zwei Meter unter und kamen dann – mit dem Wasser vor Kap Hoorn getauft – wieder zum Vorschein. Jetzt schnell die Stufen hoch, bloß nicht ausrutschen, hinein ins Schiff. Geschafft! Endlich in Sicherheit! War das die Dramatik, die man sich gewünscht hatte? War das das Grauen, das dem Capo Horno erst die richtige Prise Untergangsstimmung schenkte? Wäre Kap Hoorn nicht sogar fürchterlich langweilig, wenn es einen blauen Himmel, kleine, weiße Schäfchenwolken und eine glatte See gegeben hätte? An diesem Tag war das noch nicht so. Alle hätten sich bei ihrer Rückkehr Bilderbuch-Wetter gewünscht. Doch bereits am nächsten Tag begannen die ersten von diesem waschechten Abenteuer zu schwärmen. Schließlich hatte man es ja überlebt...

Dieser nächste Tag war ein Seetag. Alles war friedlich. Die Elemente vertrugen sich blendend. Alle Gäste waren handzahm. Irgendwie schien sie das Erlebte oder Überlebte zu vereinen. In dieser Verfassung erfuhren wir mehr über die vor uns liegende übermächtige Natur und über unser richtiges Verhalten in der Antarktis. Es gibt eine ganze Reihe von Regeln, strenge Gesetze und jede Menge Vorsichtsmaßnahmen, die man befolgen muss. Nur ein falscher Schritt

35

auf dem bemoosten Boden und es dauert Jahre bis sich die Natur davon erholt. Nur ein lauter Ruf und in einer ganzen Tierkolonie kann Panik ausbrechen. Selbst die kleinste Unachtsamkeit kann große Konsequenzen haben. Das darf und soll nicht sein. Wir lauschten gebannt. Die vielleicht schwierigste Regel in dieser Eiswelt ist die, dass man zu all den Tieren, die hier leben, einen Sicherheitsabstand einhalten muss. Immer! Das ist nicht nur für Fotografen und Filmer schwer. Auch nicht deshalb, weil man die Pinguine oder Robbenkinder am liebsten knuddeln will. (Was man wirklich manchmal möchte.) Nein, es ist die Neugier der Tiere. Viele sind extrem zutraulich. Viele wollen wissen, welche merkwürdigen Tiere in Leuchtanoraks da grade an Land gekommen sind. Und diesen Tieren hat man ja nie gesagt, dass das Menschen sind, die man nur aus fünf Metern Entfernung beobachten darf...

Doch zurück zum Tag des Aufklärungsunterrichts. Wir alle wollten unseren Individualismus aufgeben und brav in einer Gruppe bleiben. Wir alle wollten nichts zu essen mitnehmen, um nicht lecker nach Nahrung zu riechen. Wir alle wollten auch nichts von Land mitnehmen – außer unseren Eindrücken. Wir alle wollten zwischen Ehrfurcht und Eis Staunen lernen. Schauen und still sein. Vielleicht war die Anlandung am Kap Hoorn ja nur ein geschickter Schachzug, um uns Menschen in die Schranken zu weisen?

Es kam der nächste Tag und mit ihm eine kleine Inselgruppe in Sicht. Es war die Heimat einer riesigen Kolonie niedlicher, kleiner Adelie-Pinguine. Das Wetter war leider nicht ganz so ideal. Aber gut genug, um die Zodiacs in Stellung zu bringen. Und wissen Sie was passierte? Kaum ein Gast wollte mit! Fast alle, die auf Kap Hoorn waren, wollten noch warten. Sie hatten irgendetwas anderes vor oder meinten, dass das ja erst der Anfang sei. Vor uns würden ja noch unzählige und wunderbare Naturschauspiele liegen. Und wer weiß – vielleicht würde ja just dann ein Wal neben dem Schiff auftauchen, wenn man grade an Land wäre. Natürlich war der wahre Grund ein völlig anderer: Ihnen allen steckten noch die Strapazen der letzten Zodiac-Fahrt in den Knochen. Sie alle hatten sich noch nicht vom

Schreck erholt. So kam es, dass wir nur eine ganz kleine Gruppe waren, die auf dem kleinen Eiland der Pinguine landete. Unsere Guides teilten uns an Land in drei noch kleinere Gruppen auf, zwei erkundeten die Gegend, eine blieb am Ufer zurück. Ich blieb mit wenigen anderen in der Nähe der Boote. Denn im Grunde waren wir ja bereits inmitten von Tausenden Adelies.

Ich stand ruhig am Wasser, beobachtete all die Tiere mit gebührendem Abstand, schaute hinaus aufs Meer, hinauf in den Himmel und immer wieder zurück auf die muntere Schar der kleinen Frackträger mit dem schwarzen Kopf und den dunklen Knopfaugen, die von einem weißen Ring umrahmt werden. Manche schwiegen. Manche putzten sich ihr Federkleid. Doch die meisten unterhielten sich sehr lautstark. Es war nicht wirklich Stille in dieser menschenleeren Weite. Am Ballermann ist es vermutlich leiser. Zwei Pinguinen schienen ihre Artgenossen ebenfalls zu laut zu sein. Sie entfernten sich von der Gruppe und watschelten langsam – und, wie ich fand, sehr zielstrebig – auf mich zu. Musste ich jetzt fliehen? Wo darf ich hintreten? Was sind überhaupt fünf Meter? Ich ging ein paar vorsichtige Schritte zur Seite. Ich hoffte, dass ich nur auf ihrem Weg zum Meer gestanden hatte. Ich war innerlich auf dem Sprung, bewegte mich aber nicht mehr. Der Sicherheitsabstand. Pinguine haben Vorfahrt! Sie schienen das zu wissen, beachteten mich nicht weiter und gingen seelenruhig in Richtung Ufer. Es war höchstwahrscheinlich ein Pärchen. Das größere Tier schritt torkelnd voraus, das kleinere folgte. Es sah sehr niedlich aus. Am Wellensaum blieben sie nebeneinander stehen. Er legte seinen kleinen Arm um sie, sie schauten sich kurz an und dann hinaus aufs Meer. Seite an Seite. Für lange Zeit standen sie einfach so da. Diese zarte Umarmung mit dem kleinen Flügel werde ich nie vergessen. Es war anrührend. Es war ganz zauberhaft. Was dachten sie? Was fühlten sie?

Ich habe in der Antarktis brutal kämpfende Seelöwen gesehen, Robben beim eleganten Jagen, Orcas, die vor einer Eisscholle lauern wie Katzen vorm Mauseloch, weil ein paar Pinguine auf der Scholle sitzen. Ich durfte stolze Königspinguine beim Formationsmarschieren,

Delfinschulen beim Spielen und die punkig wirkenden Goldschopf-pinguine beim Brüten beobachten. Ich konnte die Erhabenheit der Schöpfung spüren, eine atemberaubende Natur erleben und den atemraubenden Gestank der zahlreichen Pinguin-Kindergärten rie-chen. All die Farben und Formen der Gletscher lassen sich vielleicht von einem Poeten beschreiben, ganz sicher nicht von mir. Alle mei-ne Besuche in dieser majestätischen Eiswelt waren einzigartig und umwerfend. Es gibt keine Worte für die Großartigkeit, die man emp-findet. Auch keine, für die Verletzlichkeit und Zartheit der Antarktis. Aber es gibt ein Bild, das ich immer vor Augen habe. Es drückt für mich alles Gefühlte aus: zwei kleine Pinguine am Strand. Arm in Arm vereint.

Dumm gelaufen

Seit Menschengedenken unterstellt man Seeleuten, dass sie nur einer Einzigen treu sein können: der See. Und ebenfalls seit Menschengedenken besteht diese Unterstellung zu Recht. Von Ausnahmen einmal abgesehen. Es gab eine Zeit, da waren Männer an Bord nur unter sich. Sie sahen monatelang nichts als Wasser und ab und an dem Tod ins Auge; sie schufteten hart und konnten von Glück reden, wenn sie mehr als ein paar Jahre Knochenarbeit überlebten. Klar, dass Heuer und Hormone in jedem Hafen ausgelebt wurden. Nur allzu verständlich, dass Mann die Gefahren zwischen gestern und morgen im Hier und Heute an Land vergessen wollte. Mit Branntwein, Weib und Gesang. Treu sein war was für Landratten. Für Seebären galten andere Regeln.

Selbstverständlich ist das heutzutage und ganz besonders auf Kreuzfahrtschiffen völlig anders. Die Gefahren von einst sind alle weg und die Freuden-Häfen braucht Mann auch nicht mehr. Die Erklärung ist simpel: Frauen werden heutzutage sozusagen „frei Schiff" geliefert. Nachschub, beziehungsweise Abwechslung, ist ebenfalls garantiert. Weibliche Gäste wechseln sich alle acht bis 12 Tage aus – je nach Reisedauer und ganz von allein. Künstlerinnen bleiben in der Regel für zwei bis fünf Reisen an Bord und weibliche Crewmitglieder haben zumeist Sechs-Monats-Verträge unterschrieben. Da muss kein Mann an Land angeln gehen. Das Schiff reicht völlig aus. Falls Sie, meine Leserin, daher von einem freundlichen männlichen Mitglied der Schiffsbesatzung gefragt werden, wie lange Sie an Bord sein werden, könnte das eine stereotype Unterhaltungsfloskel sein. Es könnte aber auch bedeuten, dass er einfach wissen möchte, ob er richtig Gas geben muss oder sich ein wenig Zeit lassen kann, um den passenden Köder für Sie zu finden...

Unser Kreuzfahrtdirektor schien jedoch immer von Zeit-Not getrieben. Er kam ausgesprochen schnell zur Sache. Der erste gemeinsame

Cocktail war bereits das Vorspiel. Und wenn er kurz vor Mitternacht sagte, dass seine Kabinentür nie verschlossen wäre, dann wusste Frau, wohin sie als Hase nach Mitternacht hoppeln sollte. Er ließ nichts anbrennen. Er war durch und durch ein Womenizer. Seine Kabine galt als Durchgangszimmer – für attraktive weibliche Passagiere, die Lust auf ein unverbindliches Abenteuer hatten, für Künstlerinnen und Crewmitglieder. Natürlich war er wählerisch. Der Jahrgang musste stimmen. Und der war deutlich unter Mitte 40. Denn Mitte 40 war er selbst. Nur am Rande sei erwähnt, dass er sehr viel Angelglück und sehr viel Fang-Geschick hatte.

Eines Morgens kam Andy (unser Kreuzfahrtdirektor) ziemlich angeschlagen zum Frühstück. Er sah übermüdet aus, war extrem wortkarg und seinen Charme hatte er über Nacht verloren. Was hatte unser Frauenheld erlebt? Wir stellten ihm viele harmlos wirkende Fragen: ob alles in Ordnung sei, ob er sich krank fühlte, ob er schlecht geschlafen hätte, ob er dies oder ob er das. Die Antworten waren immer gleich: Er schwieg. Doch irgendetwas musste in der Nacht passiert sein. Da waren wir uns sicher. Hatte ihn eine uns noch unbekannte Dame überfordert? Wir hätten es ihm aus tiefstem Herzen gegönnt.

Das Schöne auf einem Kreuzfahrtschiff ist, dass man für Klatsch, Tratsch und Gerüchte immer gerne ein offenes Ohr hat. Es gibt sogar ein Wort dafür: Seemannsgarn. Selbst Geheimnisse bleiben nie lange geheim. Wer daher möchte, dass möglichst alle etwas Bestimmtes erfahren sollen, der muss es nur irgendeiner anderen Person sagen. Vertraulich, versteht sich. In unserem Fall hieß das: Noch ein, zwei Tage Geduld, dann werden wir's wissen. Irgendwem wird er es schon noch sagen. Zum Glück blieb unsere Neugier nur für wenige Minuten unbefriedigt. Mit einem breiten Grinsen näherte sich die Leiterin der Rezeption und klopfte dann unserem Kreuzfahrtdirektor gespielt aufmunternd auf die Schulter. Sie meinte süffisant: „Das ist ja eine harte Nacht für Dich gewesen, mein Lieber..." Andy rutschte auf seinem Stuhl hin und her – sichtlich unangenehm berührt. Sie schien sowohl mehr zu wissen als auch darüber sprechen zu wollen. Wir alle warteten gespannt. „Soll ich es erzählen oder willst Du?"

fragte sie kess. Ihr ironischer Unterton war nicht zu überhören. Andy reagierte nicht. „Ist es Dir etwa peinlich?" fragte die Rezeptionistin übertrieben mitfühlend und augenfällig amüsiert. „Muss das jetzt sein?" Andy wirkte gequält. „Ja, das muss sein," tönten wir alle im Chor. Er zögerte, er wand sich, doch irgendwann hatten wir ihn weich gekocht. Seine Beichte begann:

„Na ja, ihr wisst ja, meine Kabinentüre ist immer offen. Ich hasse abgesperrte Türen." Wir warfen uns vielsagende Blicke zu. Als wenn das der einzige Grund wäre... „Gestern Nacht ist es wieder einmal spät geworden. Viel zu spät. Ich war noch in der Crew Bar. Mit den Musikern aus Odessa." Stimmt, dachte ich, gestern war ja die Orchester-Show. Diese Art von Show ist eine Hommage an all die Musiker, die zwar Tag für Tag auf der Bühne stehen, aber kaum beachtet werden. Sie stehen immer im Hintergrund. Sie gehören sozusagen zum künstlerischen Inventar. Ihr Job ist undankbar. Ihr Repertoire wird festgelegt, Freiheiten gibt es wenige. Sie spielen für alle Shows, unterhalten tagein tagaus mit Tanzmusik und begleiten all die Solo-Künstler, die an Bord kommen. Ihr wahres Können kommt daher erst zur Geltung, wenn sie selbst im Rampenlicht stehen dürfen. Wenn jedes Orchestermitglied seinen eigenen Solo-Auftritt hat. Leider wird dieses Musikprogramm nur auf sehr wenigen Schiffen angeboten. Das ist sehr schade. Denn die Gäste wären überrascht, welch große Talente da unerkannt und ungewertschätzt bleiben.

„Die Show war wirklich groß," erzählte Andy weiter. „Die Gäste voll begeistert. Meine Odessis total happy. Natürlich musste das gefeiert werden." Er nahm einen Schluck Kaffee. Sein Blick blieb trübe. Er seufzte tief. „Ja, und dann gab's natürlich Wodka. Ihr wisst, ich vertrage keinen. Aber Ihr wisst auch, dass sie beleidigt gewesen wären, wenn ich keinen getrunken hätte." Er machte eine lange Pause und sah uns an. Wir nickten eifrig. Mein Gott, Andy war wirklich völlig fertig! So hatte ich ihn noch nie erlebt. Aber war das schon alles? Ging es wirklich nur um einen dicken, fetten Wodka-Kater? „Erzähl weiter", kicherte die Rezeptionistin. „Das ist ja noch nicht einmal der Anfang..." Wenn Andy Kraft gehabt hätte, dann hätte er sie zum

41

Schweigen gebracht. Doch er hatte keine. Er schaute daher nur mitleiderregend. „Was habe ich Dir getan? Warum quälst Du mich so?" schien sein Blick zu sagen. „Nun gut, ich wollte irgendwann nur noch ins Bett. Nur noch in meine Kabine. Ich weiß nicht mehr wie ich da hingekommen bin, aber ich erinnere mich, dass ich die Tür aufmachte. Sie war natürlich unverschlossen. Das Deckenlicht hätte ich nicht ertragen. Ich wollte daher mein Licht am Bett anmachen. Ich plumpste ein wenig schwerfällig aufs Bett und suchte im Dunkeln den Lichtschalter. Ich griff irgendetwas Weiches und hörte einen gellenden Schrei. Direkt neben meinem Ohr."

Was er uns nun erzählte war unglaublich. Wir alle mussten uns ziemlich beherrschen, um nicht immer wieder laut loszuprusten. Es war alles so komisch. Und – zugegeben – wir haben ihm alle sein nächtliches Erlebnis gegönnt. Andy hörte also den spitzen Schrei direkt neben sich. Er fand den Lichtschalter und es wurde hell: In seinem Bett lag eine ihm unbekannte Dame. Sie hatte einen Bademantel an, war knackige 80 Lenze jung und schlug furchtbar auf ihn ein. Immer und immer wieder. Andy duckte sich weg, stand schwankend auf und war völlig perplex. So einen Damenbesuch kannte er noch nicht. Mittlerweile hatte die ältere Dame sich so weit von ihrem Schreck erholt, dass sie ihm überaus resolut befahl, sofort ihre Kabine zu verlassen. Sie schimpfte wie ein Rohrspatz. Es fielen Worte wie „Sittenstrolch", „anständige Frau" und „raus, Sie Ferkel!" Andy versuchte die Fremde in seinem Bett zu beruhigen und sagte, dass es seine Kabine wäre. Sie glaubte ihm kein Wort und beharrte darauf, dass er sofort verschwinden solle. Andy war mittlerweile so eingeschüchtert und durcheinander, dass er bereits anfing ihr zu glauben. Vielleicht hatte ihn ja der Wodka in die Irre und auf ein falsches Deck geführt? Er torkelte ein paar Schritte durchs Zimmer. „Raus, Sie Lüstling," schrie die Frau. „Mit mir nicht!!!" Sie setzte sich aufrecht hin, drohte ihm mit dem Zeigefinger und fuchtelte mit der Hand in Richtung Tür. Dummerweise löste sich dabei der Bademantel ein wenig und zum Vorschein kam ein Badeanzug, der ähnlich alt zu sein schien wie die Dame. Andy schaute auf achtzigjährige Krampfadern, welkes Fleisch und ledrige Haut. Er hatte sich so wenig unter Kontrolle, dass er sie

42

nur noch unhöflich anstarrte. „Gieren Sie mich nicht so an", ereiferte sich die Dame weiter. Andy berappelte sich, flüsterte ein „Verzeihung" und trat den Rückzug an. Als er auf Höhe der Badezimmertür war, kam ihm eine Idee. Er öffnete die Tür, knipste das Licht an und sah – ja genau: sein Aftershave, seinen Rasierer, seine Zahnpasta. Alles seins. Alles stand an seinem Platz. Alles war so wie er es erinnerte als er seine Kabine verlassen hatte. Und es war auch komplett unwahrscheinlich, dass die ältere Dame zufällig den gleichen Rasierer benutzte. Wieso war sie in seiner Kabine gelandet?

Andy hatte an diesem Morgen keinen Humor. Er merkte gar nicht wie urkomisch die ganze Sache war. Und er schien auch nicht zu verstehen, dass seine eher schmucklose Beschreibung des Passierten unfassbar schräg war. Von einem weiblichen Gast in dieser Art beschimpft zu werden, obwohl er ihr – weiß Gott – nichts Derartiges antun wollte, glich einer Persiflage. „Ich glaube, Ihr begreift gar nicht, wie es mir ging", rügte Andy unser kaum zu verheimlichendes Amüsement. „Ich war hundemüde, betrunken und mir ging's nicht gut. Und dann behauptet ein Gast, ich wäre zudringlich. In meiner Kabine! In meiner Verfassung! Ihr wisst doch, wie es ist. Als Kreuzfahrtdirektor muss man die Form wahren. Höflich sein, zuvorkommend. Doch ich wollte die Frau einfach nur rausschmeißen!" Sein Apell an unser Verständnis hatte leider nur den gegenteiligen Effekt. Doch wir unterdrückten unsere Lachanfälle tapfer und fragten nur betont neutral: „Wie ging es denn weiter?" „Na ja. Ich fühlte mich irgendwie hilflos. Besann mich aber. Es war meine Kabine. Ich war der Kreuzfahrtdirektor. Ich war im Recht. Ich sagte daher zu ihr: „Bitte, glauben Sie mir. Sie irren sich. Sie sind in meiner Kabine. Und ich bin Ihr Kreuzfahrtdirektor..." „Ich weiß, wer Sie sind", keifte die Dame. „Sie sind ein Eindringling, ungehobelt und auf Frauenfang." Mittlerweile war sie aufgestanden und schlug wieder auf mich ein. „Sie sollten sich schämen. Es ist ekelhaft. Ich bin eine treue Ehefrau. Raus mit Ihnen." Sie scheuchte mich wie einen räudigen Hund zur Kabinentür. Ich gab nach. Ging aus der Tür, sie schlug sie zu und schloss ab. Da stand ich nun. Was tun? Zuerst wollte ich in die Crewbar und mir dort ein ruhiges Plätzchen für die Nacht suchen. Ich brauchte ja dringend Schlaf. Dann ging ich

43

aber zur Rezeption. Ich wollte fragen, ob es noch irgendwo eine leere Kabine für mich gab. Ich nahm mir vor, die Angelegenheit fürs Erste zu vergessen und wollte das Ganze erst heute klären."

Andy ging also zur Rezi um ein Ausweich-Bett zu finden. Doch dort fand sich gerade ein völlig aufgeregter Passagier ein. Er suchte nach seiner verschwundenen Ehefrau. Er war total durcheinander und machte sich furchtbare Sorgen. „Sie wollte ins Schwimmbad. Da ist sie aber nicht. Sie ist nirgendwo. Ihr ist bestimmt was passiert." Man sagte ihm, dass er sich beruhigen sollte. Man wird sich sofort kümmern. Man wird die Dame schon finden. „Ihrer Frau ist sicher nichts passiert", beendete die junge Frau des Night Audit ihre Rede. Andy hatte aufmerksam zugehört und fragte den Herrn: „Entschuldigen Sie, darf ich fragen, welche Kabinennummer Sie haben?" Der besorgte Gatte, so etwa um die 90 Jahre alt, sagte ihm seine Kabinennummer. Es war genau die Kabine unter Andys. Da war ihm natürlich alles klar. Die Dame hatte sich im Deck geirrt. Doch warum war die Unbekannte mit Badeanzug und Bademantel ins Bett gegangen? Vielleicht war sie nach dem Schwimmen so erschöpft gewesen, dass sie kurz ein Nickerchen machen wollte? Vielleicht war sie ja auch gar nicht schwimmen. Im Grunde war es auch egal. Wichtig war nur: Sie lag im falschen Bett auf dem falschen Deck.

Andy bat den Herrn mit ihm zu kommen. Gemeinsam gingen sie hoch in seine Kabine. Der Gast war immer noch total durcheinander. Er konnte nicht glauben, dass seine Frau in einem falschen Bett liegen sollte. Vor der Kabine angekommen, erkärte ihm Andy, dass er mit seiner Frau sprechen soll und klopfte an. „Bist Du da drin, Erika?" flüsterte der Mann. „Sie müssen lauter sein," sagte Andy völlig ermattet. „Erika, bist Du da?" wiederholte ihr Gatte etwas lauter. Es passierte nichts. In der Kabine blieb es mucksmäuschenstill. Mittlerweile war der Universalschlüssel aufgetrieben worden und man stand zu Dritt vor der Tür. Das gähnende Zimmermädchen schloss auf. Das Bild, das sich ihnen bot, war filmreif. Eine ältere Dame mit zerzausten Haaren saß im Bademantel aufrecht im Bett und hatte wehrhaft einen Regenschirm in der Hand. Durch das Klopfen hatte

44

sie wohl einen neuen Überfall befürchtet und sich den bordeigenen Schirm aus dem Schrank geholt. „Erika, was machst Du da?" Ihr Gatte traute seinen Augen kaum. Er war zwar heilfroh, dass er seine Ehefrau unversehrt vorfand, doch er war auch sichtlich pikiert ob ihrer Aktion und ihres Aussehens.

Erika sah ihr Versehen immer noch nicht ein. Alles ging wieder von vorne los. Sie beschuldigte Andy, schimpfte, echauffierte sich und warf zuletzt – und zu allem Überfluss – ihrem Mann vor: „Wo warst Du denn die ganze Zeit?" Die Situation wurde immer grotesker. Denn nun erhielt ihr Gatte seine Strafpredigt: Wo er denn so lange geblieben wäre, es sei immerhin tiefste Nacht. Schlafenszeit. In einem Film hätte man spätestens jetzt gedacht, dass das alles arg übertrieben sei. Doch das echte Leben kümmert sich nicht um Filmkritiken. Es macht, was es will. Nach längerem Hin und Her – für Andy gefühlte Ewigkeiten – konnte der Ehemann seine Erika endlich etwas beruhigen. Sie stand auf, drohte Andy noch einmal mit dem Schirm, blitzte ihm ein „Wagen Sie das nie wieder" entgegen und verließ hoch erhobenen Hauptes die Kabine. Mit Schirm, Bademantel und Mann ging sie nun endlich ein Deck tiefer. Andy war völlig k.o. und fiel endlich in sein Bett. Es war vier Uhr in der Frühe. Zwei Stunden bevor der Wecker klingelt. Andy schloss seinen nächtlichen Erlebnisbericht mit den Worten: „In Zukunft werde ich meine Kabinentüre doch abschließen." Nun ging nichts mehr. Wir prusteten los. Wir lachten hemmungslos. Unsere Schadenfreude und die Situationskomik überwältigten uns. Unsere Bäuche taten weh. Wir hatten Tränen in den Augen. Die wenigen Gäste, die noch im Restaurant waren, sahen irritiert zu uns rüber. Andy schaute uns mit einem eigenartigen Blick an, stand auf und sagte leise: „Ihr seid echt blöd!" Dann war er weg. Wir brauchten sehr lange, um uns zu beruhigen. Und immer, wenn wir Andy in den nächsten Tagen sahen, mussten wir uns ein erneutes Lachen arg verkneifen.

Ich schätze, dass seine Erlebnisse in dieser denkwürdigen Nacht von Reise zu Reise weitergetragen wurden. Ich glaube, dass jeder weibliche Crew-Neuling Andys Bettabenteuer erfuhr. Auch noch Jahre später.

Ich weiß nicht, wie verschlossen seitdem der Zugang zu seinem Bett war. Ich weiß allerdings, dass es doch Geheimnisse zu geben scheint, die auch an Bord gewahrt bleiben. Ich habe nämlich nie erfahren, welche Dame sich in der Tür geirrt hat. Und in Andy. Zumindest, was ihre Person anbelangt.

Die andere Welt

Über die Lautsprecher an Bord erklang die Stimme des Kreuzfahrtdirektors: „Einen wunderschönen guten Morgen, liebe Gäste – es ist soweit: Die Behörden haben unser Schiff für den Landgang frei gegeben. Ihre Ausflugsbusse stehen zur Abfahrt bereit. Und wenn Sie individuell von Bord gehen möchten, dann können Sie dies ab sofort ebenfalls tun. Ich wünsche Ihnen einen herrlichen Tag in Neapel." „Den werde ich haben...", dachte ich bei mir und freute mich schon sehr auf meinen Bummel durch die Altstadt. Da wir auf einem kleinen Schiff unterwegs waren, machten wir nur selten in Containerhäfen fest, dafür umso lieber in der Nähe hübscher Innenstädte. So konnte ich auch jetzt bequem und einfach alles erreichen – ohne Shuttle oder Taxi. Frohgemut machte ich mich daher auf den Weg. Knapp 20 Minuten später und einen kleinen Fußmarsch den Berg hinauf und ich war bereits mittendrin in der pulsierenden Welt des Dolce Vita a la Napolitana.

Die schmalen Gassen waren voller Leben. Man spürte förmlich all die kleinen Geschichten und die große Geschichte, die sie in sich gespeichert hatten. Unter uns das Pflaster aus Lavasteinen, das schon Jahrhunderte erlebt hatte. Über uns trocknende Wäsche, die manchmal kaum jünger wirkte. Katzen schlenderten bedächtig von Eingang zu Eingang; ab und an knatterte ein Motorrad vorbei; Kinder spielten auf der engen Straße und die Alten saßen auf den Treppen ihrer Häuser und schauten ihnen zu. Viele Frauen strickten oder häkelten dabei für den kommenden Nachwuchs. Die meisten Männer schienen einfach nur zu schauen und zu warten. Vielleicht auf Freunde, die irgendwann einmal vorbei kommen würden. Vielleicht auf den Ruf, dass das Essen fertig sei. Vielleicht aber auch auf den schon längst prognostizierten Vesuvausbruch. Oder auch einfach nur um des schönen Wartens willen. So eine Art Selbstzweck der Muße, frei nach dem Motto: Irgendwann wird schon irgendwas passieren und falls nicht – auch nicht schlimm. Morgen ist ja auch noch ein Tag...

Manchmal rief eine Frauenstimme aus einem der offenen Fenster. Irgendeine Nachbarin auf der anderen Straßenseite antwortete. Dann flogen Worte hinüber und zurück. Was man sich zu sagen hatte, war offensichtlich kein Geheimnis. Sofern man diesen temperamentvollen italienischen Singsang verstand. Ich verstand ihn auf jeden Fall nicht. Doch mein Entzücken über diese so völlig andere Lebensart des Südens wurde dadurch kein bisschen geschmälert. Es war einfach wunderbar! Ich suchte – wie so oft auf meinen Reisen – nach kleinen, ursprünglichen Geschäften, in denen man nicht nur die üblichen Touristensouvenirs verkaufte. Das konkrete Ziel meiner Suche: ein Geschirrtuch. Natürlich nicht irgendeins, sondern eins mit einem wirklich typischen Ornament. Mich sollte die Sonne des Südens selbst beim Abtrocknen anlachen. Damit ich mich zu Hause versonnen an diesen Ort zurückversetzen könnte. „Schön wäre etwas mit Zitronen..." überlegte ich mir.

Es dauerte nicht allzu lange; und ich entdeckte einen Laden, in dem ein solches Stück durchaus auf mich hätte warten können. Ich ging hinein und stöberte. In der Nähe der Kasse standen bereits drei Frauen, eine ältere und zwei ganz junge, so um die 20 herum. Sie sprachen russisch miteinander und als sie sich nach mir umdrehten, erkannte ich eine von ihnen sofort: Es war eine Kabinenstewardess, die auf meinem Deck arbeitete. Ich sollte an dieser Stelle erwähnen, dass ein Großteil der Schiffsbesatzung aus Russland kam. Und dass mein neapolitanischer Einkaufsbummel vor rund 30 Jahren stattfand. Es war daher zu einer Zeit, in der russische Crewmitglieder nicht so einfach wie heute an Land gehen durften. Es war immer ein Aufpasser oder eine Aufpasserin mit von der Partie. Damit sich bloß niemand im Westen unauffindbar verlaufen könnte...

Mir war auf dieser Reise schon öfter aufgefallen, dass man unsere Crew an Land nie zu zweit sah, sie waren mindestens zu dritt – auf Schritt und Tritt. Doch wer auf wen aufpasste, war mir noch nie so deutlich aufgefallen wie in diesem Laden. Die ältere Frau entsprach in allem dem Klischeebild einer KGB-Xanthippe in einem Hollywood-Spionagefilm aus der Zeit des Kalten Krieges. Sie wirkte mürrisch, herrisch und reichlich furchteinflößend. Solche Damen bekamen wir normalerweise auf dem Schiff nicht zu Gesicht – kein Vergleich zu all den hübschen, jungen, zuvorkommenden und freundlichen Servicekräften, die uns alle Wünsche von den Augen ablasen. Die beiden Mädchen taten mir richtig leid, da sie augenscheinlich irgendetwas gesagt bekamen, was ihnen Angst machte. Neugierig beobachtete ich die drei Frauen noch ein wenig länger; doch dann traf mich der Blick der Älteren. Ganz direkt, intensiv und stechend. Mir wurde plötzlich eiskalt. Im Nacken begann es unangenehm zu kribbeln. Spätestens jetzt wusste ich, was das Sprichwort „wenn Blicke töten könnten" bedeutet. Ich kümmerte mich wieder um mein Geschirrtuch, fand eins, zahlte schnell und machte mich noch schneller aus dem Staub. Doch irgendwie war meine Stimmung nicht mehr so leicht und unbeschwert. Fast schon neurotisch schaute ich mich immer wieder um, da ich das Gefühl hatte, verfolgt zu werden. Das war natürlich völliger Blödsinn. Doch ich fühlte mich so. „Hoffentlich denke ich beim Abtrocknen zu Hause nicht ständig an diese Szene..." schoss es mir durch den Kopf. Weder Cappuccino noch Pizza, weder Via noch Piazza konnten meine Verspannung in südlich warme Luft auflösen. Ich ging daher zurück zum Schiff und versuchte diese Begegnung – doch vor allem diesen Blick – so schnell wie möglich zu vergessen.

Am nächsten Tag begannen meine Proben. Pünktlich um zehn. Sie liefen hervorragend und ich war früher fertig als geplant. Da ich wusste, dass nach mir die Proben für die Crew-Show angesetzt waren, verzog ich mich zwar von der Bühne, aber nicht aus dem Saal. Ich suchte mir gut gelaunt eine dunkle Ecke in den hinteren Reihen und wollte ein wenig zusehen. Was dann geschah war unglaublich! Die Tänzer und Tänzerinnen, die da über die Bühne wirbelten, konnten allesamt nur ausgebildete Profis sein. So ausdrucksstark bewegten sich keine Laien, die sonst in der Küche, im Service oder im Maschinenraum arbeiteten. Dann schwebte eine rassige, dunkelhaarige Schönheit auf die Bühne: Es war die Kabinenstewardess, die ich in Neapel gesehen hatte. Sie war unfassbar großartig. Ich hätte schwören können, dass sie eigentlich eine Solotänzerin am Theater war. Alle ihre Pirouet-

49

ten, Sprünge und Schritte mussten das Ergebnis einer jahrelangen soliden Ausbildung sein. Keine noch so gute Hobbytänzerin hätte das so perfekt und anmutig hinbekommen. Dummerweise entdeckte man mich irgendwann und bat mich freundlich, aber bestimmt, den Raum zu verlassen. Ich gehorchte brav. Hinter mir schloss sich sofort die Tür. Leider stachelten diese Heimlichkeiten meine Neugier nur weiter an. Ich wartete daher bis die Probe zu Ende war und hoffte, dass meine Primaballerina-Stewardess irgendwann herauskommen würde. Ich hatte Glück. Ich sprach sie freundlich an, schwärmte von ihrem Tanz und fragte nach ihrem Namen. Sie wirkte schreckhaft und schaute sich mehrfach um. Doch sie lief zumindest nicht vor mir weg und antwortete mit leiser Stimme: „Ich heiße Svetlana." Ich fragte sie, ob sie früher am Theater gewesen war. Svetlana nickte und stimmte mir in einem guten Deutsch zu. Dabei schaute sie sich immer wieder vorsichtig um. „Und wo haben Sie so gut Deutsch gelernt?" Sie wollte gerade etwas sagen als die Tür zur Showlounge aufging. Sie huschte in Windeseile und ohne mir eine Antwort zu geben auf eine Tür zu und war augenblicklich verschwunden. Drei Tänzer verließen die Lounge, kamen auf mich zu, schauten mich kurz fragend an, nickten leicht und verschwanden dann ebenfalls hinter der gleichen Tür. Auf ihr stand – in russisch, deutsch und englisch: Crew only.

Am nächsten Morgen hatte ich wieder eine Probe. Bevor ich zur Lounge ging schlich ich jedoch noch über die Gänge auf meinem Deck und hoffte, Svetlana bei der Arbeit in einer Kabine zu erwischen. Leider ohne Erfolg! „Na, dann eben nach meiner Probe!", nahm ich mir fest vor. Doch gemeinerweise klappte auch das nicht. Als ich meine dunkle Ecke erreicht hatte, stand urplötzlich die Aufpasserin neben mir. Sie bat mich, augenblicklich die Probe zu verlassen. Es klang wie ein Befehl. Jetzt klein beigeben? Auf keinen Fall. Mir konnte ja nichts passieren. Ich wandelte daher unauffällig hin und her und blieb immer schön zufällig in der Nähe der verschlossenen Lounge-Tür. Irgendwann musste Svetlana ja rauskommen! Es gab keinen anderen Weg. Wenn ich ehrlich bin, fühlte ich mich fast schon wie eine Agentin, die unbedingt an eine geheime Botschaft rankommen musste. Dabei wollte ich ja eigentlich nur wissen, wo mein

„Kontaktmann" Svetlana so gut Deutsch gelernt hatte. Die Situation kam mir ziemlich skurril vor.

Dann öffnete sich die Tür. Svetlana kam heraus. Sie erschrak als sie mich sah. Den Bruchteil einer Sekunde später wusste ich auch warum: Die Aufpasserin folgte ihr auf den Fersen. Ich machte daher auf dem Absatz kehrt und ging. Denn das Letzte, was ich wollte, war, dass Svetlana wegen mir Probleme bekam. Bildete ich mir nur ein, dass mich die Aufpasserin mit ihren Blicken verfolgte bis ich um die Ecke bog? Ich war schon wieder kurz davor, überall Merkwürdiges zu spüren. Ich schimpfte mich daher gehörig aus und konzentrierte mich auf das Wesentliche. Was bedeutete: auf meine Arbeit. Denn schließlich und endlich hatte ich am Abend meinen ersten großen Auftritt.

Musik war und ist mein Leben, die Bühne der schönste Arbeitsplatz, den ich mir vorstellen kann, und ich tue alles dafür, dass das auch so bleibt. Deshalb verscheuchte ich all meine Agenten-Gedanken, zog mich auf meine Kabine zurück und ruhte mich aus. Am späten Nachmittag ging ich noch einmal meine Moderation durch, trank nur noch Wasser und Kamillentee und verbrachte geraume Zeit im Bad. Das Abendessen ließ ich wie immer ausfallen. Ich hätte viel zu viel Angst davor gehabt, dass mir irgendein Salatblatt den Gaumen umwickelt oder ein Krümel an meinen Stimmbändern kratzt. Sie nehmen nämlich selbst solche Kleinigkeiten sehr schnell sehr übel. Allein ein mehrmaliges Räuspern oder leichte Hustenanfälle können bei mir schon unliebsame Konsequenzen haben.

Die Zeit verging rasend schnell. Meine Fingernägel waren frisch lackiert und trocken. Mein Bühnen-Makeup war perfekt und fertig. Und meine mit Haarspray verstärkte Frisur sah natürlich aus, hätte jedoch Windstärke 8 überstanden. Dann klopfte es an der Tür. Die Künstlerbetreuerin kam. Sie half mir beim Anziehen meines Bühnenkostüms. Es war sehr figurbetont, der lange Reißverschluss im Rücken. Jede Frau weiß, dass ein solcher Umstand – ganz besonders auf einer Kreuzfahrt – förmlich nach schön gerade stehen, Baucheinziehen und fremder Hilfe schreit. Dann gingen wir gemeinsam zur

51

Bühne. Sie legte mir meine Requisiten zurecht, und ich verschwand hinter dem Vorhang. Meine Musiker warteten bereits. Auch sie waren aus Russland, hervorragend ausgebildet und konnten bei weitem mehr als nur Tanzmusik spielen. Es war immer ein Genuss, wenn sie (was leider viel zu selten vorkam) die Chance bekamen, ihr wahres Können zu beweisen. Dann blühten sie richtig auf und man konnte spüren, dass sie leidenschaftliche Vollblutkünstler waren.

Wir besprachen kurz die letzten Details meines Auftritts. Sie gingen auf die Bühne und spielten „Dienst nach Vorschrift": drei beliebte Tanzstücke. Etwa 10 Minuten für schwungvolle Gäste, die nach dem opulenten Dinner noch ein wenig Bewegung brauchten. 10 Minuten tanzen sind im Handumdrehen vorbei. 10 Minuten Lampenfieber ziehen sich in die Länge. Gefühlte Ewigkeiten später hörte ich die Stimme von Mathias, unserem Kreuzfahrtdirektor. Er beendete die kleine Tanzeinlage und sagte mich sehr charmant an. Ich öffnete den Vorhang, trat hinaus und meine Show begann. Die Scheinwerfer beleuchteten mich und einen Teil der Bühne. Ich konnte daher wie immer nur die Gäste in den ersten zwei Reihen sehen. Doch trotz des dunklen Raumes zu dem ich sang – die Stimmung im Saal bekam ich selbstverständlich trotzdem mit. Und auch eine Bewegung an der Eingangstür, da es dort ein wenig heller war. Ich schaute etwas länger hin und versuchte zu erkennen was dort los war. Verließ mich etwa mein Publikum? Nein. Da kam jemand rein. War das nicht sogar Svetlana? Es sah so aus. Doch eigentlich war das unmöglich. So was war kein Stück erlaubt... Ich war kurz davor den Faden meiner Moderation zu verlieren, da ich schon wieder einen Agenten-Thriller produzierte. Doch zum Glück war meine Beherrschung stärker als meine Fantasie. Ich konzentrierte mich daher wieder voll auf mein Programm. Etliche Zugaben später verließ ich die Bühne, ging zum Eingang der Lounge, unterhielt mich mit meinen Fans und erfüllte ihre Autogrammwünsche. Svetlana war nirgendwo zu sehen. Vielleicht hatte ich mich ja doch geirrt. Denn die Shows sowie alle offiziellen Räume waren und sind für normale Crewmitglieder verbotenes Freizeit-Terrain. Sowohl damals als auch heute.

Bereits am nächsten Abend schlug die große Stunde der Schiffsbesatzung: Ihre Crew-Show stand auf dem Tagesprogramm. Diese Shows sind bei den Gästen immer sehr beliebt und entsprechend schnell sind alle Plätze besetzt. Selbstverständlich wollte auch ich unbedingt einen Platz ergattern, war daher ebenfalls sehr früh an Ort und Stelle und setzte mich wieder in meine dunkle Ecke in der letzten Reihe. Dann war es so weit. Die Show begann und ich staunte nicht schlecht. Zuerst kam meine besondere Freundin, die Aufpasserin, auf die Bühne. Sie kündigte generalstabmäßig die Show an, versuchte dabei freundlich zu wirken und zu lächeln. Es war ein mäßiger Erfolg. Es wirkte kein Stück echt. Sie sagte mit dem typisch russischen Akzent, aber in nahezu perfektem Deutsch und jedes Wort übertrieben betonend: „... und bitte denken Sie immer daran: Die Darsteller auf der Bühne sind Crewmitglieder. Sie haben in ihrer Freizeit für diese Show geprobt. Es sind alles Laien, die nur Ihnen ihre versteckten Talente präsentieren. Ich wünsche Ihnen viel Spaß!" Die Gäste applaudierten. Stolz verließ sie die Bühne und im gleichen Moment öffneten sich die beiden Eingangstüren der Lounge. Die Tänzerinnen und Tänzer schritten schwungvoll nach vorne, begleitet von russischer Folklore. Ihre Kostüme waren ein Traum. Am Ende des Défilés erschien Svetlana. Sie saß auf der Schulter des besten Tänzers und musste sehr auf ihren Kopf aufpassen, der haarscharf an den Scheinwerfern vorbei huschte. Es folgte eine atemberaubende Tanzshow mit akrobatischen Einlagen. Die Mädchen wurden wie Puppen hin und her geworfen, landeten sicher in den Armen ihrer Tanzpartner, machten Spagat in der Luft und zum Ende des Stückes auf dem Boden. Die Gäste applaudierten wie wild. Ihre Begeisterung über die Leistung dieser vermeintlichen Laien war mehr als verständlich. Dann trat ein Tenor auf. Er hatte eine herrliche Stimme und sang das Wolga-Lied voller Inbrunst. Es folgte der berühmte Säbeltanz – selbstverständlich mit echten Säbeln. Man spürte förmlich, dass dem Publikum der Atem stockte. Neben mir saß ein Ehepaar. Es war völlig aus dem Häuschen. Ich konnte hören, dass er seiner Frau zuflüsterte: „Die sind doch viel besser als die Künstler an Bord!" Seine Frau nickte und meinte: „Warum sie die überhaupt noch haben ist mir ein Rätsel. Die bräuchten doch gar keine weiteren Künstler."

53

Manchmal fällt es schwer, den Mund zu halten. Mein erlauschtes Gespräch war so ein Fall. Am liebsten hätte ich die beiden sofort aufgeklärt und ihnen gesagt, dass dies nie und nimmer Laien waren. Ich war – zugegeben – auch ein wenig schockiert, dass sie die offensichtliche Professionalität gar nicht bemerkten. Und ich war ebenfalls verblüfft, wie leicht Gäste den unglaublichsten Behauptungen Glauben schenken konnten. Es war selbstverständlich ein wunderbarer Abend und eine der perfektesten Crew-Shows, die ich jemals gesehen habe. Zum Ende der Veranstaltung warteten alle „Hobby-Künstler" am Eingang und nahmen all die Komplimente noch einmal persönlich entgegen. Auch ich beglückwünschte alle Mitwirkenden zu ihrem grandiosen Auftritt. Dabei sah ich selbstverständlich auch Svetlana, die ich absichtsvoll nicht besonders beachtete. Sie stand neben dem Tenor und blickte ihn immer wieder ein wenig verstohlen und unendlich glücklich von der Seite an. Und auch er warf ihr ab und an einen heimlich-innigen Blick zu. „Na guck," schmunzelte ich in mich hinein. „Da knistert was, die beiden sind entweder frisch verliebt oder bereits heimlich ein Paar. Wie schön!"

Am nächsten Morgen, auf dem Weg zum Frühstück, sah ich Svetlana zufällig auf meinem Deck. Fast schon automatisch schaute ich mich nach allen Seiten um, konnte niemanden in der Nähe entdecken und traute mich daher, ihr zu ihrem Erfolg bei der Crew-Show zu gratulieren. Sie freute sich sehr und sagte mir, dass sie von meiner Show ebenfalls völlig begeistert gewesen wäre. Ich bedankte mich herzlich. „Dann habe ich mich an dem Abend ja doch nicht geirrt?" strahlte ich sie an. „Ich war mir aber keineswegs sicher, da das ja eigentlich nicht erlaubt ist. Oder?" „Man hat es mir ausnahmsweise erlaubt. Weil meine Proben so gut waren und ich immer genau das tue, was von mir erwartet wird..." Sie machte eine kaum hörbare Pause. „Es war meine erste Bitte..." Trotz meiner Freude für sie und über ihre bewilligte Ausnahmegenehmigung war ich über diese Tatsachen dennoch ein wenig traurig. Was für ein Leben! Wir plauderten noch ein paar Minuten ungestört weiter bis – na, klar – eine andere Kabinenstewardess am Ende des Ganges aus der Kabine trat. Wir nickten uns noch einmal lächelnd zu. Ich ging weiter. Sie putzte weiter. Svetlana hatte

54

Deutsch an der Uni in St. Petersburg studiert. Sie hatte für einige Zeit wirklich Theaterluft geschnuppert, doch das Geld reichte vorne und hinten nicht. Dann war man auf sie zugekommen und hatte gefragt, ob sie an Bord eines Kreuzfahrtschiffes arbeiten wollte. Sie würde mehr verdienen, dürfte auch weiter proben und tanzen, müsste jedoch auch andere Arbeiten auf dem Schiff verrichten. Was genau und wie viel, wollte oder konnte man ihr allerdings nicht sagen. Damals empfand sie das Angebot, an Bord leben und arbeiten zu dürfen, als großes Privileg. Sie fühlte sich geschmeichelt und geehrt. Doch nun vermisste sie ihr Tänzerleben an Land, ihre Familie und die wenigen echten Freunde. „Auf dem Schiff muss man immer aufpassen," waren ihre letzten Worte bevor wir unterbrochen wurden. Unsere Unterhaltung beschäftigte mich noch eine Weile. Ich fand immer wieder neue Aspekte und es stellten sich mir immer wieder neue Fragen: Wie fühlt man sich, wenn man ständig unter Beobachtung steht? Was wäre passiert, wenn wir entdeckt worden wären? Welche Repressalien hätte Svetlana zu befürchten gehabt? Wie sehr verändert die große Politik eigentlich ein Leben? Steckt vielleicht sogar hinter jedem System eine Norm, die uns massiv beeinflusst – ohne dass wir es bemerken?

Wenige Tage später begann eine neue Reise. Ich war an Bord geblieben, die meisten Gäste waren abgereist. Nun lag Weihnachten und Silvester vor uns. Und damit einhergehend viele Proben und jede Menge große Show-Acts. Für die Gäste noch mehr Hochkarätiges am Abend. Für uns Künstler sehr viel Mehr-Arbeit am Tag. Über Nacht war das Schiff weihnachtlich geschmückt worden und im Tagesprogramm erschien ein Aufruf, dass sich sangesfreudige Passagiere gerne um 10.00 Uhr in der Lounge treffen könnten. Es sollte ein Weihnachtschor gebildet werden. Die Chorleiterin war ich. Kurz nach 10 zählte mein Chor bereits 60 Mitglieder. Mit so viel Zuspruch hatte ich nicht gerechnet. Das war natürlich großartig, aber auch nicht ganz ohne! Ich ordnete meinen Chor nach Stimmlagen und die Proben begannen. Schneller als erwartet waren wir eingesungen und bereits ein eingespieltes Gesangsteam. Durch und durch harmonisch – nicht nur musikalisch.

55

Dann war es so weit: Heiligabend kam. Die wenigen Kinder an Bord waren fürchterlich aufgeregt, denn man hatte ihnen gesagt, dass sogar der Nikolaus kurz auf dem Schiff vorbei schauen würde. Und – was soll ich sagen – es stimmte! Pünktlich zum Beginn der Weihnachtsabend-Show stand er auf der Bühne und holte die Kinder namentlich zu sich. Selbstverständlich wurde die Frage aller Fragen einstimmig mit „Ja!" beantwortet: Alle Kinder waren brav gewesen. Es war super süß, wie sie da so mit großen Augen auf der Bühne standen, ihre Geschenke erhielten und danach zurück zu ihren Eltern gingen. Oder rannten. Der zweite Part gehörte uns Künstlern. Wir erzählten Weihnachtsgeschichten, sangen festliche Lieder und spielten stimmungsvolle Musik. Dann erschien der Kapitän auf der Bühne. Er wünschte allen ein frohes Fest und sagte sogar persönlich unseren Chor an. Für unseren Auftritt hatten wir uns eine besonders schöne Idee ausgedacht: Meine 60 Chormitglieder saßen im Publikum verteilt, standen nun gleichzeitig auf, strömten aus allen Richtungen zur Bühne und stellten sich auf ihren Platz. Ich spürte ihre Aufregung. Doch ansonsten bekam das keiner mit. Auf mein Zeichen fingen sie an aus voller Kehle zu singen und ich dirigierte mit viel Freude. Das Publikum war begeistert. Mein Chor stolz und glücklich. Ich natürlich auch. Unter großem Applaus gingen wir von der Bühne. Fast nahtlos begann nun das Weihnachtsfest unter freiem Himmel. Draußen, um den Pool herum, hatten mittlerweile die Schreiner von Bord unbemerkt kleine Buden aufgebaut. Die Küche bot darin weihnachtliche Köstlichkeiten aus aller Welt an. Und natürlich fehlten weder Plätzchen noch Lebkuchen, weder Glühwein noch Kartoffelsalat mit Würstchen – uns erwartete ein märchenhafter kulinarischer Weihnachtsmarkt unter einem zauberhaften Sternenhimmel. Ich ließ mir den überaus leckeren Glühwein schmecken und überlegte gerade, ob ich es schaffen könnte, mich durch jedes Land zu naschen als neben mir eine Stimme ertönte.

Sie hatte einen starken russischen Akzent und war die des Kapitäns: „Sarah, Ihre Lieder gefielen mir gut. War wunderbar. Herrlich. Würden Sie auch für unsere Crew-Weihnachten singen? Ist am 7. Januar!" Ich sagte sofort zu. „Es ist mir eine Ehre," erwiderte ich charmant. Er schaute mir intensiv in die Augen und sagte noch, dass man sich wegen der Probe bei mir melden würde. Dann drehte er sich um und verschwand.

Ich fand das alles überaus spannend. Zum einen hatte ich noch nie eine russische Weihnachtsfeier erlebt. Zum anderen waren damals eigentlich diese orthodoxen Weihnachtsfeiern am 7. Januar in Russland strengstens verboten. „Na, guck", schmunzelte ich, „auf dem Meer hält man sich wohl doch nicht immer an alle offiziellen Gesetze und Regeln..." Wie wenig ahnte ich allerdings noch nicht. Die nächsten Tage vergingen wie im Fluge. Es gab zahlreiche Proben für die Silvesterfeier und für den Neujahrstag. Mein Hüftgold nahm – dank all der appetitlichen Backwaren – langsam aber sicher barocke Ausmaße an und meine Bühnengarderobe wurde gefährlich eng. Es half nichts. Verzichten war angesagt. Fasten und Fitness. In das neue Jahr startete ich daher mit meinem Idealgewicht. Und mit ein wenig Wehmut – wegen all der verpassten Leckereien.

Am 5. Januar brachte man mir eine Nachricht auf meine Kabine. Die Proben für die Crew-Weihnacht waren für den nächsten Tag, Punkt 10, angesetzt. Und zwar in der Lounge. Ich freute mich schon sehr darauf. Denn schließlich und endlich hatte die Crew wirklich ein rauschendes Fest verdient. So hart wie sie immer arbeiten musste. So schön wie sie uns Weihnachten verwöhnt hatte. So überwacht wie sie sich immer fühlen musste. Ob sie wenigstens an diesem Tag alle Vorschriften über Bord werfen darf? Oberpünktlich erschien ich am 6. Januar zur Probe. Man sagte mir, wie viel Zeit ich für meinen Auftritt haben würde. Danach besprach ich mit meinen Musikern das Programm und wir machten einen kurzen Durchlauf meiner Stücke. Plötzlich hatte ich eine Idee: Eine kurze Ansprache in Russisch wäre großartig! Gedacht, getan. Der Bandleader freute sich sehr, sagte mir zwei Sätze, und ich schrieb sie mir in Lautschrift auf. Bereits am gleichen Abend konnte ich sie auswendig. Ich war sehr stolz auf mich. Dann kam der nächste Abend. Die Show für die Crew begann und ich begrüßte alle Anwesenden ganz besonders herzlich und natürlich auch in perfektem russisch. Alle lachten. „Au weh! Was hatte ich da wohl gesagt?" Spontan fragte ich den Kapitän über mein Mikro, ob ich irgendetwas falsch ausgesprochen hätte, doch er meinte, dass alles gut und richtig war. Das Lachen sei nur Ausdruck der Freude. Ich war mir da nicht ganz so sicher. Doch ob das wirklich stimmte, ob Höflichkeit oder Ehrlichkeit dabei im Spiel waren, hätte ich jetzt eh nicht rausbekommen. Ich gab daher meinen Musikern ein Zeichen und los ging's. Ich sang ein Weihnachtslied und danach noch einige Lieder aus aller Welt. Es war eine Bomben-Stimmung im Saal. Die Crew war glücklich. Und ich auch. Nach der Show kam der Bandleader auf mich zu und lud mich zur anschließenden Crew-Party an der Mannschaftsbar ein. Das waren ein Ritterschlag, ein Privileg und ein Kompliment in einem. Und eine Einladung, die man nicht so einfach ablehnen konnte. Denn normalerweise dürfen Künstler selbst heute nicht so ohne weiteres in den Crewbereich. Und wir befanden uns ja zusätzlich noch auf einem russischen Schiff! Ob das wirklich gut ging?

Natürlich sagte ich ja. Meine mulmigen Gefühle versteckte ich. Meine Musiker nahmen mich in ihre Mitte und wir betraten den Crewbereich. Hinter mir fiel die Eisentür zu. Ich war im Paralleluniversum des Schiffes gelandet. Ich befand mich von jetzt auf sofort in einer völlig anderen Welt. Die Gänge wirkten irgendwie unheimlich. Es war laut. Es roch nach Abfall, Schweröl und Schweiß. Am liebsten wäre ich wieder umgekehrt, doch ich ließ mir nichts anmerken und ging weiter mit. Unser Bandleader schien sehr stolz darauf zu sein, mich in die Bar zu führen. Und alle anderen Musiker freuten sich riesig, dass ich nun mit ihnen gemeinsam feiern würde.

Wir mussten durch die Kantine. Dort stand bereits das Essen für die Crewmitglieder. Eigentlich waren es überaus leckere russische Spezialitäten, die ebenfalls schon auf unserer Menükarte gestanden hatten – also, so etwas wie Borschtsch, Soljanka oder Boeuf Stroganoff. Doch leider sah das alles nicht wirklich appetitlich geschweige denn liebevoll zubereitet aus. Viele Passagiere wären bestimmt entsetzt gewesen – so groß war der Bruch zwischen „oben und unten". Manche aßen unfassbar schnell, weil sie gleich wieder zur Arbeit mussten: Das Brot für unser Frühstück backen, die Handtücher austauschen,

Wäsche waschen oder zurück zu den lärmenden Schiffsmotoren. Andere saßen vor ihrem rasch geleerten Teller und schauten müde vor sich hin. Nur für wenige schien es wirklich der Auftakt des Feierns und einer fröhlichen Freizeit zu sein. Es war insgesamt ein sehr trauriger Anblick. Diese Bilder prägten sich mir tief ein, die Gerüche durchströmten mich und blieben irgendwo in mir hängen. Ich musste mich sehr beherrschen, um nicht völlig geknickt auszusehen. Dann standen wir plötzlich vor der Crew-Bar. Juri, der Bandleader, machte die Tür auf. Wir traten ein und waren mitten in einer Disco, die absolut trendy dekoriert war. Die obligatorische Discokugel drehte sich in der Mitte des schummrigen Raumes, bunte Scheinwerfer huschten über eine kleine Tanzfläche und an den Tischen drum herum saßen einige entspannte Stewards und fröhliche Köche in ziemlich amerikanisch wirkender Freizeitkleidung. Die Stimmung war locker und gelöst. Ich konnte verstehen, dass die Crew sich hier gerne aufhielt, sich hier ein bisschen vom täglichen Stress erholen und sich auch etwas amüsieren konnte.

An der Bar gab es nur die richtig harten alkoholischen Getränke und man schenkte mir – na, klar – einen Wodka ein. Ich sagte zu Juri, dass ich leider keinen Alkohol vertrage, aber das ließ er nicht gelten. Also trank ich das Glas schnell aus und hoffte, dass mir am nächsten Tag nicht so übel sein würde wie es mir klassischerweise sonst ergeht. Doch ich hatte die Rechnung ohne den Wirt gemacht: Ich feierte ja mit Russen! Sofort wurde das leere Glas wieder gefüllt. Ach Herrje, was jetzt? Zum Glück fand ich einen unbeobachteten Moment. Ich tat so als ob ich trank, tauschte das immer noch volle Glas mit einem leeren und hoffte, dass man mich nicht komplett mit Wodka abfüllen wollte. Doch ich schien die Feuer-(Wasser-) Taufe bestanden zu haben. Alle strahlten mich an und der Gitarrist forderte mich zum Tanzen auf. Selbstverständlich war es russische Musik und genauso selbstverständlich wurde ich wie eine kostbare Trophäe weitergereicht. So tanzte ich mich gefühlt durch die Hälfte aller anwesenden Männerhände, die immer mehr Wodka intus hatten, und die ich alle vom sehen kannte: aus dem Restaurant oder der Bar. Dann kam Juri auf die Idee seine Balalaika aus der Kabine zu holen.

Ich fragte ihn, ob ich ihn begleiten dürfte, denn ich wollte sehen wie meine Musiker untergebracht waren. Er nahm mich mit. Voller Stolz zeigte er mir seine 2-er Kabine mit den Worten „Als Bandleder sind wir nur zu zweit, alle anderen wohnen zu viert." Ich musste mich sehr beherrschen, damit man mir meinen Schock nicht anmerken konnte. Auf engstem Raum standen zwei Betten übereinander, ein winziger Tisch, ein ganz kleiner Schrank und nur ein Stuhl – obwohl sie ja hier zu zweit wohnten. Doch die größte Katastrophe war das Bad, das er sich nicht nur mit seinem Zimmergenossen, sondern auch mit den vier Crewkollegen aus der Nachbarkabine teilen musste. Eine Nass-Zelle im wahren Sinn des Wortes, begehbar von zwei Seiten und nicht gerade hygienisch sauber. Innerhalb des Bruchteils einer Sekunde wurde mir klar, warum so viele Crewmitglieder über kurz oder lang dem Alkohol verfallen. So ganz ohne Privatsphäre, jahrelang eingepfercht auf wenigen Metern und ohne Familie und Freunde daheim. Juri nahm seine Balalaika, wir verließen sein unterirdisches Reich und gingen zurück in die Bar. Ich glaube, man kann von hier wirklich nur sturzbetrunken in seine eigene Kabine gehen, die ja nicht einmal die echte eigene ist, dachte ich geknickt.

Juri spielte das berühmte Lied Kalinka, ich kannte den Text und sang selbstverständlich mit (noch bevor man mir wieder Wodka einschenken konnte). Alle klatschten. Mir machte das Ganze richtig viel Spaß und ich vergaß dadurch auch viel schneller meine letzten Eindrücke und Gedanken. Dann kam Svetlana durch die Tür und tanzte dazu, kurz danach erschien der Tenor, der auch sofort mitsang. Als Duett wurden wir immer besser. Zum Schluss sang ich den tiefen Part. Er den hohen. Es war sehr lustig. Viele lachten. Die Stimmung wurde immer ausgelassener, immer übermütiger und immer Wodka-seeliger. Nach Kalinka spielte Juri ein anderes schönes Lied, das ich allerdings nicht kannte. Svetlana, der Tenor, der sich mir als Oleg vorstellte, und ich standen zusammen am Rand der Bar. Ich freute mich sehr darauf, nun endlich mit ihnen ganz normal und ungezwungen ein wenig plaudern zu können. Doch daraus wurde nichts. Denn plötzlich öffnete sich die Tür wieder. Noch bevor ich richtig sah, wer da hereinkam, veränderte sich die Stimmung. Dann erkannte ich einen Hünen, einen

Baum von einem Mann mit zwei Streifen an der Uniform, einen Marineoffizier, offensichtlich der Ranghöchste in unserer munteren Feier-Runde. Er ging schnurstracks auf Svetlana zu, zog sie an sich und tanzte mit ihr. Svetlana war dies mehr als unangenehm und sie sah etwas ängstlich und hilflos zu Oleg, dem man seinen Unmut ebenfalls deutlich ansah. Allen im Raum war klar, dass Svetlana nicht mit dem Offizier tanzen wollte. Alle wussten, dass er sie dazu zwang. Und ich war froh, dass der Tanz schnell zu Ende ging und Svetlana wieder zu uns kam. Juri spielte – war es Absicht? – ein weniger tanzbares Stück. Oleg ging zu diesem Bären, der das Doppelte seiner Statur hatte, und sagte ihm irgendetwas sehr energisch. Der lachte nur und zog Svetlana erneut zu sich heran. Sie weigerte sich, fauchte ihn an und schmiegte sich an Oleg. Die Situation wurde langsam brenzlig. Denn nun baute sich der Riese vor Oleg auf und drohte ihm. Ich verstand zwar von all dem kein Wort, aber es war so offensichtlich, was hier abging, dass keine Übersetzung nötig war. Zum Glück stellten sich meine Musiker hinter Oleg und konnten so die Situation etwas entschärfen. Mir war jedoch der Spaß endgültig vergangen, mir war mulmig und sowohl mein Kopf als auch mein Bauch sagten mir, dass es an der Zeit wäre, diese Feier zu verlassen.

Ich bat Juri, mich zum Ausgang des Crewbereichs zu bringen. Er wirkte enttäuscht und bat mich seinerseits noch ein wenig zu bleiben. Doch ich blieb bei meiner Bitte und hatte sogar eine plausible Begründung parat: Für den letzten Teil der Atlantiküberquerung war für diese Nacht Seegang vorausgesagt worden. Und Juri wusste, dass ich ab Windstärke Acht nicht mehr seefest bin. Also brachte er mich wieder in die Welt über dem Meeresspiegel zurück – in die Welt der Passagiere. Ich ging kurz ins Freie, war froh wieder bessere Luft schnappen und durchatmen zu können und begab mich danach schnurstracks zu meiner Kabine. Dort dachte ich erst einmal über diese neuen Erfahrungen und über den Crew-Bereich nach. Es ist für die Crew nicht einfach, ohne Partner an Bord für viele Monate unterwegs zu sein. Deshalb haben die meisten eine Affäre und manchmal auch eine tiefe, feste Beziehung. Bei allen Paaren gibt es Ups und Downs, manchmal auch hier und da Eifersucht. Aber diese Bedrohlichkeit,

61

diese offensichtliche Gewaltbereitschaft, die ist an Land ja eher eine seltene Ausnahme. Hier an Bord fühlte es sich völlig anders an. Da schienen sich ranghöhere Männchen jedes Recht herauszunehmen. Und wenn sie dann auch noch so imposant aussahen, dann schien sie ein archaischer Trieb dazu zu bringen, Nebenbuhler einfach wegzubeißen. Wer weiß, vielleicht würde das alles auch nicht ganz so heftig sein, wenn man sich räumlich mehr aus dem Wege gehen könnte. Auf jeden Fall förderte der Alkohol die Gewaltbereitschaft, aggressive Schräglagen und gefährliche Situationen. So viel war klar.

Die Crew hatte mir noch nie so leid getan wie an diesem späten Abend. Ich hatte ihre beständige Freundlichkeit am Tage noch nie so bewundert wie in dieser Nacht. Und ich fühlte mich – zugegeben – wie eine dekadente Luxus-Made im westlich-kapitalistischen Speck. Erschöpft sank ich mit diesem Gedanken in einen unruhigen Schlaf und hoffte, dass mich kein Seegang wecken würde. Doch leider hatte ich die Rechnung ohne Neptun gemacht. Er meldete sich um 5 Uhr in der Frühe mit einem richtig unangenehmen, fast schon wütenden Sturm. Ich beschloss daher, das Bett nicht zu verlassen. Gegen 9 Uhr ließ der Sturm zum Glück etwas nach und mein Magen, der sich bislang eher unliebsam bemerkbar gemacht hatte, sagte mir nun: Es wird Zeit etwas zu essen.

Nach dem Frühstück waren die Proben für eine Mittelgala angesetzt. Als ich in die Lounge kam, spürte ich sofort: Es lag etwas in der Luft. Eine seltsame Stimmung erfüllte den Raum. Juri wirkte fassungslos und ich fragte ihn: „Was ist los?" „Hast Du denn gar nichts mitbekommen?" Er schaute mich prüfend an. „Ja natürlich, den Seegang heute morgen. Ich bin sogar aus dem Bett gefallen!" antwortete ich ein wenig zu munter. Aber mir schwante bereits etwas Schreckliches. „Nein, das meine ich nicht," gab er zurück. „Draußen, vor Deiner Kabine. Das Rettungsboot..." „Wie, das Rettungsboot?" „Man hat das ganze Schiff durchsucht; Oleg ist verschwunden." „Verschwunden?" Ich schaute Juri mir großen Augen an. „Ja, man sagt, er muss über Bord gefallen sein." „Man fällt doch nicht so einfach über Bord," sagte ich noch. Doch dann sah ich vor meinem inneren Auge die Szenen des letzten

Abends vor mir: Die Beute Svetlana, die sich schutzsuchend an Oleg schmiegt. Der gut aussehende, junge Oleg, der seinem Vorgesetzten öffentlich Paroli bietet. Und dieser Hass, diese unbändige Wut in den Augen des Offiziers. „Wenn Oleg über Bord gegangen ist, dann bestimmt nicht freiwillig", dachte ich und mir wurde spontan übel und zittrig. Juri sah mich an. Er nickte unmerklich und schien genau zu wissen, was ich gerade gedacht hatte.

Wir waren mitten auf dem Atlantik. Kein Land weit und breit. Keine Zeugen, kein Oleg. Und alle schwiegen. Es gab keinen offensichtlichen Toten. Es durfte kein Mord sein, höchstens ein Unfall. Wir probten halbherzig. Unsere Gedanken waren bei Oleg. Svetlana sah ich nie wieder. Sie war auf ein anderes Deck versetzt worden. Bei meinen Nachfragen erntete ich nur Schulterzucken. Wie schlecht musste es ihr gehen? Wie verzweifelt musste sie sein? Hatte sie jemanden, der sie tröstend in die Arme nahm?

Mir gingen schreckliche Gedanken durch den Kopf: über Schiffsschrauben, über Mörder an Bord, über Hinterhalte und verletzte Eitelkeiten. Wenn wir an Land sind, werden sicher die Behörden an Bord kommen. Der Fall wird untersucht. Ich wünschte mir Aufklärung – aus ganzem Herzen. Doch es gab ja keine Leiche. Man wird der Aussage der Offiziere glauben müssen: Ein betrunkener Matrose fiel nach einem Crew-Fest durch den starken Seegang über die Reling. Selber schuld. Ein tragischer Unfall. Eine eiserne Faust umklammerte mein Herz. Das kann doch alles nicht wahr sein. Wie oft waren Menschen, die einem anderen im Wege standen, so entsorgt worden? Welche gruseligen Geheimnisse könnten die Meere erzählen?

Ich war froh, dass ich in wenigen Tagen das Schiff verlassen konnte. Doch vorher kam New York. Und dort ein neuer Tenor an Bord. Im Service ein Laie. Als Tenor ein Profi. Auch wenn es den Gästen genau andersrum erzählt wurde. The show must go on...

Das verschwundene Publikum

Engagements auf einem Kreuzfahrtschiff können für Künstlerseelen eine harte Schule sein. Für manche bleibt es bei „once in a lifetime". Sie kommen nie wieder. Sie sind genervt, verärgert, enttäuscht, frustriert oder einfach nur zutiefst beleidigt. Denn vieles, was an Bord passieren kann, nagt und kratzt am Ego. Wer einen Hang zu Star-Allüren hat, ist auf hoher See ebenfalls fehl am Platz. Er erlebt allenfalls ein unangenehmes blaues Wunder. Und wer glaubt, dass alles viel einfacher als an Land ist, der irrt ebenfalls gewaltig. Das Gegenteil ist der Fall. Daher, liebe Künstlerkollegen, ein paar Warnhinweise aus meinem Erfahrungsschatz:

Da wäre zuerst das Wichtigste: das Publikum. Ein Gast kommt nicht unbedingt wegen Dir in Deine Vorstellung und auch nur selten aus Interesse an Deinem Repertoire. Du bist zufällig Teil seines gebuchten Gesamtpakets. Er hat nur seine Reise ausgewählt. Dich nicht. Deine Show ist inklusive. Du bist ein Nebeneffekt wie Regen oder Sonnenschein. Die Unentschiedenen, die auch zu Hause selten zu Auftritten Deines Genres gehen, stehen oft zögerlich am Eingang der Lounge oder setzen sich in eine der letzten Reihen. Sie warten erst einmal ab. Hast Du zufällig ihren Geschmack oder ihre momentane Laune getroffen, dann bleiben sie. Ansonsten gehen sie. Sofort, mitten in einem Stück, nach fünf Minuten oder 15. Das muss man aushalten können. Denn man bekommt es leider mit. Doch selbst wenn es den Gästen gefällt, kann es schnell Wichtigeres geben: neue Freunde an der Bar, ein herrlicher Sonnenuntergang, ein gebuchter Ausflug am frühen Morgen oder der Seegang. Wer es nicht weiß, kann es kaum glauben: Bereits bei leichten Windstärken und minimalen Schiffsbewegungen fällt bereits der eine oder andere Gast aus. Und an wirklich stürmischen Abenden tritt man vor fast leerem Haus auf. Oder es leert sich schlagartig. Spätestens dann ist es auch für uns auf der Bühne nicht einfach. Oder besser gesagt: Es wird doppelt schwer. Du schwankst mit den Wellen, machst alberne Sprünge synchron mit dem Schiff, musst Dich auf Deine Vorstellung konzentrieren und spielst vor vielen leeren Stühlen. Oft habe ich mich mit letzter Kraft an einer Säule festgehalten, weil mich die ungestüme See dazu zwang. Oder das Piano war mein letzter Halt. Sonst wäre ich glatt umgefallen. Eine Show dann einfach absagen? Einfach beenden, weil es einem dummerweise auch ziemlich kodderig geht? Keine Chance! Das kommt bei den Seegangs-Überlebenden im Saal überhaupt nicht gut an. Und bei der Schiffsleitung auch nicht.

Egal, was war, ist oder wird: Du musst Deine Gäste mit jedem neuen Stück erobern, bezaubern und überzeugen. Sie bleiben nicht sitzen und warten ab, was noch kommt. Warum auch? Nur wer dies alles akzeptieren kann, richtig Leistung liefert und für das Tun und Lassen der Gäste Verständnis hat, der ist auf einem Schiff richtig. Ob Desaster oder Riesenchance liegt einzig und allein an der inneren Haltung. Glaube daher auch nie, dass Dein Publikum an Bord keine Ahnung hat, ignorant oder doof ist. Überprüfe lieber Dich und Dein Repertoire. Manchmal dachte ich, dass ein bestimmtes Lied besonders gut angenommen werden würde, doch ich irrte mich. Das sieht und fühlt man sofort. Doch mögen es die Passagiere an Bord, dann lieben es auch die Fans zu Hause. Es ist immer wieder spannend, all das zu erleben und dabei zu lernen. Ich habe immer gerne und viel ausprobiert.

Fatalerweise kann selbst die Reiseroute wichtig sein. Wenn es in den hohen Norden geht, dann sind zumeist Naturliebhaber unterwegs. Und wenn dann noch bis weit nach Mitternacht die Sonne scheint, ist das einzigartige Lichtschauspiel für sie die bessere Show! Bei Reisen in den Süden lässt sich das Publikum deutlich einfacher gewinnen. Oder anders gesagt: Vorsicht bei der Routenwahl! Doch egal wohin, das Unvorhergesehene reist immer mit.

Auf dieser Reise ging es in südliche Regionen. Wir kreuzten vor der französischen Atlantikküste und die Küche war von morgens bis in die späte Nacht auf Frankreich eingestellt. Es gab eine französische Wein-Degustation, frankophile Spezialitäten am Büffet – vom Eifelturm überragt – und natürlich überaus köstliche mehrgängige Menüs, die Haute-Cuisine-Qualität hatten. Es lag daher nahe, dass man mich bat, einen französischen Abend zu gestalten – mit Liedern von Edith Piaf. Ich war mir sicher, dass mein Piaf-Abend ein Selbstgänger werden würde. Wir reisten Richtung Süden, er passte perfekt zur Region und er war mehrfach erfolgreich mit allen Wassern der Weltmeere gewaschen. Die Gäste liebten mein Piaf-Programm vor Kap Hoorn und in der Arktis, in Afrika und Asien. Da konnte nichts schief gehen. Da musste man auf nichts gefasst sein. Es würde alles so gut sein wie sonst auch. Vielleicht sogar noch ein wenig besser.

Zwischen den einzelnen Stücken erzähle ich immer aus dem Leben der Piaf und auch warum, wie und mit wem ihre Lieder entstanden sind. Ich beleuchte sowohl die großen Liebesgeschichten und die kleinen Anekdoten als auch ihre euphorischen Episoden und all die tragischen Momente ihres Lebens. Mittlerweile kenne ich sie so gut wie eine Schwester. Ich freute mich daher sehr auf den Abend und auf diese Mischung aus liebevoller, spannender Moderation und wunderschöner Musik. Yes, Sir!

Mein erstes Lied begann. Der Funke sprang sofort über. Das Publikum war auf meiner Seite. Es hörte gebannt zu. Ich spürte die knisternde Atmosphäre, die jeder Künstler braucht; ich fühlte die Zuneigung des Publikums und gab mein Bestes. Von Stück zu Stück wurde der Applaus lauter und länger. Niemand verließ mich. Im Gegenteil. Immer mehr Gäste strömten in den Saal und drängelten sich am Eingang. Die Stimmung war fantastisch. Ich war rundum glücklich auf der Bühne. So ging es drei, vier Lieder lang weiter. Ich begann gerade mit der Geschichte des nächsten Stückes als ich eine gewisse Unruhe am Eingang bemerkte. Ich ignorierte sie. Allerdings erzählte ich mit etwas leiserer Stimme weiter, da ich glaubte, dass ich durch diesen kleinen Kunstgriff die Aufmerksamkeit wieder auf mich lenken könnte. Klappt eigentlich immer. Doch dieses Mal ging es schief. Was nun? Was tun? Ich erzählte ein wenig weniger als sonst und begann mit meinem Gesang. Ich glaubte, dass mein Publikum nun wieder zuhören würde. Pustekuchen! Ich hatte mich erneut vertan. Die hin-

67

teren Reihen bewegten sich immer zielstrebiger in Richtung Ausgang. Ich war verwirrt. Ich wurde nervös. Aber ich sang weiter. „Sing noch schöner, noch intensiver, noch leidenschaftlicher", spornte ich mich an. Aber es half nichts. Immer mehr Passagiere gingen. Innerhalb weniger Minuten war ich mit meiner Band fast alleine im Raum. Ein schreckliches Gefühl.

An meinem Programm konnte es doch nicht liegen. Oder vielleicht doch? Die Leute waren doch begeistert. Oder etwa nicht? Hatte ich mich so in meinem Publikum getäuscht? Das konnte eigentlich nicht sein. Aber es war offensichtlich: Mein Publikum war weg. Ich stand verloren auf der Bühne. Von allen Gästen verlassen. Meine Musiker waren genauso ratlos wie ich. Ich überlegte kurz und schlug vor: „Wir warten. Wir machen eine kleine Pause." Diese kleine Pause wurde unerträgliche acht Minuten lang. Auf einer Bühne eine Ewigkeit. Während einer Show eine Katastrophe. Aber es war, wie es war. Es ließ sich nichts ändern. Kein Gast kehrte zurück. Niemand von der Crew kam, um uns das Geschehen zu erklären.

Irgendwann und ohne ersichtlichen Grund füllte sich die Lounge wieder – nach besagter Ewigkeit von acht Minuten. Alle Passagiere gingen zurück auf ihre Plätze. Für uns war es Zeitlupe. Kein Gast sprach. Jeder setzte sich nur hin und schaute mich erwartungsvoll an. Irgendwann sah es so aus, als ob mein Publikum nie weg gewesen wäre. Es war völlig irre. Zum Glück kam endlich eine Dame von der Reiseleitung auf die Bühne und flüsterte mir den Grund des vergangenen Aufruhrs ins Ohr. Ich nickte. Ich war erleichtert und besorgt zugleich. So fröhlich ich konnte, wendete ich mich an mein Publikum: „Ich freue mich, Sie alle wieder zu sehen. Ich werde nun mein Programm weiter führen." Es folgte ein tosender Applaus, der mich überraschte. Ich musste viele Zugaben geben. Es freute mich sehr. Ich war zufrieden mit mir. Ich hatte wohl auch instinktiv alles richtig gemacht. Und natürlich war ich erleichtert, dass es nicht meine Schuld war, dass mich die Zuschauer verlassen hatten. Über den wahren Grund ihres Verschwindens kann man allerdings durchaus geteilter Meinung sein. Doch wie erzähle ich es am besten?

68

Ein Schiff ist wie ein Dorf. Spektakuläres macht in Bruchteilen von Sekunden die Runde. Und niemand möchte etwas Ungewöhnliches verpassen. In meinem Fall stahl mir ein Helikopter die Show. Er versuchte auf dem Achterdeck zu landen. Das sprach sich selbstverständlich wie ein Lauffeuer herum. So etwas sieht man nicht alle Tage. Kaum ein Gast ließ sich daher dieses außergewöhnliche Reiseerlebnis entgehen. Es war allerdings kein Promi, der das Ablegen verpasst hatte und nun eingeflogen wurde. Es war leider ein Gast, der abgeholt wurde. Er musste so schnell wie möglich an Land und ins Krankenhaus. Zum Glück erfuhren wir nach drei Tagen, dass er sich von seinem Herzanfall erholt hatte und auf dem Weg nach Hause war. Zurück an Bord kam er nicht.

Doch es gibt – zum Glück – auch weniger dramatische Gründe für die plötzliche Unterbrechung einer Show. An dieser Stelle nur einer von einigen: Es war im Norden von Norwegen. Die Vorhänge der Fenster waren zu, denn der Abend war taghell. Ich sang. Doch der Ruf eines Passagiers war lauter: „WALE!" Dieses eine Schicksalswort genügte. Es gab kein Halten. Alle liefen ans Fenster, rissen ungestüm die Vorhänge auf oder liefen nach draußen um diesen Mega-Star der Meere zu sehen. Ich übrigens auch.

Ein Schuss zu viel

Kreuzfahrtschiffe sind ein wenig wie Zugvögel. In den Wintermonaten befinden sich alle im Süden. In den Sommermonaten zieht es sie hoch in den Norden. Ähnlich gigantischer Vogelkolonien treffen dann Abertausende Kreuzfahrtgäste von vielen unterschiedlichen Schiffen bei den klassischen Sammelplätzen ein: den großen Häfen. Ganz davon abgesehen, dass ein riesiger Pulk Touristen lauter schnattern kann als jede Art von Geflügel, sind diese Massen nicht jedermanns Sache. Es ist daher ein großes Glück, wenn man auf kleineren Schiffen reisen kann oder reisen darf. Die Routen sind anders, die Häfen überschaubar, die Natur näher, die Landgänge idyllischer. Man ist mit sich (und den wenigen anderen Gästen) allein auf weiter Flur.

Wir waren auf so einem kleinen Schiff. Unser Weg führte in den hohen Norden Europas. Unser Kurs hieß Arktis, unser Ziel Spitzbergen. Viele Schiffe sind nur für ein, zwei Tage dort oben. Unser Schiff sollte länger in den Fjorden von Svalbard, dem norwegischen Namen des Archipels, kreuzen. Wo genau, wusste noch keiner. Es war eine Frage des Wetters und des Eisgangs. Selbstverständlich waren einige Landgänge an menschenleeren Küsten geplant. Natürlich wollten wir so hoch wie möglich. Und die Aussicht, dort auf andere Kreuzfahrtschiffe zu treffen, war äußerst gering. Von Tag zu Tag wurde die Luft kälter und die Nacht immer heller. Von Tag zu Tag gingen wir später zu Bett. Und als die Sonne gar nicht mehr schlafen gehen wollte, konnten wir Menschen das auch kaum noch. Dieser natürliche Schlafentzug strengt irgendwann sogar ausgeprägte Nachteulen an, doch im Gegenzug bekommt man einen Rund-um-die-Uhr-Blick auf die Welt geschenkt.

Viele Gäste waren mit hohen Erwartungen an Bord gekommen. Sie wollten auf dieser Reise Wale sichten – so nah wie möglich. Sie wollten Eisbären sehen – natürlich nur von weitem. Sie wollten Gletscher kalben und Eisschollen treiben sehen. Sie wollten das volle Programm.

Alles, was die Nordpolregion an Naturspektakeln im Sommer zu bieten hat. Und – um es vorweg zu nehmen: Sämtliche Erwartungen wurden auf dieser Reise erfüllt. Doch auch so manches, das sicher auf keinem Wunschzettel zu finden war. Eisbären – mittlerweile zum Symbol des Klimawandels geworden – lernten wir schon vor unserer Ankunft auf Spitzbergen kennen. Denn einige interessante Vorträge widmeten sich ausführlich diesem weißen Riesen des Nordens. Wir erfuhren auch, wie wir uns an Land zu verhalten hätten. Damit aus einer Bär-Begegnung kein allzu persönliches Kennenlernen würde. Denn es sollte ja nicht das Letzte sein, das wir auf dieser Reise erleben. Alle Gäste nickten brav. So weit, so gut.

An einem Morgen erreichte uns die Stimme des Kapitäns. Fast alle Gäste waren beim Frühstück. Vor uns war eine größere Eisscholle aufgetaucht, auf der eine Eisbärenmutter mit ihrem Jungen zu sehen war. Ein überaus seltener Glücksfall. Selbstverständlich war das eine Durchsage über die Bordlautsprecher wert! Selbstverständlich war das eine Nachricht, die sämtliche Herzen höher schlagen ließ. Nur wenige aßen gemütlich weiter. Die meisten stürmten an die Restaurantfenster oder in Richtung Außendeck. Eine Massenpanik kann nicht wuseliger sein. Die durchweg gut erzogene und kultivierte Klientel drängelte und schubste. Manche beschimpften ihren Ehepartner ob seiner Langsamkeit. Andere verfluchten die Tatsache, dass sie ihre warmen Sachen, doch vor allem ihren Fotoapparat auf der Kabine gelassen hatten. Denn nur, was der Fotoapparat sieht, hat man auch wirklich erlebt. Zumindest wirkte es so. Nachdem fast alle Gäste das Restaurant fluchtartig verlassen hatten, ging selbstverständlich auch ich an Deck. Allerdings nicht zum Bug wie fast alle anderen, sondern Richtung Heck. Denn eine Eisscholle, die schiffsvoraus erscheint, wird irgendwann auch am Ende des Schiffes zu sehen sein. So war es denn auch. Und ich war mit diesem friedlichen Mutter-Kind Anblick allein. Es war sehr ergreifend. Es war einfach wunderschön.

Mit diesem Morgen veränderte sich die Stimmung an Bord nachhaltig. Wir wussten: Das Eisbärland hatte begonnen. Jeder wollte der Erste sein, der irgendetwas Außergewöhnliches entdeckte. Viele trugen zu jeder Stunde ihre dicken Sachen mit sich rum. Manche sogar zu Abendkleid und Smoking. Und natürlich lag auf fast jedem Tisch ein Film- oder Foto-Equipment, bei dem so mancher Profi vor Neid erblasst wäre.

Die Fjordfahrten im nördlichsten Archipel Europas waren atemberaubend. Märchenhafte Felsformationen, ein Meer aus Eisschollen und kleinen Eisbergen, Gletscher, deren Abbruchkanten in Grün- und Blautönen schimmerten, und natürlich: Wale. Immer mal wieder. Sie tauchten plötzlich auf – mal in kleineren, mal in größeren Gruppen. Und wer nicht ständig an der Reling stehen wollte, konnte sich auf die Durchsagen der Brücke verlassen. Man konnte sie nicht verpassen. Erstaunlich, dass diese Tiere verwandt sind mit Giraffen, Rindern und Kamelen, ihre nächsten Verwandten die Flusspferde sein sollen und dass sie vor rund 50 Millionen Jahren das feste Land verließen, um fortan ihr ganzes Leben im Wasser zu verbringen. Ich schätze, jeder Fotograf an Bord hat mindestens 10 unterschiedliche Schwanzflossen perfekt verewigt. Ich gehe auch davon aus, dass der berühmte Blas der Wale von vielen Foto-Jägern so eingefangen werden konnte, als ob sie höchstselbst an Bord des Beiboots von Käpt'n Ahab gewesen wären. Dem Mega-Teleobjektiv sei Dank!

Unsere zweite Eisbärbegegnung war weniger friedlich als die erste. Der Bär hatte es sich auch auf einer Eisscholle gemütlich gemacht. Er war ebenfalls nicht allein. Eine Robbe war bei ihm. Allerdings schon als leicht angeknabberte Mahlzeit. Als unser Schiff immer näher kam, ließ er seine blutige Beute im Stich und schwamm in einem großen Bogen davon. Nicht ohne weiterhin aufmerksam unser Schiff zu beobachten. Waren wir Feinde, die ihm womöglich die schwer erlegte Beute abnehmen wollten? Als er merkte, dass uns sein Mittagessen nicht interessierte, kehrte er zurück und setzte seelenruhig seine Mahlzeit fort. Ein gefundenes Fressen für unsere Fotografen, die sich natürlich schwer begeistert auf dieses Motiv stürzten.

Leidenschaftliche Fotografen erscheinen mir häufig wie eine eigene Spezies Mensch. Sie nehmen, was sie sehen, nicht mit allen Sinnen

73

auf, sondern mit ihrer Technik. Das Objektiv wird zu ihren Augen und ihre Ohren scheinen verkümmert. Denn wie lässt sich sonst erklären, dass sie nie hören, was man ihnen sagt? Für einen Weg von etwa fünf Minuten im entspannten Schlendergang brauchen sie mindestens eine halbe Stunde. Denn sie sind ja von Millionen von Motiven umgeben, die sich mit jedem neuen Blickwinkel um ein Mehrfaches vervielfachen. Und dafür sind doch 100 Meter pro Stunde ein echter Geschwindigkeitsrekord. Oder etwa nicht? Zu Zeiten der Dia-Filme und der Papierabzüge gab es Hobby-Fotografen und Schnappschuss-Kandidaten. Die einen schleppten tonnenweise Wechselobjektive mit sich rum, die anderen hielten Urlaubsszenen fest. Für die Erinnerung reichte damals eine kleine Automatikkamera und ein Film mit 36 Aufnahmen. Doch heute? Da ufert das Ganze richtig aus. Seit der Digitalisierung sind hundert Bilder pro Tag ein Witz. Hauptsache die Speichermedien reichen. Aussortiert wird zu Hause. Erst dann weiß man, wo man überall war. Erst dann erlebt man, was man sah. Zwar nicht mehr in 3D und vor Ort, aber dafür mit nachjustiertem Ausschnitt, perfekt farbkorrigiert und selbstverständlich nachgeschärft. Eine kuriose Entwicklung.

Doch zurück zu unserer Arktisreise. Bei unseren Landgängen durften wir selten auf eigene Faust unterwegs sein. Nur in zwei, drei kleinen Örtchen, die diesen Namen kaum verdienen. Was weder überheblich noch abwertend zu verstehen ist. Ich schreibe das nur, weil sich das Eigene und Individuelle dadurch relativiert. Echtes Alleinsein gab es nicht, bei jedem Spaziergang hatte man immer Sichtkontakt zu anderen Gästen. Manchmal auch zu allen. Und da man dadurch alles und alle schön im Blick hatte ließ sich bereits von weitem erkennen wo etwas Außergewöhnliches zu sehen war: Da war eine Menschentraube. Da musste man dann auch hin. Bloß nichts verpassen. Eines dieser Örtchen war Ny Alesund. Dort wohnen im Sommer rund 100 Menschen. Sie haben sogar einen kleinen Flugplatz und das nördlichste Postamt der Welt. Doch es waren nicht die Sonderstempel, die hübschen Briefmarken, das Museum oder all die schönen alten Holzhäuser, die uns anlockten. Die größte Menschentraube bildete sich, weil man unter einem dieser Häuser etwas entdeckt hatte. Dieses

Etwas war ein Polarfuchs mit seinen Jungen. Die Mama schien an Besuch gewöhnt zu sein und auch die drolligen, kleinen Fellknäuel waren sehr zutraulich. Die Geschichte des Ortes wurde nebensächlich. Hauptsache man konnte einmal die putzigen Fuchsknirpse streicheln. Und natürlich fotografieren.

Wenn wir mit dem Schlauchboot zu unbewohnten Küstenstreifen übersetzten, dann durfte selbstverständlich keiner alleine unterwegs sein. Eisbären-Gefahr! Wir wurden dann in Gruppen aufgeteilt und von mindestens zwei Guides begleitet. Sie wirkten immer ein wenig gefährlich. Bewaffnet mit Sonnenbrille, Fernglas und Gewehr waren sie für unsere Sicherheit zuständig und somit ständig auf der Hut. Höchstwahrscheinlich ist ein Sack Flöhe besser zu hüten als selbstbewusste, erwachsene Touristen. Ihre Ermahnungen dicht beisammen zu bleiben wurden häufig ignoriert. Am häufigsten wurden – Sie ahnen es bestimmt – die Fotografen ermahnt. Am schlimmsten waren drei. Wir kannten sie schon. Und sowohl die Guides als auch wir anderen wussten: Jede Warnung nützt nichts. Sie werden bei der nächstbesten Gelegenheit wieder zurückbleiben oder aus der Reihe tanzen. Frei nach dem Motto: Foto kommt vor Vorsicht!

Wir hatten das Glück, dass wir auch an Land häufiger Eisbären sahen. Sie waren jedoch sehr weit entfernt und nur mit dem Fernglas zu beobachten. Doch einmal sahen wir einen Bären, der gedankenverloren vor sich hin trottete und in absehbarer Zeit unseren Weg kreuzen würde. Die Guides forderten uns sofort zum Stehenbleiben auf. Wir durften den weißen Polarbewohner für eine Weile in aller Ruhe beobachten, doch dann feuerte der Guide einen Schreckschuss in die Luft ab. Der Bär wachte aus seinem verträumten Tun auf und lief weg. Ich muss gestehen, der Eisbär tat mir irgendwie leid. Es war sein Land. Und es war sein gutes Recht nicht immer nur das aufmerksame Raubtier, sondern auch mal das verträumte Bärchen zu sein. Doch dafür wurde er nun bestraft. Durch uns.

An einem anderen Tag ankerten wir vor einer weiteren imposanten, kargen Polarküste. Die Zodiacs warteten; wir sollten wieder einen gemeinsamen Landausflug erleben. Auf dem Weg zum Ausstieg kam mir die Reiseleiterin entgegen. Sie sah mich lächelnd an und sagte: „Nimm lieber noch einen Schirm mit. Sicher ist sicher." Bevor ich fragen konnte „Warum?" war sie schon verschwunden. Eigentlich sah es kein Stück nach Regen aus. Aber wer weiß. Sie kennt sich besser aus. Ich folgte daher ihrem Rat, ging zurück und holte den schiffseigenen Stockschirm aus meiner Kabine. An Land wurden wir auf einen Pfad geführt. Hunderte von Nestern lagen nur wenige Meter vom Wegesrand entfernt. Manche Vögel brüteten noch ihre Eier aus. Einige Jungen waren bereits geschlüpft. Es gab keinen einzigen Baum, kein schützendes Blätterdach oder so etwas wie Unterholz. Die Kinderstube war auf karger Erde. Gut zu sehen und gut zu erreichen – für Vier- und Zweibeiner. Die Küken waren bestimmt eine leichte Beute für Raubvögel und Polarfüchse. Da müssen die Eltern bestimmt höllisch auf ihren Nachwuchs aufpassen, dachte ich so bei mir.

Unsere Guides waren heute besonders hartnäckig. Sie wiederholten mehrmals, dass wir keinen einzigen Meter vom Weg abweichen sollten und schon gar nicht zu den nahen Nestern gehen dürften. Das war eigentlich klar. Denn viele Vögel können sehr aggressiv sein, wenn sie Angst um ihren Nachwuchs haben. Einer der berüchtigten Fotografen war ebenfalls bei unserer Gruppe und wurde augenscheinlich richtig überwacht. Denn als er gerade einen Schritt in Richtung Küken machen wollte, wurde sein Vorhaben bereits bemerkt. Der Guide war richtig sauer. Er ermahnte ihn überaus heftig. Der Fotograf wirkte pikiert und tat so, als ob es keinen Grund für eine Ermahnung gegeben hätte. Einige Gäste verdrehten die Augen. Einen so Unbelehrbaren in der Gruppe und an Bord zu haben, wurde uns allen langsam peinlich. Wir gingen weiter, der Guide drehte ihm den Rücken zu und – schwuppsdiwupps – war der Gerügte schon wieder einen Schritt vom Weg abgewichen. Er konnte es nicht lassen. Mit der Kamera vor den Augen schlich er näher und näher an ein Nest. Dann ging alles sehr schnell.

Die Vogelmutter fühlte sich und ihren Nachwuchs bedroht, schimpfte ganz fürchterlich auf diesen Eindringling und rief Nachbarn und

Verwandte zu Hilfe. Mit dem ersten Laut aus ihrer Kehle stürzten sich die Vögel, die gerade in der Luft waren, mit ihren langen Schnäbeln auf den Fotografen und Störenfried herunter. Er wurde von ihrem Angriff komplett überrascht. Er hatte sicher noch nicht einmal den Auslöser gedrückt. Er versuchte zu fliehen, er hielt Hände und Kamera über den Kopf, er rannte weg. Doch die Vögel ließen nicht von ihm ab. Unser Guide spannte schnell seinen Schirm auf, kam ihm zu Hilfe, schirmte ihn – im wahren Sinn des Wortes – vor ihren Schnäbeln ab. Denn die Vögel hatten unseren unbelehrbaren Fotografen schon ziemlich am Kopf verletzt. Von Sekunde zu Sekunde wurden die Vögel angriffslustiger. Mittlerweile kamen sie von überall her. Ganze Scharen flogen an und gingen auf uns los. Selbst auf uns, die wir rein gar nichts gemacht hatten. Aber das konnten sie ja nicht wissen. Wir waren für sie bestimmt eine gefährliche Horde böser Eierdiebe.

Nun wusste ich, warum ich einen Schirm mitnehmen sollte. In letzter Minute gelang es mir, ihn zu öffnen. Ich eilte so schnell wie möglich den Weg zurück. Weg von den Nistplätzen. Zurück Richtung Schiff. Natürlich war ich nicht die einzige, die – mit oder ohne Regenschirm – in Richtung Schiff rannte. Wir alle waren ein wenig panisch. Viele Passagiere waren verletzt. Und wir kamen uns alle so vor wie in diesem Gruselklassiker. Doch unsere Vögel waren keine kalkuliert angelockten Möwen unter der Regie eines Meisters der Dramaturgie. Unsere waren wütend, stinkesauer. Sie wollten Krieg!

Unser Bordarzt hatte an diesem Nachmittag alle Hände voll zu tun. Jeder, der eine Verletzung hatte, wurde darum gebeten, sich bei ihm zu melden. Er wollte selbst die kleinste Wunde untersuchen und fachgerecht desinfizieren. Zum Glück waren die meisten von uns nur mit einem großen Schrecken davon gekommen. Doch einige hatten ordentlich was abgekriegt. Alle Passagiere waren sehr wütend auf diesen Mann, der keine Regeln einhielt und die Vögel gestört hatte. Trotz des Verbots und all der Ermahnungen. Er hat uns mit seiner Vorgehensweise um einen schönen Tag gebracht und auch in Gefahr. Doch im Grunde war es seine Vermessenheit, die uns am meisten aufregte. In Tierparadiesen sind wir Menschen per se die Eindring-

77

linge. Wir dürfen ihren Frieden nicht stören. Schon gar nicht, weil wir einfach nur ein Foto machen wollen. Und da es immer wieder solche Ignoranten gibt, wird es irgendwann komplett verboten sein, sich in solchen Naturen zu bewegen.

Verstehen Sie mich nicht falsch. Ich fotografiere ebenfalls sehr gern. Ich weiß, dass man sich für ein vermeintlich besseres Foto durchaus ein wenig albern oder unvorsichtig verhalten kann. Man klettert auf wackelige Steine, legt sich auf den Boden oder hält die wasseruntaugliche Kamera hoch über den Kopf, weil man Wellen einmal anders fotografieren will, und, und, und. Doch normalerweise zeigt uns der gesunde Menschenverstand die Grenzen auf. Merkwürdigerweise scheinen jedoch viele Fotografen ihre grenzenlose Unvernunft mit Leidenschaft zu verwechseln.

Später an diesem Tag erfuhr ich von der Reiseleiterin, bei der ich mich unbedingt für ihren Tipp bedanken wollte, dass bereits ein anderer Gast auf dieser Reise eine völlig verrückte Aktion geplant hatte. Sie konnte in letzter Minute vereitelt werden. Dieser Gast wollte das Schiff fotografieren – inmitten von Eisfeldern und vor der Kulisse majestätischer Berge. Also, nach dem Ablegen! Er hatte nur an sein spektakuläres Foto und kein Stück weiter gedacht. „Ich könnte Dir Storys erzählen, meine Liebe, da kommt man nicht drauf", schloss die Reiseleiterin fassungslos. „Wenn ich sie nicht selbst erlebt hätte, würde ich sie nicht glauben..." Ich hätte ihr bestimmt geglaubt. Ich hatte zwar bereits von unfassbaren Fotografen-Geschichten gehört, die manchmal komisch, manchmal glimpflich und manchmal tragisch ausgingen. Doch nun war es das erste Mal, dass ich selbst in so eine Foto-Story verwickelt war. Nun wusste ich, wie schnell eine Situation kippen konnte. Mit einem kleinen Klick. Seitdem meide ich überengagierte Fotografen. Seitdem bin ich mir sicher, dass eine moderne Robinsonade nicht mit einem Schiffbruch beginnen würde, sondern mit einem Selfie-Stick. Ich habe keinen.

138 Schritte

Die Ankunft in einem Hotel ist zumeist eine Sache von wenigen Minuten: einchecken, aufs Zimmer gehen, das Revier markieren – mit den eigenen sieben Sachen und einem Gang ins Badezimmer. Danach beginnt der Urlaub. Die Ankunft bei einer Kreuzfahrtreise ist weniger schnell erledigt. Bereits der Check-in gleicht einem Ritual in mehreren Akten. Zuerst werden die Papiere geprüft. Dann die Bordkarte erstellt. Weiter geht es zum Zoll. Diesem Etappenziel folgen Begrüßungs-Snacks und ein Gläschen Sekt. Oder zwei oder drei. Entsprechend gelockert findet danach das Aufeinandertreffen mit dem Fotografen statt. Kaum ein Gast, der sich nicht verewigen lässt. Kaum ein Gast, der nicht sein strahlendstes Lächeln zeigt. Nach diesen fünf Szenen ist der erste Akt der Ankunft geschafft. Es folgt der zweite: Der Kreuzfahrtdirektor begrüßt jeden Gast an Bord. Sein Team steht Spalier und leitet das Defilee der Gäste auf dem roten Teppich gekonnt an eine Schar überaus reizend lächelnder Kabinen-Stewardessen und -Stewards weiter. Ein kurzer Blick auf die Bordkarte und schon schreitet sie oder er voran: Treppe rauf oder runter, noch einmal um die Ecke, rechts, links, die Gänge entlang. Dann bleibt sie oder er plötzlich vor einer Tür stehen. Sie sieht zwar aus wie alle anderen, ist jedoch die Ihre. Sie sind da: Sesam öffne Dich!

Wer in der Kabine den Anfang des ersehnten Urlaubs erwartet, der irrt. Dort wartet vielmehr Ihre To-do-Liste für die nächsten 24 Stunden. Charmante Worte verkleiden das kommende Pflichtprogramm: Seenotrettungsübung, Restaurant- und Barzeiten, Auslaufparty, Vorstellung der Mannschaft, Öffnungszeiten der Rezeption, der Boutique, des Reisebüros und, und, und. Jede Menge Termine, viel zu tun. Zeit fürs Kofferauspacken? Sie sind noch nicht da. Zeit zum Erkunden des Schiffes? Wenig. Zeit um den Lieblingsplatz für das Ablegen zu finden? Kaum. Zeit für Urlaub? Vielleicht am Abend, vielleicht auch erst morgen. Auf jeden Fall später. Zögerlich und leicht verunsichert verlässt man sein eigenes Reich, das Tagesprogramm in der Hand. Wohin nun? Was sagt die Uhr? Wann ist wo welcher Termin?

Zentrale Anlaufstelle dieser ersten Zeit an Bord ist für viele die Rezeption. Dort landen die ersten Beschwerden, die ersten Sonderwünsche und (nochmal) die Papiere für alle weiteren Formalitäten. Der Ort ist daher immer entsprechend bevölkert. Auf dieser Reise waren gleich drei Damen und ein Herr des Hoteldepartments für diesen Ansturm abkommandiert. Sie hatten mächtig viel um die Ohren. Ich spitzte sie nur. Hinter mir unterhielten sich leise zwei sympathische Stimmen. Sie flüsterten sich ins Ohr. Sie lachten. Sie freuten sich auf die Reise, auf ihre vorgebuchten Ausflüge, auf all das, was vor ihnen lag. Sie waren bestens gelaunt. So viel eitel Sonnenschein und Gelassenheit beim Schlangestehen ist – ehrlich gesagt – mehr als selten. Wer waren diese Glücklichen?

In meiner Schlange ging es ein Stück voran. Ich drehte mich unauffällig um, schaute und staunte. Das hatte ich nicht erwartet. Nicht nach dem, was ich erlauscht hatte. Die Frau trug eine große Brille mit extrem dicken Gläsern. Der Mann hatte einen Blindenstock und die entsprechende Armbinde. Wie können die beiden sich jemals an Bord zurechtfinden? Stadtrundfahrten, Ausflüge zu Fuß, Treffpunkte – wie soll das alles gehen? In mir tauchten tausend Fragezeichen auf, vor mir verschwanden immer mehr Gäste, hinter mir sprudelte Vorfreude. Ich kam an die Reihe, erledigte meine Formalitäten und ging zügig zurück zu meiner Kabine.

In Gedanken war ich immer noch mit dem Ehepaar beschäftigt. Wie finden sie ihre Kabine? Das Restaurant oder die Abzweigung zum Fahrstuhl? Ohne fremde Hilfe sind die beiden doch völlig aufgeschmissen. Abrupt blieb ich stehen. Wo war ich eigentlich? Ich hätte schon längst bei meiner Kabine sein müssen. Doch sie war nicht da, war spurlos verschwunden. Ich folgte den Kabinennummern, ging wieder zurück, einmal im Kreis, sah auf die Schiffsanzeigen, konzentrierte mich auf den Decksplan, ging zielstrebig in die richtige

Richtung. Ich passierte viele Kabinen. Nur nicht meine. Das kann doch nicht wahr sein! Es war aber wahr.

Etwa die Hälfte aller Gäste verläuft sich mehrmals am ersten Tag. Das ist normal. Etwa ein Drittel auch noch am zweiten. Das mag kaum noch jemand zugeben. Wer aber auch noch am dritten Tag intensiv einen Decksplan studiert, zuckt unwillkürlich zusammen, wenn sich ein anderer Gast nähert. Ertappt! Immer noch nicht angekommen. Böse Zungen behaupten, dass diejenigen, die sich an Bord ständig verlaufen, auch die ersten sind, die an Land verloren gehen. Ich bin noch nie verloren gegangen. Ich habe immer den richtigen Weg gefunden. Ich kann Stadt- und Deckspläne lesen. Und dennoch: Meine Kabine blieb unauffindbar. Ich konzentrierte mich erneut auf den Decksplan. Ein Steward bog eilig um die Ecke, hielt kurz inne und schaute mich dezent fragend an. Ich lächelte leicht verschämt zurück. Er zögerte, wollte fragen, helfen. Ich nahm meine selbstbewussteste Haltung an, nickte kurz und startete zielstrebig meinen nächsten Such-Versuch. Ich komme allein zurecht. Ich brauche keine fremde Hilfe. Ich kenne das Schiff! Kenne es wie meine Westentasche. Doch meine Westentasche wollte mich heute foppen. Meine Kabinennummer gab es nicht.

Mich verwirrte meine Orientierungslosigkeit. Mich ärgerte mein Unvermögen. Ich beschloss daher das zu tun, was für viele am ersten Tag selbstverständlich ist: den nächsten Kabinensteward fragen. Doch wie immer in solchen Fällen: kein Steward weit und breit! Dann also Plan B: zurück auf „Los". Zurück zur Rezeption und ganz von vorne anfangen. Vielleicht war ich ja auf dem falschen Deck gelandet. Vielleicht habe ich die ganze Zeit nicht richtig geschaut? Wie peinlich! In diesem Moment lief ich dem sehbehinderten Ehepaar in die Arme. „Sie suchen Ihre Kabine?" Die Frage der Dame klang eher nach einer Feststellung. Ich gab es kleinlaut zu und schämte mich noch mehr. Sie boten mir ihre Hilfe an und fragten mich freundlich nach meiner Kabinennummer. Ich war sprachlos. Für einen kurzen, langen Moment. „221". „Wir bringen Sie hin!" meinte die Frau resolut. Ich war perplex. Und gespannt. Sie gingen bedächtig voraus. Ich folgte bedröppelt und brav. Kurze Zeit später stand ich vor meiner

Kabine. Ich bedankte mich verlegen, aber höflich. Sie erwiderten „Gern geschehen" und verließen mich. In meiner Kabine musste ich mich erst einmal setzen. Hatten mich wirklich eine fast blinde Frau und ihr blinder Mann zu meiner Kabine gebracht? Es erschien mir unglaublich. Wie hatten sie das gemacht?

Bei meiner Odyssee auf Deck 2 hatte ich leider viel Zeit vertrödelt. Es überraschte mich daher wenig, dass nun bereits das Signal für den nächsten Programmpunkt ertönte: die Seenotrettungsübung. Ich nahm meine Rettungsweste und eilte zum Treffpunkt unseres Decks in die Lounge. In den Fluren drängelten sich die Menschen. Und da standen sie dann alle: die freundlichen Stewards und Stewardessen. Wo waren sie als ich sie gebraucht hätte? Sie lotsten uns zu unserer richtigen Sammelstelle. Denn es gab drei. Ich war gespannt darauf, ob und wann sich meine Helfer in der Not dort einfanden. Doch ich hätte es mir eigentlich denken können: Sie waren bereits da. Händchen haltend saßen sie zusammen auf einem Sofa, die Rettungswesten auf dem Schoß. Sie mussten schneller als ich gewesen sein. Ich musste unwillkürlich lächeln: Na klar, wer sonst? Ein bezauberndes Paar, aber das mit den Augen – wie grausam. Ich ging auf sie zu. „Darf ich Ihnen gleich bei den Rettungswesten helfen? Ich würde mich gerne ..." „Ah, die Dame aus Kabine 221", unterbrach mich der Mann und strahlte. „...revanchieren..." murmelte ich automatisch weiter. „Wie haben Sie mich denn erkannt?" „Na, an Ihrer Stimme", sagte der Mann. „Und an Ihrem Parfum" ergänzte seine Frau. Ich glaube, ich habe auf keiner Seenotrettungsübung so viel gelernt wie auf dieser. Nicht nur, weil ich für uns Drei die Schwimmwesten auseinander und wieder zusammengelegt habe, sondern vor allem, weil ich versuchte, Ihnen den Vorgang zu erklären. Zum ersten Mal in meinem Leben verließ ich mich nicht auf das Sichtbare, sondern konzentrierte mich auf das Tastbare, beschrieb das Fassbare. Es war eine völlig neue Erfahrung.

Nach einem schönen ersten Seetag – für die Gäste ein echter Urlaubstag, für uns Künstler stundenlange Proben – fand am Abend die Welcome-Show statt. Diese Welcome-Shows sind immer sehr wichtig. Alle Künstler der Reise treten auf. Wir stellen kleine Appetizer unseres Repertoires vor und hinterlassen so unsere Visitenkarte. Wer diesen Auftakt vergeigt, spielt bei seinem Solo vor leeren Stühlen. Doch alles lief perfekt: Licht und Ton stimmten, unsere gemeinsam einstudierten Auftritte klappten, jedes kleine Solo war großartig. Wir waren zufrieden, unser Publikum auch.

Gleich nach der Vorstellung machte ich mich auf den Weg zur Piano-Bar. Ich war bester Stimmung und freute mich sehr. Ich ging um eine Ecke und sah, dass mir meine zwei Kabinen-Engel entgegen kamen. Ich strahlte sie an, was sie sicher nicht gesehen haben. Wie blöd von mir! Ich blieb also stehen und wollte sie ansprechen. Doch sie waren schneller. „Guten Abend, Frau Laux." Ich war perplex. „Woher wissen Sie das?" traute ich mich zu fragen. Sie lachten. „Na, wir wissen doch schon so viel von Ihnen." Es wurde immer besser. „Ach ja, was denn?" „Wir kennen Ihren Duft und Ihre Stimme. Wir waren bei Ihrem Auftritt und wissen, was sie bewegt... " „Und wie sie sich bewegen, kann ich noch sehen", ergänzte die Frau die Erklärung ihres Mannes. Ich staunte nicht schlecht. Ich lud die beiden zu einem Getränk an der Bar ein. Es wurden für jeden drei.

Das Ehepaar Hübner, seit jenem Abend Lisa und Karl, waren berufstätig, beide 39, überaus belesen und sehr wissbegierig. Sie hatten sich zufällig auf einer Parkbank kennengelernt. Vor fünf Jahren an einem herrlichen Sommertag. Seitdem waren sie unzertrennlich. „Liebe auf den ersten Blick" kicherte Lisa. „Ich verliebte mich sofort in ihren Duft", schwärmte Karl und beschrieb sämtliche Nuancen seines ersten Eindrucks von ihr. Kein Parfümeur dieser Welt hätte es besser machen können. Keine Liebeserklärung hätte schöner klingen können. Karl legte bei seinen Worten seinen Arm um Lisa. Ganz sanft und innig. Lisa rückte fast unmerklich näher. Man spürte, dass sie sich aus tiefstem Herzen liebten. Völlig verzaubert von all ihren Erzählungen schlief ich in dieser Nacht ein. Liebe macht nicht blind. Was für ein Quatsch! Liebe erkennt den anderen.

Wir trafen uns noch sehr häufig auf dieser Reise und ich erfuhr unglaublich viel. Karl wurde blind geboren und wuchs sehr behütet

83

auf. Er sah nie einen Sonnenuntergang am Meer. Aber er lernte, ihn zu spüren. Er fühlte ihn durch den Wind, er lag in der Luft, er konnte ihn sogar hören. Denn die Laute des Tages werden leiser, die Geräusche der Nacht lauter. Karl sah nie bunte Blumen blühen. Aber er wusste, wann sie ihre duftenden Knospen öffneten und wann sie verblühten. Ja, er war blind. Aber seine anderen Sinne eröffneten ihm eine Welt, die uns Sehenden verborgen bleibt. Weil wir sie nicht brauchen oder sie nicht zu brauchen meinen. „Ich weiß wie viele Knoten das Schiff macht und wie ruhig oder unruhig die See ist," sagte Karl einmal. Ich höre es an den Maschinen, ich spüre es an den Bewegungen des Schiffes." „Aber das Schiff bewegt sich doch kaum, es hat Stabilisatoren und die Motoren sind doch unendlich leise?", wunderte ich mich. „Nur für Sie, Sarah. Nur für Sehende." Karl hatte Recht. Wir beachten normalerweise kaum, was wir spüren, schmecken, riechen und hören. Unsere Augen dominieren unsere Wahrnehmungen, unsere Erfahrungen und unsere Realität. Alle anderen Sinne sind Beiwerk. Eigentlich undankbar. Eigentlich eine Verschwendung.

Lisa kam kurzsichtig zur Welt. Was sie in ihr sah, war für sie normal. Es war ihre Sicht auf die Dinge, die sie umgaben. Sie genoss diese ineinander fließenden Formen, die Weichzeichnung, in der Farben kräftiger wirken, und die Unschärfen des Exakten. Doch sie lernte, dass sie falsch sieht. Dass alle anderen anders sehen: schärfer, klarer, weiter, richtig. Diese Parallelwelt hatte nicht nur härtere Konturen, sondern auch härtere Spielregeln. Als Kind wurde sie ob ihrer dicken Brillengläser gehänselt, bei Sport und Spiel ausgeschlossen. Es interessierte keinen, was sie mit ihren Augen erblickte. Wichtig war nur, dass sie so gut wie möglich und wie all die anderen sah – mit immer dickeren und schwereren Gläsern auf der Nase. Denn Lisas Augen wurden von Jahr zu Jahr schlechter. Sie zog sich früh in sich selbst zurück und tat am liebsten das, was für sie einfach war und nahe lag: lesen. Sie schloss Freundschaften zu Romanfiguren, nicht zu anderen Kindern. Nach der Pubertät sah sie nur noch Schemen und vage Umrisse. Sie hat oft geweint, war oft verzweifelt und hat sich immer wieder durchgeboxt. Sie wurde enttäuscht, verletzt und ausgegrenzt. Und dennoch wurde sie immer stärker. Sie gab nie auf. „Doch so richtig

84

lebendig wurde ich durch Karl". Sie streichelte seine Hand. „Ich liebe nicht nur ihn, sondern nun auch das Leben." Karl lächelte versonnen.

Lisa und Karl erstaunten mich immer wieder. Sie erzählten mir, dass italienische Fischerdörfer ganz anders klingen als griechische, dass sich der Wind auf der Haut an Festlandküsten anders anfühlt als auf Inseln; sie beschrieben mir den Geschmack von reifen Orangen köstlicher als ich sie je geschmeckt hatte. Sie schenkten mir völlig neue Sichtweisen einer Welt, die ich zwar sah, aber völlig anders wahrnahm.

In jedem neuen Hafen kaufte Lisa Postkarten. Immer drei. Bevor sie sich endgültig entschied, wurde jede einzelne aufmerksam begutachtet. Mit wenigen Millimetern Abstand, die Nase schon fast an die Pappe gedrückt. Einmal hörte ich Karl sie fragen: „Sieht man auf der Postkarte auch die Fröhlichkeit hier?" „Nein, Karl. So was lässt sich nicht an Touristen verkaufen." Schon wieder so ein Dialog, der mich zum Nachdenken anregte. Mir fiel dieser berühmte Satz ein, den ich gelesen und nie vergessen hatte: „Das Wesentliche ist für die Augen unsichtbar." Ob man es einfacher findet, wenn man seinen Augen nicht vertrauen kann?

In Istanbul machten wir denselben Ausflug und saßen im selben Bus. Es begann mit einer Panoramafahrt durch die Stadt. Lisa und Karl waren über alle Sehenswürdigkeiten bestens informiert und hätten dem Reiseleiter bestimmt noch einiges erzählen können. Lisa beschrieb ihrem Karl, was sie an Umrissen erkennen konnte. Ich ergänzte ab und an mit meinen Eindrücken. Wir waren im Topkapi Palast, in der Hagia Sophia und in der Blauen Moschee. Ich hatte immer Angst, dass man sie in diesem Gewühl von Menschen verlieren könnte. Aber nein, sie waren immer pünktlich am Bus. Sie gingen sehr konzentriert und entfernten sich nie aus der Gruppe. Im Gegensatz zu vielen Passagieren, die vor lauter Fotografieren die Gruppe verloren.

Unser vorletzter Stopp galt dem Großen Basar. Sie gingen nun neben dem Reiseleiter und fragten ihn Löcher in den Bauch. Die meisten Ausflugteilnehmer waren auf eigene Faust unterwegs. Viele kamen mit Tand zurück. Lisa und Karl mit einer wunderschönen Silberarbeit. „Das fühlt man, dass das großartig ist," sagte Karl stolz. „Und günstig war es auch noch. Wir haben richtig gut verhandelt." Lisa war begeistert. Unser letzter Stopp führte uns zu dem so genannten „Ägyptischen Basar". Karl war ganz aufgeregt. Er wusste bereits, dass hier ein wahres Duft-Paradies auf ihn wartete. Viele Gewürze kannte er. „Sie duften nur intensiver als zu Hause". Doch immer dann, wenn ein unbekanntes Aroma seine Nase kitzelte, fragte er nach, ließ sich das Gewürz beschreiben und merkte sich den Namen. Kein anderer Gast war so aufmerksam und so interessiert. Das optische Überangebot des Marktes ermüdete die meisten sehr schnell. Sie kauften am erstbesten Stand Tee, Öle, Essenzen oder Zimtstangen und eilten flüchtig weiter. Karl ließ sich Zeit. Karl blieb munter. „Ich könnte Tage hier verbringen..." schwärmte er. Doch leider mussten wir zurück. Am Treffpunkt wartete eine Art Café, in dem Plätze für uns alle reserviert waren. Manche tranken türkischen Mokka, andere Pfefferminztee. Wir entschieden uns für den Tee. Er schmeckte fantastisch. Sie inhalierten den Duft mit einer Hingabe, die ich selten zuvor gesehen habe. Jeder kleine Schluck wurde mit einem völlig verklärten „Mmmh" kommentiert. Ich beneidete sie fast. So sensibel waren meine Geschmacks- und Geruchsnerven sicher nicht. Ganz ehrlich, ich hätte nie gedacht, dass Blinde auf einem solchen Ausflug so viele Eindrücke mitbekommen. Lisa und Karl waren glücklich. Viele andere einfach nur erschöpft.

An diesem Abend an Bord haben sich die meisten Gäste lange unterhalten. Ein munterer Abgleich, wohlformulierte Anekdoten des Erlebten. Was sie alles gesehen haben, was sie alles erfahren haben, was sie alles gekauft haben. Istanbul war bereits zusammengefasst, bewertet und vorüber. Lisa und Karl zogen sich zurück. „Dieser Tag muss sich erst setzen..."

Zwei Tage später traf ich sie wieder. Ich hätte schwören können, dass sie mich erkannt hatten bevor ich sie überhaupt sah. Sie kamen direkt auf mich zu und waren ganz flirrig: „Machen Sie auch heute Abend auf dem Kostümfest mit?" Ich verneinte. „Warum denn nicht?

86

Wir lieben Kostümfeste, wir sind auf jeden Fall dabei!" Ich konnte es kaum glauben. Die beiden hauten mich wirklich um. Immer wieder aufs Neue. Im Gegenzug verriet ich Ihnen tuschelnd ein streng gehütetes Geheimnis: „Das beste Kostüm wird prämiert. Ich werde in der Jury sein." „Oh, da müssen wir uns ja noch ein bisschen mehr Mühe geben. Komm Karl, wir müssen los!" Sie ließen mich sprachlos stehen und eilten davon. Ich fragte mich zum wiederholten Male, auf welche Überraschung ich mich einstellen könnte. Ich war mir allerdings ebenso sicher, dass es etwas völlig Unerwartetes war. Mir war ein wenig bange, aber vor allem: Ich war gespannt.

Eine halbe Stunde vor Eröffnung des Maskenballs traf sich die Jury auf der Bühne. Wir waren zu viert: der Kreuzfahrtdirektor, ein weiterer Künstler, die Reiseleiterin und ich. Als mich die Reiseleiterin sah, kam sie aufgeregt auf mich zu. „Sarah, stell Dir vor, dass blinde Ehepaar kommt auch." „Ich weiß," schmunzelte ich. „Sie haben sich buntes Krepppapier geben lassen, eine Schere und bunte Stifte. Was machen sie damit? Ist das den anderen Gästen vielleicht peinlich? Geht das gut?" Ich versuchte, sie zu beruhigen. Und krönte meine Worte mit einem stolzen: „Sie werden sogar beim Kostümwettbewerb mitmachen!" Nun waren alle Augen auf mich gerichtet. „Ist das wahr?" riefen alle wie aus einem Munde. „Ja," erwiderte ich lapidar.

Langsam strömten die Gäste in die Show-Lounge. Der Saal füllte sich. Es gab unglaubliche Kostüme. Es waren unfassbar schöne Masken. Bei einigen Gästen hatte ich das Gefühl, dass sie bereits vor Antritt der Reise gewusst hatten, dass etwas Derartiges geplant war. Wie landet sonst ein komplettes Katzen-Outfit im Koffer? Mir wurde jetzt doch ein wenig mulmig. Wo waren die Zwei? In welcher Verkleidung würden sie erscheinen? Ich schaute durch den Saal. Ich sah sie nicht.

Der Kreuzfahrtdirektor eröffnete den Abend mit einer sehr charmanten und fröhlichen Ansprache. Er zeigte auf uns und erklärte, warum wir auf der Bühne sitzen. Er forderte galant alle Gäste auf, an unserem Kostüm-Wettbewerb teilzunehmen. Sie mögen nun bitte nach vorne kommen. Nach und nach kamen etwa 20 Personen auf die Tanzfläche. Fast ausschließlich Frauen. Kaum Paare. Nur ein Mann allein. Das letzte Paar, das sich dem Wettbewerb stellte, hätte ich kaum erkannt. Wenn da nicht die dicken Brillengläser gewesen wären. Lisa trug einen Rock aus bunten Kreppbändern. Und hatte es auch irgendwie geschafft, kürzere und schmalere Streifen an ihren kurzen Haaren zu befestigen. Karl trug einen bunten Umhang aus Bändern. Es sah sehr fröhlich und ein wenig nach Kindergeburtstag aus. Ich wusste bereits, wem ich meine Stimme geben würde. Und es war nicht die verführerisch anzuschauende orientalische Haremsdame. Was ich nicht wusste, erfuhr ich jetzt: Sie alle sollten einen Walzer tanzen, das gehöre mit zum Wettbewerb, es sei ja ein Ball. Ich erschrak. Nun verstand ich auch die Bedenken der Reiseleiterin. Mussten Lisa und Karl das Rampenlicht verlassen? Wie konnte ich helfen? Was konnte ich tun? Doch im Gegensatz zu mir und einigen Masken, die ihren Partner nicht zu einem Walzer überreden konnten, blieben Lisa und Karl völlig gelassen. Sie standen am Rande der Tanzfläche und warteten. Die Musik begann.

Karl gab seinen Blindenstock einem Gast in der ersten Reihe. Sie nahmen Haltung an und tanzten. Ihre Bänder flogen im Dreiviertel-Takt, wirbelten um ihre Körper und flatterten schwungvoll um Kopf, Schulter und Hüfte. Bei jeder Drehung umhüllten die Bänder beide zugleich. Sie sahen aus wie eins. Und sie tanzten auch so. Lisa und Karl legten einen einwandfreien Walzer aufs Parkett. Das Publikum sperrte zuerst die Augen, dann den Mund auf. Die ersten klatschten. Es wurden immer mehr. Man hörte „Bravo“-Rufe und die ersten wohlwollenden Pfiffe. Es war unfassbar. Ich beobachtete gebannt mein außergewöhnliches Tanzpaar und die Zuschauer. Es gab nur wenige, die pikiert den Kopf schüttelten. Die meisten waren völlig euphorisch, voller Bewunderung und komplett aus dem Häuschen. Scheherazade, die beiden Dominos, die Bayerntracht und der Salonlöwe mit seiner Salonlöwin – sie alle hatten keine Chance. The winner is: Lisa und Karl. Sie hatten das Publikum im Sturm erobert, erhielten ihren wohlverdienten ersten Platz und den entsprechenden Preis: eine Magnum Flasche Champagner. Sie bedankten sich freudig und gingen unter Beifall zurück auf ihren Platz. Ich hatte fast Tränen der Rührung in meinen Augen. Was für ein Paar!

Irgendwann kam der letzte Abend der Reise und wir saßen noch ein wenig zusammen. Lisa und Karl, zwei Lebens- und Überlebenskünstler, Philosophen, Glückliche, Genießer, ein Liebespaar. Das alles viel wichtiger als eine extreme Behinderung, die Mut und Kraft braucht, die Höhen und Tiefen hat. Es war wieder einmal ein sehr ungewöhnliches Gespräch mit zwei sehr besonderen Menschen an meiner Seite. „Woher wussten Sie eigentlich so genau, wo meine Kabinennummer war?" fragte ich Lisa endlich. Sie lächelten mich ein wenig koboldig an und Lisa schmunzelte: „Wir haben uns schon lange gefragt, wann und ob sie uns das noch fragen würden." „Ach ja?" wunderte ich mich. „Ja, natürlich. Ihnen war die Situation doch so peinlich. Sie haben sich so geschämt. So was möchte man ja manchmal einfach nur vergessen..." „Sie haben Recht", gestand ich offen. „Ganz am Anfang war mir meine Situation Ihnen gegenüber auch komplett unangenehm. Ich traute mich auch nicht, Sie zu fragen. Aber dann hatte ich es einfach vergessen, weil es nicht mehr so wichtig war. Aber bitte, verraten Sie mir, wie es ging." „Ach, das ist ganz einfach. Von der Treppe zur Rezeption sind es genau 30 Schritte, dann geht es rechts noch einmal 45 Schritte und dann geradeaus und nach 63 Schritten sind wir bei unserer Kabine 231. Ihre Kabine ist 20 Kabinen vorher auf der gleichen Seite. Wir mussten nur die Schritte abziehen, die wir von Kabine zu Kabine brauchen. Wir prägen uns immer sofort die Schrittzahlen ein, besondere Kennzeichen und Gerüche. Unsere Schrittlängen sind immer gleich. Unser Tempo auch. Das ist alles" Kurt ergänzte: „Wir konzentrieren uns auf jeden Schritt. Wir haben ihn aufeinander abgestimmt. Wir verstehen uns blind. Wir finden jeden Weg." Ich schluckte kurz, dann lachte ich mit.

Ich glaube, ich habe in diesen 14 Tagen mehr über das Wichtige im Leben erfahren als in 14 Jahren. Ich habe von Euch deutlich mehr gelernt als Ihr von mir. Danke dafür!

Geheimsache ewige Jugend

Auf den ersten Blick scheint sich das Publikum auf einem 5-Sterne-Schiff schon sehr von den Gästen auf preiswerteren Schiffen zu unterscheiden. Doch spätestens nach zwei, drei Tagen stellt man fest: Der einzige Unterschied ist das Geld, das sie ausgeben können oder wollen. Und vielleicht noch ein wenig die augenfällige Fassade. Das Dahinter jedoch, das ähnelt sich wie ein Ei dem anderen. Da gibt es sowohl die Nörgler, die nie zufrieden sind, als auch die Großmütigen, die auch noch für Unverständliches Verständnis haben. Man trifft auf Besserwisser und Phrasendrescher, Angeber und Bescheidene, Extrovertierte, Introvertierte, Interessierte und Gelangweilte – eben auf all die Charaktere, die im menschlichen Repertoire so zu finden sind. Zum Glück überwiegt jedoch das Erfreuliche.

Dennoch gibt es – wenn auch nur sehr wenige – Persönlichkeiten, die einzig und allein auf einer Luxuskreuzfahrt denkbar sind. Eine dieser Ausnahmen durfte ich auf einer Mittelmeerreise erleben. Er war so um die 70, hatte perfekt manikürte Fingernägel, ein dezentes Einstecktuch am edlen hellen Maß-Anzug und diverse schwere Goldkettchen am nicht ganz unfaltigen, braun gebrannten Hals. Seine Armbanduhr war sicher ein Vermögen wert und seine Schuhe feinste Handarbeit. Begleitet wurde er von einer Frau, die ihn aufgrund ihrer eleganten High Heels knapp überragte. Sie sah umwerfend aus, war blond und blutjung. So um und bei Mitte 20 vielleicht. Sie wirkten wie ein lebendiges Klischee, wie der wahr gewordene Alptraum einer langjährigen Gattin und wie ein offensichtlicher moralischer Schandfleck auf gutsituiertem Beziehungs-Parkett der langjährigen Art. Manche konnten ihre abfälligen Gedanken kaum verstecken, viele beäugten dieses ungleiche Paar unverholen neugierig. Es stand daher sehr schnell fest, wer zum Gesprächsthema Nummer 1 dieser Reise avancieren würde: der reiche Gentleman alter Schule und die schöne Lady, die ihre Schulbank erst vor kurzem verlassen hatte. Sie turtelten schwer verliebt wo und wann immer sie auftauchten. Doch da auf unserer Route an fast jedem Tag Landgang war, sah man sie eher selten. Sie schienen sich für keinen Ausflug zu interessieren und waren grundsätzlich alleine unterwegs. Umso spannender war dann ihr Erscheinen „danach". Sie kamen immer erst kurz vor dem Ablegen zurück an Bord, waren immer vollbepackt mit diversen Einkaufstüten namhafter Designer und schienen sich prächtig amüsiert zu haben. Selbstverständlich trug sie nur ihr kleines Täschchen in der Hand. Er schleppte. Es war offensichtlich, dass die meisten Beutestücke – wenn nicht sogar alle – für sie waren. Er schien seine tragende Rolle zu genießen und erhielt als Belohnung immer ein zartes Küsschen auf die Wange. Natürlich erst, wenn sie an Bord waren.

Das Wetter war großartig. Selbst die Abende auf See waren mild, doch man sah das ungleiche Paar nie an Deck. Dafür führte er seinen Schatz nach jedem Dinner stolz in den eleganten Club. Die Damenwelt munkelte, dass sie immer ihre gerade neu erworbene Luxusgarderobe trug. Denn sie konnte ja aufgrund der mitgebrachten Shopping-Tüten des Tages auf die entsprechende Kleidung am Abend schließen. Manche Männer belächelten ihn, in anderen blitzte ein wenig Neid auf. Und wie die meisten Frauen reagierten, können Sie sich sicher denken. Einmal hörte ich zufällig eine Dame, die bei ihrem Anblick äußerst süffisant sagte: „Wahrscheinlich muss er sie erst ausstaffieren. Verliebt hat er sich ja bestimmt in ihre inneren Werte..."

An einem dieser Abende im Club saß unser Turtel-Paar allein in einer dezent beleuchteten Ecke. Die Band machte eine kleine Pause, und der Bandleader ging kurz an die Bar. Der ältere Herr – ich nenne ihn jetzt einfach mal Robert, obwohl ich seinen Namen erst später erfuhr – stand auf, ging auf den Bandleader zu, sprach mit ihm ein paar Sätze, schien sich zu bedanken und schritt dann voller Elan in Richtung Klavier. Robert schien sichtlich erfreut. Unser Bandleader sichtlich verunsichert. Aber ein Gast ist nun einmal König. Und die meisten Wünsche sind Befehl. Robert hatte die ungeteilte Aufmerksamkeit aller Anwesenden, doch er schien sie nicht zu bemerken. Er fing einfach nur an zu spielen. Ganz selbstverständlich. Fast versunken. Bereits nach wenigen Sekunden stand fest: Er wusste, was er da tat.

Robert war ein Virtuose. Er spielte fantastisch und verstand es, all den uns bekannten Liedern seine eigene, ganz persönliche Note zu geben. Die Männer überzeugte er. Wir Frauen wurden verzaubert. Selbst diejenigen, die insgeheim gehofft hatten, dass wir etwas Peinliches erleben würden, waren hin und weg. Ob er vielleicht Profimusiker war? Nicht nur ein Gentleman durch und durch, sondern auch noch ein Künstler mit entsprechend sensibler Seele? Man hörte förmlich die Gedanken und Fragen seiner Zuhörer und Zuhörerinnen. Dann kam sein letztes Stück: der Evergreen „True Love". Es stand fest, dass er dieses wunderschöne Liebeslied nur für seine Schöne spielte. Oder vielleicht besser: seine Muse. Selbstverständlich beobachteten wir dabei alle ihre Reaktionen. Mehr oder minder unoffensichtlich. Was wir sahen, war jedoch offensichtlich: Sie himmelte ihn an. Sie schmolz dahin. Sie war verzückt. Und als er sein kleines Gastspiel beendet hatte und wieder zu ihr ging, stand sie auf und bedankte sich bei ihm mit einem hingebungsvollen Kuss. Filmreif! Wir applaudierten begeistert.

Manche behaupteten später, es hätten sogar Tränen der Rührung in ihren Augen geglitzert. Ob Wahrheit oder romantisches Wunschdenken – ab sofort war alles anders. Sämtliche Kritiker verstummten. Lästerer wurden energisch in ihre Schranken verwiesen. Und Robert war zum Schwarm aller Frauen zwischen 20 und 200 geworden. Sein Charme, sein Stil, seine Manieren, seine musische Begabung, und, und, und – man fand alles an ihm toll. Man glaubte ihm, dass er seine „true love" gefunden hatte. Man gönnte diesem wunderbaren Mann alles, was ihm gut tat. Und daher auch diese junge Frau. Man hoffte, dass auch sie ihn aus ganzem Herzen liebte. Warum auch nicht? So einen Mann konnte man eigentlich ja nur lieben. Kurzum: Die Zwei waren vom Affront zum Traumpaar an Bord geworden. Und blieben das Gesprächsthema Nummer 1.

Zwei Tage später, nach meinem Eröffnungskonzert, wurde ich von einem sehr freundlichen Ehepaar in den Club eingeladen. Ich sagte gerne zu, zog mich rasch um und freute mich auf einen schönen Abend mit spannenden neuen Gesprächspartnern. Als ich im Club ankam saß bereits das Traumpaar mit an ihrem Tisch. Meine innere Stimme sagte mir, dass ich mich davon schleichen sollte, doch das Ehepaar sah mich, winkte mir zu und der große Liebende stand sofort auf und rückte mir zuvorkommend einen Clubsessel zurecht. Da konnte ich schlecht wieder weg. Er stellte sich formvollendet als Robert vor und sie als seine Lebensgefährtin Claudia. Ich erhielt ein paar nette Worte zu meinem Auftritt und dann folgten die klassischen Gesprächsthemen: die vergangenen und kommenden Häfen, das Essen, der Service, das Wetter. Wirklich spannend war das Ganze leider nicht. Irgendwann fragte Claudia, ob ich ihnen nicht ein paar Tipps geben könnte. „... so zum Shoppen oder was total in ist. Oder ein Restaurant. Oder was man wirklich unbedingt gesehen haben muss." Da ich die kommenden Städte bereits alle mehrfach besucht hatte, fiel mir das nicht sonderlich schwer. Doch ich bezweifelte, dass meine Vorschläge zum Thema Sehenswürdigkeiten besonderen Eindruck bei ihr machten.

Es entstand eine kleine Gesprächspause. Das Ehepaar nutzte diese Chance und verabschiedete sich. Ich wollte ebenfalls gerade gehen als Robert sagte: „Meine Lebensgefährtin ist auch eine Sängerin. Wir werden demnächst gemeinsam eine CD produzieren." Das war leider der denkbar schlechteste Zeitpunkt für einen Abgang. Es wäre zutiefst unhöflich gewesen. Ich fragte daher nach der Musikrichtung. „Ich möchte so in Richtung volkstümlicher Schlager starten", antwortete Claudia und strahlte dabei Robert und mich an. Ich entgegnete sehr freundlich, dass ich mir das sehr gut vorstellen könnte, da sie das aufgrund ihres erkennbar bayrischen Dialekts sicher auch authentisch präsentieren würde. Claudia schien hocherfreut. Sie sah ihren Freund zärtlich an, legte den Arm um ihn und meinte: „Siehst Du, da liegen wir richtig. Frau Laux hat ja Ahnung von der Branche." Robert nickte und meinte, dass er sie selbstverständlich in allem unterstützt. Er würde auch das Studio und die Produktion der CD finanzieren. Denn es sei ja für eine Unbekannte sehr schwer, das ganz ohne Unterstützung zu stemmen. Er schaute sie dabei fürsorglich und schwer verliebt an. Sie strahlte (wieder einmal) über das ganze Gesicht, gab ihm (wieder einmal) einen hingebungsvollen Kuss und fragte mich: „Ist er nicht ein echter Schatz?" Ihr war höchstwahrscheinlich gar nicht bewusst, dass ihre Worte einen doppelten Sinn ergaben. Denn sie hatte sie ganz natürlich, fast schon ein wenig naiv, doch auf jeden Fall überaus lieb gesagt. Da war keine Spur von Berechnung zu spüren. Doch Robert schien meine leichte Irritation bemerkt zu haben, denn er sagte mit einem souveränen Lächeln: „Es hält mich jung Claudia zu helfen!" Ich nickte ihm freundlich bestätigend zu, sagte etwas in der Art wie „das ist doch schön" und verabschiedete mich kurze Zeit später.

Dieses Gespräch beschäftigte mich noch geraume Zeit. Claudia wirkte kein Stück durchtrieben. Und dennoch zweifelte ich an ihren wahren Gefühlen. War das meine Menschenkenntnis? Eine mir bislang unbekannte Stutenbissigkeit? Oder die Logik des Altersunterschieds? Ich weiß nicht, wie es Ihnen geht. Aber es ist irgendwie immer ein wenig leichter an einer großen Liebe zu zweifeln als an sie zu glauben. Doch es gibt sie ja. In den unterschiedlichsten Konstellationen und in vielen Varianten. Höchstwahrscheinlich fühlt sogar jeder Mensch die Liebe ein wenig anders. Vielleicht ist daher auch nur wichtig, dass Liebende sich ihrer eigenen und der Liebe des anderen sicher sind. Das wiederum konnten nur Claudia und Robert wissen. Auf jeden Fall schien Claudia genau so glücklich zu sein wie er. Von daher — alles bestens.

Es kam der nächste Tag. Unser Ziel war Málaga. Ich wollte mir eine schicke Hose kaufen und — wer weiß — vielleicht würde dort ja auch noch etwas anderes Hübsches auf mich warten. Ich machte mich daher auf den Weg in die Fußgängerzone. Nachdem ich hier und da in die Schaufenster geblickt hatte, ging ich schnurstracks zu meinem Lieblingsladen. Ich musste nicht lange stöbern. Ich fand ein paar Sachen, die ich unbedingt an- und ausprobieren wollte, und ging zur Umkleidekabine. Als ich gerade dabei war, mir die erste Hose anzuziehen, hörte ich direkt neben mir bekannte Stimmen. Ich erschrak. „Meinst Du nicht, dass Du mittlerweile genug gekauft hast?" empörte sich Robert. „Das geht doch gar nicht mehr in Deinen Koffer!" Seine Stimme klang ziemlich genervt. „Da passt noch viel rein," entgegnete Claudia ungerührt und ein wenig schnippisch. „Und außerdem hast

Du's mir versprochen!" Das klang fast nach einem trotzigen Kind. „Das stimmt, Claudia. Aber doch nicht täglich! Du übertreibst!" Ahnen Sie, wie es sich anfühlt, halbnackt in einer Kabine zu stehen und dabei ein derartiges Gespräch zu belauschen? Ich verhielt mich mucksmäuschenstill und hoffte inständig, dass die beiden möglichst schnell verschwinden würden. Ich wollte sie hier nicht treffen. Und schon gar nicht so belauschen. Ich kam mir vor wie eine Stalkerin. „Na, schön," sagte Claudia ein wenig gönnerhaft. „Für heute ist es eh genug." „Dann lass uns jetzt auch gehen. Ich bin geschafft. Ich brauch ne Pause und nen Kaffee." „Ist ja schon gut. Ich komme!" Die Stimmen entfernten sich. Ich atmete auf.

Nach großer Liebe und verständnisvoller Zärtlichkeit hatte sich das eben nicht gerade angehört. Doch hatte das was zu sagen? Da sich selbst die besten Ehepaare beim Shoppen in die Haare kriegen können, hat das im Grunde nichts zu bedeuten. Aber irritierend war dieser eher kalte Unterton der beiden schon. Irgendwie wurde dadurch auch meine Lust am Shoppen gedämpft. Zum Glück passte gleich die erste Hose, die ich anprobierte. Sie saß super. Ich entschied, dass es dabei bleiben sollte, legte die anderen Sachen zurück, zahlte und verließ den Laden. „Alleine shoppen ist doch am besten," ging es mir durch den Kopf. „Wie viel, wie lange und was man kauft, muss man nur mit selbst abmachen." Zufrieden ging ich zielstrebig in Richtung Schiff. Doch plötzlich hörte ich schon wieder eine mir bekannte Stimme. Sie rief sogar hinter mir her: „Hallo, Frau Laux, wollen Sie sich nicht zu uns setzen?" Ich drehte mich leicht erschrocken um und sah Robert und Claudia an einem Cafétisch sitzen. Er sah ziemlich erschöpft aus, lud mich zu einem Kaffee ein und sagte – wieder bester Stimmung: „Wie Sie sehen, haben sich Ihre Einkaufstipps gelohnt..." Mit einer überaus eleganten Handbewegung zeigte er auf acht große Tüten, die Claudia gerade glückselig durchstöberte. Sie schenkte Robert wieder einen tiefen, innigen Blick und gab ihm einen Hauch von Kuss auf die Wange. „Mein Schatz hat mich wieder so verwöhnt..." flötete sie zart. Da war sie wieder, diese liebevolle Stimme. Und so völlig anders als eben im Laden. Aber auch er war wieder der charmante Kavalier, dem nicht die Spur eines Unmuts anzumerken war. Hatten sich die Zwei so schnell wieder vertragen?

Claudia wirkte wie ein Kind, das mir stolz seine neuen Spielsachen vorführen musste. Und ich musste mir jedes Teil anschauen, ob ich wollte oder nicht. Alles, was sie mir zeigte, wurde von ihr mit Fragen kommentiert. „Ist das nicht schön?" „Sind das nicht tolle Farben?" „Das gefällt Ihnen doch sicher auch?" Sie wartete keine Antwort ab. Sie plapperte einfach nur immer weiter. Ich nickte daher nur immer wieder zustimmend und hörte mich plötzlich sagen: „Es ist doch wirklich wunderbar so einen tollen Lebenspartner zu haben, von dem man so verwöhnt wird. Sie sind wirklich ein Glückskind!" Sie gab mir Recht. Doch ich erschrak. Irgendwie hatten sich in meine freundlich gemeinten Floskeln schräge Untertöne eingeschlichen. Ach, Herrje! Hoffentlich hatte Robert nichts gemerkt...

Mein Kaffee kam. Ich trank ihn etwas schneller als sonst. Claudia schwärmte von all den tollen Läden, in denen sie heute gewesen waren, und Robert schien sich nach und nach ein wenig zu erholen. Ich bedankte mich höflich – was mir zum Glück auch ohne Schieflage gelang – und meinte, dass ich jetzt leider zurück an Bord müsste. „...ein Meeting – für das neue Programm." Das stimmte natürlich nicht, aber ich hatte partout keine Lust mehr mich über Shopping zu unterhalten oder mir nichtssagendes Modegeplänkel anzuhören. Dafür war mir meine freie Zeit einfach zu schade.

Am nächsten Tag war Farewell und ich hatte meinen letzten Auftritt bei der Gala Show. Auf mich wartete die Abreise am nächsten Morgen und ich musste noch alles packen. Ich wollte daher so schnell wie möglich auf meine Kabine. Doch alle meine Künstler-Kollegen wollten noch ein letztes Mal in den Club. Ein letztes Mal gemeinsam feiern bevor wir uns wieder in alle Himmelsrichtungen zerstreuen würden. Wer weiß, wann man sich wieder sieht? Ich ließ mich daher überreden. Denn irgendwie wachsen einem ja alle ans Herz. Und enttäuschen wollte ich meine kleine Kollegen-Familie auf Zeit auch nicht. Wir gingen also gemeinsam in den Club. Robert und Claudia saßen bereits an der Bar. Sie hatte wirklich ihre letzten Errungenschaften an. Ich konnte dieses Mal den bösen Stimmen Recht geben: Es waren die Sachen aus Málaga. Robert war wie immer stolz auf seine Lebensgefährtin und sie hing wie immer verzückt an seinen Lippen. Claudia gab Küsschen, streichelte sanft seine Hand und schaute ihm ab und an tief in die Augen. Kein Zweifel, sie waren ein Traumpaar. Um 2 Uhr verabschiedete ich mich. Ich war die Erste.

Am nächsten Morgen musste ich schrecklich früh von Bord und mit dem ersten Flugzeug nach Frankfurt. Dort hatte ich einen Zwischenstopp. Da ich auf dem Schiff nicht richtig gefrühstückt hatte, wollte ich mir die zwei Stunden Wartezeit mit einem Restaurantbesuch verschönern und eine Kleinigkeit essen. Ich war ziemlich übermüdet und suchte mir daher einen Platz aus, der etwas versteckt lag. Ich hatte zwar alles im Blick, aber ich konnte nicht gesehen werden. Der Kellner kam, ich bestellte einen Salat und träumte ein wenig vor mich hin. Mir fielen fast die Augen zu. Eine Stimme, die ich kannte, ließ mich hochschrecken. Nicht schon wieder, dachte ich. Es war Robert. Claudia sagte gerade: „Lass uns doch noch einen Champagner trinken bevor ich nach München weiterfliege." Sie klang etwas distanziert, aber freundlich. Ich drehte mich etwas zur Seite. Robert nickte zustimmend. Sie setzten sich. Er griff in die Innentasche seines Jacketts, zog ein Scheckbuch heraus, schrieb etwas auf einen Scheck und überreichte ihn Claudia mit den Worten: „Hier die 2.000 – wie abgemacht." Er klang sehr geschäftsmäßig. Sie schaute sich den Scheck an. Vielleicht eine Spur zu lange. Denn er fragte kühl nach: „Willst Du mehr?" Sie schüttelte den Kopf: „Das passt schon! Ich hab ja noch die Klamotten." Sie tranken ihren Champagner ohne sich weiter zu unterhalten. Jeder schien in seine eigenen Gedanken vertieft. Sie verabschiedeten sich mit Handschlag und einem hingehauchten Kuss auf die Wange und gingen getrennte Wege. Was auch immer sie füreinander waren, die wahre Liebe war es sicher nicht.

Stille Nacht

An Bord eines Schiffes ist die Weihnachtszeit immer ein wenig heikel. Viele Crewmitglieder sehnen sich nach zu Hause, dürfen dies aber in keinster Weise zeigen. Zumeist gelingt das. Für die Filipinos an Bord ist das Versteckspiel der wahren Gefühle jedoch richtig schlimm. Die Familie bedeutet ihnen alles. Und da sie zutiefst gläubige Katholiken sind, ist das Weihnachtsfest für sie heilig. Ihren großen Kummer sieht man nur in unbeobachteten Momenten. Ansonsten arbeiten sie wie immer und bespaßen die Gäste. Immer nur lächeln, immer vergnügt... Leider ist auch die Stimmung der Gäste wankelmütiger als sonst. Denn nun treffen Weihnachts-Verweigerer auf Sentimentale, Gleichgültige auf Euphorische, Familien auf Einzelreisende, Glückliche auf Melancholische. So mancher wäre auch viel lieber bei Verwandten, doch sie sind in alle Winde verstreut oder schlicht und ergreifend nicht (mehr) vorhanden. Das einende Element des gemeinsamen Reiseziels kann sich durch diese ganz persönlichen Weihnachtsbefindlichkeiten rasch verflüchtigen. Kreuzfahrtveranstalter wissen das. Und gestalten das Festtagsprogramm als emotionale Mischkalkulation. Doch kann „nicht zu viel und nicht zu wenig" jemals für alle perfekt sein? Schwierig... Der klassisch geschmückte Weihnachtsbaum ist selbstverständlich auch bei 30 Grad im Schatten Pflicht, dezente Adventsdeko auch. Darüber hinaus haben die Verantwortlichen an Bord einen gewissen Gestaltungsspielraum. Im Idealfall auch das nötige Fingerspitzengefühl für die Stimmung der Gäste.

Wir waren auf der Sommerseite der Welt unterwegs, kreuzten allerdings am Rande eines Kontinents, der seit Jahrmillionen einem Wintermärchen gleicht: der Antarktis. Wir hatten bereits Eisberge gesehen, in der Ferne den Eispanzer des Kontinents gesichtet, Gänsehaut-Momente inmitten einer übermächtigen Natur erlebt und jede Menge Begegnungen mit den Ureinwohnern der Region: mit Walen, Robben, Delfinen und Pinguinen. Nun war der 23. Dezember. Weihnachten stand nicht mehr vor, sondern hatte bereits einen Fuß in der

Tür. Vielleicht lag es an der majestätischen Erhabenheit der Landschaften. Vielleicht an all den Tieren, für die diese Unwirtlichkeit das Paradies auf Erden zu sein schien. Vielleicht war es das grandiose Schöpfungswerk, das zwar für Zweibeiner, aber nur für Frackträger mit aufrechtem Watschelgang erschaffen worden war. Doch vielleicht war es auch nur die Tatsache, dass unser Kapitän das Reiseziel für den 24. Dezember vehement verschwieg und selbst geschicktes Nachfragen bei der Crew immer nur mit Schulterzucken und vielsagendem Lächeln beantwortet wurde. Was es auch immer war – in der Luft lag eine ganz besondere Spannung, knisternde Erregung und eine frohe Erwartung. Wir fühlten uns wie einst vor der verschlossenen Tür hinter der sich der Weihnachtsbaum und die Geschenke befanden. Wir alle wurden wieder ein bisschen Kind. Ein wenig zappelig und voller Vorfreude. Selbst Gäste, die behauptet hatten, dass sie Weihnachten kalt ließe, erwärmten sich. Jeder begann, sich heimlich, still und leise auf das Fest vorzubereiten. Einmal werden wir noch wach...

Erstaunlicherweise hatten auch wir Künstler keinen blassen Schimmer. Niemand hatte uns eingeweiht. Keiner hatte uns über die geplanten Weihnachtsaktivitäten informiert. Uns blieben daher nur noch wenige Stunden um ein gemeinsames Festprogramm einzuüben. Mit Pech viel zu wenig. Wir waren angespannt. Das heutige Künstlermeeting, ja das letzte vor den Feiertagen, müsste uns aufklären. Wenn nicht jetzt, wann dann? Der Kreuzfahrtdirektor kam mit forschen Schritten in unsere Runde und setzte sich. Ein spitzbübisches Verschwörerlächeln spielte um seine Mundwinkel als er mit mahnenden Worten begann: „Was Ihr jetzt erfahrt ist geheim und bleibt geheim!" Dann ging es endlos so weiter: Wir sollten unbedingt weiter dicht halten. Weiterhin so tun, als ob auch wir immer noch nicht wüssten, wohin wir fuhren und was geplant wäre. Wir nickten brav und sahen ihn mit großen Augen an: Nun sag es endlich! Der Kreuzfahrtdirektor machte eine Kunstpause. Er lächelte leicht, schaute jedem kurz und intensiv in die Augen und sagte: „So, nun das Konkrete." Wir erfuhren, dass wir am Morgen vor Südgeorgien kreuzen würden. Am Vormittag würden wir in Grytviken ankommen. Für die Gäste waren Ausflüge geplant. Und was war mit uns? Immer noch kein Wort über das „wer", „wo" und „wann". So als hätte der Kreuzfahrtdirektor meine stummen Fragen gehört, schaute er mich direkt an und sagte charmant: „Wir möchten, dass Du etwas Stimmungsvolles singst, Sarah. Etwas das ergreifend, aber nicht eindeutig weihnachtlich ist. Du hast doch bestimmt eine Idee, oder?" Ich musste nicht lange überlegen. Mir fiel sofort das Richtige ein. Ich schlug das „Ave Maria" von Bach vor und fragte: „Wo soll ich denn überhaupt singen?" „In einer kleinen Kirche. Da ist sogar eine Orgel. Möchtest Du musikalische Begleitung?" Selbstverständlich, dachte ich, und schaute meine Kollegen an. Der Pianist, der Cellist und der Gitarrist wirkten begeistert. Somit stand fest: Wir vier werden das Weihnachtsprogramm. Wir werden an Heiligabend in einer Kirche am Rande der Welt sein. Das klang stimmungsvoll. Das wirkte durchdacht. Das war wunderschön.

„Prima, dann ist das ja geklärt." Der Kreuzfahrtdirektor wirkte erleichtert. „Wir werden uns dann am Vormittag treffen. Dann könnt Ihr Euch im Ort schon mal umsehen." Wir freuten uns. „Da ist aber noch was..." Es klang wie eine Drohung. „Ihr werdet wenig Zeit haben und müsst auf alles gefasst sein." Was meinte er denn nun schon wieder? Wir schauten irritiert. „Wenn das Wetter mitspielt, werden wir am Nachmittag noch einmal ablegen und vor der Küste kreuzen. Die Gäste sollen denken, dass der Heilige Abend auf dem Schiff stattfinden wird. Doch während des Gala-Dinners möchten wir wieder nach Grytviken zurück. Möglichst unbemerkt. Erst dann könnt Ihr wieder an Land und in der Kirche proben. Wann genau das sein wird, wissen wir noch nicht. Auf jeden Fall erfahren unsere Gäste erst beim Dessert, dass sie den Heiligen Abend in einer Kirche feiern werden." Eine Panoramafahrt als Ablenkungsmanöver! Eine schöne Idee. Ich war gespannt, ob sie gelang. Für mich hieß das zwar kein Essen, immer auf dem Sprung sein und bis zuletzt ein unberechenbares Timing, doch damit konnte ich mich arrangieren. Zum Glück ahnte ich zu dieser Zeit noch nicht, dass das bei Weitem nicht alles war.

Der nächste Morgen war vernebelt. Die Welt war tiefgrau. Draußen an Deck führten die Schritte ins Nichts. Alles wirkte irgendwie unwirklich, unheimlich. Ein festlich geschmücktes Schiff kreuzte im Irgendwo, jenseits von Zeit und Raum, gefangen in einem bleiernen Kokon. Kein guter Anfang. Einigen Gästen sah man die Enttäuschung an der Nasenspitze an. Manche wirkten mürrisch, andere sogar ein wenig ängstlich. Doch dann geschah ein Wunder. Zumindest erschien es uns so. Der schwere Wolkenvorhang riss plötzlich auf, gab zuerst den Blick auf himmlisches Blau, dann auf vergletscherte Gipfel preis. Das Grau um uns herum wurde von Minute zu Minute lichter. Schemen zeichneten sich ab, erst undeutlich, dann deutlicher. Und kurz darauf war der ganze Spuk vorbei. Wir trauten unseren Augen kaum. Es war unfassbar. Wir befanden uns bereits in einem malerischen Fjord, der durch den Weichzeichner-Effekt der letzten Nebelschwaden geradezu mystisch wirkte. Und am Ende des Fjords zeichnete sich ein kleiner Ort ab: Grytviken voraus. Welch ein Auftakt! Was für eine atemberaubende Inszenierung! Wir waren in die Welt der Lebenden zurückgekehrt, einer Welt aus Farben und Formen. Manche Gäste waren bei diesem Naturschauspiel so ergriffen, dass ihre Augen ein wenig feucht wurden. Ich konnte das gut verstehen.

Später erfuhr ich, dass dieses Phänomen ganz typisch für Südgeorgien ist. Es nennt sich Seenebel und war in früheren Jahrhunderten eine durch und durch gefährliche Angelegenheit. Die Kapitäne von einst fürchteten ihn. Unser Kapitän hatte ihn sich gewünscht. Und für uns war dieses Naturschauspiel das erste Weihnachtsgeschenk des Tages. Nun ankerte das Schiff im ruhigen Fjordwasser vor Grytviken und die Zodiacs wurden in Position gebracht. Der Kreuzfahrtdirektor und wir fuhren gleich mit dem ersten Schlauchboot an Land. Wie immer hatten wir unsere Expeditionsuniform an, die aus Gummistiefeln, wasserfesten Hosen, warmen Parkas, Mützen und Handschuhen bestand. So richtig festlich wirkte das nicht. Aber wir würden ja am Abend nicht draußen feiern.

Am steinigen Strand wurden wir von einem Mann und einer Frau erwartet. Unser Kreuzfahrtdirektor ging auf sie zu, wechselte ein paar Worte und winkte uns dazu. Dann verließ er uns, eilte zurück zum Anlandungsplatz und richtete alles für die Ankunft der Gäste. Es stellte sich heraus, dass die beiden verheiratet waren und vor Jahren in Großbritannien gelebt hatten. Nun lebten sie hier. Natürlich nur im antarktischen Sommer. In Grytvikens Boom-Zeit waren es noch an die 500 Menschen. Nun waren sie die einzigen. Die beiden, ich nenne sie einfach Laura und Bob, führten uns durch den Ort, zeigten uns seine makabren Sehenswürdigkeiten und erzählten uns seine Geschichte. Es folgte das zweite Wechselbad der Gefühle. Was am Morgen als grauer, lebloser Nebel begann, wurde nun zum Grauen des Todes und des Walfangs früherer Tage: verrostete Walöltanks, gesunkene Schiffe, Schrott und Ruinen. Relikte aus einer Zeit, in der das Gewinnen von Tran ein überaus lukrativer Wirtschaftszweig war. War das wirklich der richtige Rahmen, um den Zauber der Weihnacht zu erleben? So langsam kamen mir Zweifel. Unzweifelhaft war jedoch, dass der Industriestandort Grytviken im Jahr 1965 geschlossen worden war. Der einzige Grund: Es gab kaum noch Wale. Das todbringende Geschäft lohnte sich nicht mehr. Seitdem rottete alles vor sich hin. Bob erzählte, dass sich die Natur die gruselige Geistersiedlung mittlerweile zurückerobert hatte. Schneller als erwartet. Innerhalb weniger Jahre war ein neues Tierparadies entstanden. Ein Lichtblick, immerhin. Und seine Aufgabe? Er hatte mit Laura aus dem Verwaltungsgebäude der früheren Walfangstation ein Museum gemacht, ein informatives und mahnendes Industriedenkmal.

Laura und Bob waren sehr liebenswürdig, überaus gastfreundlich und recht redselig. Kein Wunder, wenn man die meiste Zeit mit sich allein ist. Wir besuchten ein kleines Kino und eine Zwergschule für maximal acht Kinder. Sie wollten mit uns zum Friedhof gehen und luden uns zum Tee ein. Doch wir wurden langsam unruhig. Wir wollten nur noch eins: zur Kirche. Laura und Bob wirkten ein wenig enttäuscht, doch selbstverständlich führten sie uns hin. Neugierig öffneten wir die kleine Holztür. Sie knarrte ein wenig. Wir betraten den Innenraum. Hübsch sah er aus, hell und freundlich. Alles war aus Holz, ganz in Weiß und auf eine schöne Art und Weise nüchtern. Man sah der kleinen Kirche an, dass sie einst als kompletter Bausatz aus Norwegen gekommen war, Anno 1913. Ganz so wie heute Möbel aus Schweden. Ich ließ die Atmosphäre auf mich wirken, zählte die Sitzreihen, stellte mir den Abend vor und überlegte, wo wir am besten

103

musizieren könnten. Vor dem Altar oder daneben? Bob wollte gerade ein wenig mehr über die Kirche erzählen als unser Pianist Sergej die Orgel entdeckte. Er eilte los, setzte sich unerwartet stürmisch auf die wackelige Bank, seine Augen strahlten und dann passierte alles auf einmal. Sergej schlug einen Ton an. Laura rief „Stop". Doch die Klaviertaste flog bereits durch die Luft. Wir alle waren erschrocken. Und haben sicher auch ziemlich doof geguckt. Bob fing sich als Erster und meinte nur lapidar: „Die zweite Taste darf man nicht anschlagen." Das wussten wir nun auch. Sergej schlug nun äußerst vorsichtig die verbliebenen Tasten an. Er sah immer trauriger aus. Die Orgel blieb stumm. Um überhaupt Laute von sich zu geben, hätte er gleichzeitig ihren Blasebalg bedienen müssen. Und niemand konnte vorhersagen, wie die Töne klingen würden oder wie lange die verbliebenen Tasten noch halten würden. Kurz gesagt: Orgel fiel aus. Noch ein wenig unter Schock wollte nun ich die Akustik des Raumes ausprobieren und setzte zum Gesang an. Würden jetzt die Glasfenster bersten? Die Decke einbrechen oder das Kreuz runterfallen? Zum Glück geschah nichts von alldem. Die Akustik war sogar erstaunlich gut. Uff!

Mittlerweile war es fast Mittag. Wir fuhren zurück aufs Schiff. Wir schälten uns aus unserer robusten Outdoor-Kleidung und verabredeten uns zur Probe: In einer halben Stunde wollten wir – nun unfreiwillig auf ein Trio reduziert – schon einmal das „Ave Maria" an Bord üben. Ich ging kurz auf meine Kabine, dann ein wenig Suppe essen. Sie war so richtig schön heiß. Wie gut mir ihre Wärme tat, hatte ich nicht erwartet. Oder anders gedacht: Dass mir so kalt geworden war, hatte ich nicht bemerkt. Na klar, die Kirche war ja auch nicht geheizt! Doch würde es heute Nacht wärmer sein, nur weil etwa 150 Menschen mehr drin sein würden? Wohl kaum. Ich löffelte genüsslich weiter. Allerdings nur kurz. Denn die nächste Frage erschien bereits an meinem Gedanken-Horizont: Was ziehe ich überhaupt an? Ich kann doch nicht vor den Gästen in Parka und Gummistiefeln singen. Doch in einem Abendkleid erfriere ich. Was dann?

Ich ließ mir ein Sandwich für später machen und verließ das Restaurant. Die meisten Gäste aßen noch zu Mittag. Wir konnten daher unbemerkt in die Show-Lounge und unser Stück proben. Ich hätte nie gedacht, dass das „Ave Maria", einzig und allein von Cello und Gitarre begleitet, so großartig klingen kann. Es war eine sehr ungewöhnliche und überaus sanfte Instrumentierung. Selbst Sergej, der immer noch enttäuscht darüber war, dass er nicht mitspielen konnte, war begeistert.

Nun konnte ich mich auf meine nächste Herausforderung konzentrieren. Ich fragte meine beiden Musiker, was sie denn bei unserem Auftritt anziehen würden. Sie schauten mich ziemlich perplex an. „Na das, was wir vorhin auch anhatten." „Ihr behaltet Gummistiefel und Parka an? In der Kirche? Bei einem Auftritt? An Heiligabend?" „Die Gäste machen das doch auch!" war ihr letzter Satz zum Thema. Sie verschwanden kopfschüttelnd und ließen mich mit meinen Garderobenfragen allein. Auf dem Weg zurück in meine Kabine stöberte ich in Gedanken durch meinen Kleiderschrank. Na klar, das war es! Ich hatte einen sehr schönen schwarzen Pullover mit ein paar Strass-Steinchen, eine schwarze Hose und passende schwarze Schuhe mit ein wenig Bling-Bling. Über Pullover und Hose konnte ich problemlos den Parka anziehen, die Wasserhose und die Gummistiefel. So würde ich trocken und warm mit dem Zodiac an Land kommen. Und kurz vor meinem Auftritt ziehe ich mich schnell um, beziehungsweise aus. Super Idee! Ich war stolz auf mich.

Früher als erwartet erreichte mich am Abend die Info: Es geht los! Ich packte meine Schuhe ein und zog rasch die polare Ausgehuniform an. Ab ins Schlauchboot und rüber. Beim Aussteigen traute ich meinen Augen nicht: Überall standen Kerzen, Laternen und Windlichter. Na, klar, dachte ich. Hier gibt es ja nirgendwo Strom! Und wenn es richtig dunkel wird und da überall Steine liegen, ist das die einzige Möglichkeit den direkten Weg vom Zodiac zur Kirche zu finden. Und sicher ist es auch noch. Wer will schon Gäste, die ständig straucheln oder gar stürzen? Wir erreichten das Gotteshaus und traten ein. Auch hier war die Crew emsig am Werke. Selbst ein kleiner geschmückter Weihnachtsbaum stand bereits neben der Kanzel. Meine Musiker stimmten noch einmal ihre Instrumente und unsere Probe begann.

Nach einigen Minuten ging die Kirchentür auf. Die Assistentin des Kreuzfahrtdirektors erschien – wie immer ein wenig hektisch und gewohnt übereifrig. Sie kam energisch auf uns zu und gab uns mit aufgeregten Gesten zu verstehen, dass wir sofort aufhören sollten. Was war nun wieder los? Gab es ein neues Problem? Zum Glück nicht. Sie wollte uns nur den Ablauf des Abends vortragen. Erleichtert hörten wir zu. Zuerst sollte der Kapitän seine Ansprache halten. Gleich danach käme unser Einsatz. Wir sollten die Sitzplätze für Gäste freihalten und – wie die Crew – an der Seitenwand stehen. Natürlich weit vorne. „Das geht nicht. Ich muss sitzen," erwiderte ich leicht nervös. „Ich muss mich ausziehen!" Sie schaute mich entgeistert an und ich erklärte mein Vorhaben. Sie gab widerwillig nach und wies mir einen Platz in der ersten Reihe zu. Ich war zufrieden. Sie rauschte davon. Unsere Probe ging weiter.

Ohne neue Zwischenfälle konnten wir unsere gemeinsame Generalprobe beenden. Nun kam meine ganz persönliche. Ich setzte mich hin und versuchte – so unauffällig wie möglich – meinen Striptease im Sitzen. Er klappte. Doch mir wurde sofort schnatterkalt. Für die Dauer meines Auftritts ging das, drei Minuten konnte ich so verbringen, aber keine Sekunde länger. Ich musste daher unbedingt wissen, wann die Rede des Kapitäns sich ihrem Ende zuneigen würde. Wie lange habe ich überhaupt für das Ausziehen gebraucht? Es klingt skurril und es fühlte sich auch schräg an: Ich übte mein Ausziehen zwei Mal und stoppte die Zeit. Ein seltsames Unterfangen in einer Kirche und sicher auch eine Premiere. Die Kreuzfahrtassistentin, die gerade wieder eintrat als ich mich anzog, schaute mich mit einem undeutbaren Blick an. Egal. Ich ging zu ihr, teilte ihr mein Timing mit und sagte, dass ich ein Zeichen bräuchte, wann ich mit dem Ausziehen beginnen könnte. Ihr Blick blieb undeutbar. Doch sie versprach mir, dass sie den Kapitän zu gegebener Zeit informieren würde. Er würde mir dann einen unauffälligen Wink geben. Hatte ich erreicht was ich wollte? Würde es klappen? In meiner Fantasie sah ich mich schon meine Gummihose ausziehen – in ein großes Schweigen hinein und alle Blicke auf mich gerichtet. Um mich von diesem Gedanken abzulenken, verließ ich die kleine Holzkirche. Ich hielt den Atem an:

Grytviken war ein echtes Fest-Land geworden! Von der Anlegestelle bis zum Kircheneingang schlängelte sich ein zweispuriges Lichtermeer. Es war total romantisch. Der flackernd erleuchtete Weg sah wunderschön aus. Und das Zwielicht der Polarnacht gab der Szenerie etwas zutiefst Mystisches.

Das erste Zodiac mit Gästen näherte sich bereits dem Ufer. Ich entfernte mich ein wenig von der Eingangstür, wollte noch ein wenig die nahen Pinguine beobachten und die zauberhafte Stimmung auf mich wirken lassen. Ich entdeckte einen größeren Stein. Der ideale Sitzplatz! Perfekt! Ich wollte mich gerade setzen, da schrie eine panisch-schrille Stimme: „Sarah. Stop. Nicht setzen. Komm her. Schnell." Ich erschrak. Dieses „Stop" kannte ich. Es bedeutete nichts Gutes. Ich schnellte hoch, eilte in Richtung der Stimme, mein Herz klopfte wie blöd und Laura winkte mir überaus hektisch zu. In diesem Moment nahm ich aus dem Augenwinkel eine Bewegung wahr: Mein Stein bewegte sich! Mein Stein war kein Stein. Er war lebendig...

An dieser Stelle muss ich beichten. Und kurz den Fortgang der Geschichte unterbrechen. Bei mir war vor geraumer Zeit „grauer Star" diagnostiziert worden. Vor der OP hatte ich Angst. Ich fand immer einen Grund, sie zu verschieben. Niemand wusste von meinem Problem. Es ließ sich zwar verschweigen, aber es verschwand natürlich nicht. Im Gegenteil: Mit meinen Augen wurde es immer schlimmer. Und es fiel mittlerweile auf. Kleinere Missgeschicke an Bord hatte ich mit Tollpatschigkeit erklärt, größere mit der Selbstversunkenheit einer Künstlerin. Man glaubte mir. Bis jetzt! Sie können sich sicher vorstellen, wie entsetzt ich in jenem Augenblick war. Meine Knie waren weich. Mir wurde ganz anders. Laura nahm mich in die Arme und ich sah, dass mein Stein mittlerweile gemächlich Richtung Wasser unterwegs war: Mein Sitzplatz war ein See-Elefant. Ich war nur knapp dem Tode entronnen. Ich hatte Glück, dass der rund vier Tonnen schwere Bulle so verträumt aufs Meer geguckt hatte. Er hätte mich sonst platt gemacht. Außerdem sollen See-Elefanten etwas im Speichel haben, das einen Menschen umbringen kann. Selbst ein kleiner Biss. Von größeren ganz zu schweigen. Ich zitterte am ganzen Körper. Es war nicht die Kälte.

107

Die ersten Gäste näherten sich bereits in kleineren Grüppchen, von einem Crewmitglied mit Laterne angeführt. Es wirkte sehr feierlich und friedlich. Ich bedankte mich bei meinem Schutzengel, bei Laura und beim See-Elefanten und versuchte mich zu beruhigen. Ich erzählte Laura kurz mein streng gehütetes Geheimnis und verdonnerte sie zum Schweigen. Sie brachte mich – obwohl ich das nicht wollte – zurück in die Kirche und an meinen Platz. Dann ließ sie mich besorgt allein. Die Kirche füllte sich rasch. Die Sitzplätze waren schnell besetzt. Viele Gäste mussten stehen. Doch der Strom an Menschen wollte einfach nicht aufhören. So voll war die Kirche sicher noch nie gewesen. Dicht an dicht drängten sich alle zusammen und schauten erwartungsvoll zum Altar. Der Kapitän löste sich aus dem Hintergrund und schritt zur Kanzel. Dann kam seine Weihnachtsansprache. Ich muss gestehen, dass ich keines seiner Worte erinnere. Ich weiß nur, dass ich ruhiger wurde. Mir fiel auch wieder ein, dass er mir ein Zeichen geben sollte. Ich konzentrierte mich: das Zeichen. Wird er es vergessen? Werde ich es überhaupt bemerken? „Sarah, das Zeichen. Du wartest auf ein Zeichen" sagte ich mir immer wieder. Und dann kam es: ein längerer Blick in meine Richtung, ein kurzes Nicken – das musste es sein. In Windeseile zog ich Parka, Wasserhose und Gummistiefel aus, schlüpfte in meine Schuhe und blickte nach vorne. Der Kapitän sagte gerade „... doch unsere stille Nacht wird nicht nur still..."

Wir gingen nach vorne, stellten uns neben den Weihnachtsbaum und unser Auftritt begann. Meine Musiker spielten hervorragend und ich sang das „Ave Maria" so schön ich konnte. Die Atmosphäre in dieser kleinen Kirche lässt sich kaum in Worte fassen. Vielleicht trifft es beseelt am besten oder ergreifend. Während des Auftritts sah ich kein Publikum, ich versank in dem Stück, gab mich ihm hin, fühlte weder Lampenfieber noch Kälte und dachte nicht an das, was war oder wird. Ich war erfüllt von dem „Ave", dem Segen für Maria, für das Leben, uns Menschen und für die ganze Schöpfung. Erst mit dem letzten Ton kehrte ich zurück, sah auf ein Menschenmeer in quietsche-orange (es waren die Parkas), musste bei ihrem Anblick schmunzeln und fühlte eine eisige Kälte. Meine Finger fühlten sich nach minus 10 Grad an.

Bloß schnell weg von der Bühne, rein in mein warmes Outfit. Der frenetische Applaus – für Künstler ja immer sehr wichtig – wollte nicht enden, doch mittlerweile dachte ich an profanere Dinge. Ich war daher sehr froh, dass der Kapitän das Wort ergriff, sich noch einmal bei uns bedankte und einige Crewmitglieder nach vorne rief. Ich eilte an meinen Platz und zog mich schnell an.

Es folgte ein großartiges gemeinsames Singen – philippinische und altvertraute Weihnachtslieder. Alle Gäste sangen mit. So gut sie konnten. Der Crew-Chor an der Kanzel, darunter viele Filipinos, gab natürlich den Ton an. Denn viele Filipinos haben ganz wunderbare Stimmen. Doch man hatte weitere (textsichere) Crewmitglieder geschickt in der ganzen Kirche verteilt, so dass unser Gesang immer aus der ganzen Kirche kam. Das letzte Stück war „Stille Nacht, heilige Nacht". Es passte hervorragend. Es war die Stimmung des Abends, der Kirche und des Ortes. Es gab kein arm oder reich, kein jung oder alt, kein krank oder gesund – was zählte, war das Gemeinsame, das Einende, eine Wahrheit hinter dem Offensichtlichen. Und Dank unserer polaren Kleidung sahen wir auch alle gleich aus.

Nach und nach verließen die Passagiere die Kirche, gingen den Weg zurück zum Ufer, kletterten in die Zodiacs und wurden wieder zurück aufs Schiff gebracht. Meine Musiker waren die ersten. Sie wollten selbstverständlich ihre kostbaren Instrumente wieder in die bessere Temperatur an Bord bringen. Ich blieb länger. Ich unterhielt mich noch mit Bob und Laura, die ebenfalls sehr ergriffen waren, ließ mich auf einen Tee einladen und versprach Laura, dass ich mich – wieder zu Hause – sofort der OP unterziehe. Ich hielt mein Versprechen.

Seit jenem Weihnachtsfest am Rande der Antarktis ist das Lied „Stille Nacht" für mich untrennbar mit all diesen Ereignissen verbunden, mit sämtlichen Gefühlen und Gedanken dieses Tages. Der Abend hatte etwas Heiliges. Etwas, das größer war als wir. Und alle, die wir in der Kirche waren, haben das gespürt. Ich werde diesen Auftritt, der so viel mehr war als ein Auftritt, nie vergessen. Mindestens für ein Leben lang.

Lautlos

Manche Kreuzfahrer behaupten, dass Flussreisen langweilig sind. Und einige behaupten sogar, dass ein Flussschiffkapitän eher einem Busfahrer auf dem Wasser gleicht. Ich kann dazu nur sagen: Was für ein Quatsch! Natürlich muss man auf lustigen Seegang und hohe Wellen verzichten. Natürlich auch auf gefährliche Riffpassagen und Häfen im Gezeitenwechsel. Doch dafür warten andere Herausforderungen: die Tiefen und Untiefen des Flusses, die Höhe der Brücken, die sich minütlich verändernden Wasserstände, die wechselnden Strömungsverhältnisse oder plötzlich auftauchende Hindernisse – vom Paddelboot bis zum Baumstamm. Und falls es 50 Kilometer flussaufwärts sehr stark regnet, wirkt sich das nach kurzer Zeit auch 50 Kilometer flussabwärts aus – bei schönstem Sonnenschein. Auf einem Fluss lernt man viel schneller als auf einem Ozean, wie sehr alles mit allem zusammenhängt. Wasserwege sind echte Lebensadern. Sie verbinden, was Meere trennen: Ufer, Städte und Landschaften, Länder und Menschen. Alles ist zum Greifen nah. Selbst das Geschehen auf der Brücke. Die sich, falls eine Brücke einmal zu flach und die Wasser zu hoch sein sollten, einfach in den Schiffsrumpf versenken lässt. Ein aufregendes Spektakel auch für Gäste auf dem Sonnendeck, die dann sitzen bleiben müssen, damit sie nicht im Stehen den Kopf verlieren...

Ich freute mich auf jeden Fall schon sehr auf diese Reise. Sie startete in Passau bei bestem Sommerwetter und sollte bis Konstanza führen, einer Hafenstadt in Rumänien direkt am Schwarzen Meer. Die Prognosen versprachen einen blauen Himmel über einer blauen Donau. Vor uns lagen 14 Tage, 10 Länder, rund 15 Schleusen, vier traumhafte Hauptstädte und unzählige Landschaften, die man wie auf einem Tablett serviert bekommt. Kann es mehr Abwechslung geben? Wo warten unterschiedlichere Impressionen in so kurzer Zeit?

Nach der Einschiffung und dem Bezug der Kabinen kamen immer mehr Passagiere auf das Sonnendeck, das seinem Namen alle Ehre

111

machte. Niemand dachte ans Koffer auspacken. Niemand konnte sich auf langen Gängen und auf unzähligen Decks verlaufen wie auf einem Hochseeschiff. Der Weg ins Freie führte einfach nur ein paar Stufen nach oben. Alle wollten das Geschehen auf der Brücke beobachten, sich ihren Logenplatz der Weltbetrachtung sichern oder an der Reling stehen, um die Arbeit der Matrosen zu sehen. Dann war es so weit. Das Schiff legte ab. Passau blieb an Land zurück. Wir glitten stromabwärts – unserer Reisezukunft entgegen.

Bereits am nächsten Abend präsentierten sich die Offiziere und die Crew beim Welcome. Ich durfte mich musikalisch kurz vorstellen. Es sollte eine Art Appetizer sein, eine Einstimmung auf meinen ersten großen Soloabend, für den wir uns etwas ganz Besonderes ausgedacht hatten. Trotz des herrlich lauen Sommerabends war die kleine, feine Lounge bis auf den letzten Platz besetzt, und meine Drei-Mann-Band und ich freuten uns sehr darüber. Die Atmosphäre war wunderschön, mein Publikum zum Greifen nah und das Ambiente war lauschig und großartig zugleich. Am nächsten Morgen besprach ich mit dem Kreuzfahrtdirektor die letzten Einzelheiten meines Solos. Wir planten es oben an Deck – ganz romantisch im letzten Licht des Tages. Danach würde die Einfahrt nach Wien folgen, nächtlich beleuchtet von Sternen, Mond und Stadt. Ich hatte noch zwei Tage Zeit für die Proben und für die Ausarbeitung meiner Moderation, die ich gerne mit Bezügen zu unserer Reise anreichern wollte. Bewaffnet mit Stift und Block suchte ich mir Tisch und Stuhl unter einem freien Sonnenschirm. Ich legte die Reihenfolge meiner Stücke fest und begann mit meiner Arbeit. Ich kam ganz gut voran, doch ich unterbrach mein Tun immer wieder und beobachtete fasziniert die vorbeiziehenden Ufer. Von Minute zu Minute veränderte sich der Ausblick. Aus Naturlandschaften wurden Obstgärten, aus ein paar Bauernhäusern wurde ein Dorf, dann folgte der Kirchturm und das Zentrum, dann wurden die Häuser wieder spärlicher, die Anteile Grün wieder größer – ein beständiges Ineinander-Gleiten, ein durch und durch beschauliches Kommen und Gehen von Landschaften und Orten. Völlig versunken in meinen Betrachtungen, hörte ich plötzlich eine Stimme.

„Entschuldigen Sie, dürfen wir uns zu Ihnen setzen? Sind die Plätze neben Ihnen noch frei?" Ich schreckte kurz zusammen, schaute hoch, sah in zwei freundliche Gesichter und erwiderte lächelnd: „Ja, sie sind frei. Setzen Sie sich... selbstverständlich... natürlich, sehr gern..." Ich vertiefte mich wieder in meine Arbeit. Die beiden, es waren wohl Mutter und Tochter, blickten versonnen auf die malerischen Panoramen. Sie waren erstaunlich still. Nur ab und an unterhielten sie sich über das, was sie sahen. Ich nahm das Gespräch eigentlich nur so nebenbei wahr, doch irgendetwas ließ mich immer wieder aufhorchen. Irgendetwas war merkwürdig. Irgendetwas hörte sich für meine Ohren ungewöhnlich an. Ohne es selbst richtig zu bemerken, konzentrierte ich mich immer weniger auf meine Moderation, dafür umso mehr auf ihr Gespräch. Das Mädchen sprach sehr langsam und bedächtig. Ich hatte das Gefühl, dass sie jedes Wort ganz genau überlegte und überaus akkurat artikulierte. Auch die Frau sprach anders. Ich schaute daher so unneugierig ich konnte in ihre Richtung. „So spricht doch heutzutage kein Teenager?" dachte ich gerade, als die Frau meine Irritation und mein erwachtes Interesse bemerkte. „Meine Tochter ist taub", erklärte sie mir. „Aber sie ist sehr gut im Ablesen der Lippen. Und das Sprechen hat sie in der Gehörlosenschule erlernt." Diese Direktheit und Offenheit ließen mich ein wenig zusammenzucken. Es war ein souveränes Statement, keine Abwehr mit leicht aggressivem Unterton und auch keine Forderung nach Mitleid. Im Gegenteil: Beide strahlten mich einfach nur stolz an. „Es ist fantastisch. Es ist perfekt," bestärkte ich sie. „Es wäre mir vielleicht auch gar nicht wirklich aufgefallen, wenn mein Gehör nicht über irgendetwas Ungewöhnliches gestolpert wäre." Sie schauten mich intensiv und sehr aufmerksam an. Hatte ich sie vielleicht brüskiert? „Entschuldigen Sie, ich habe nicht dem Inhalt gelauscht, sondern nur der Art und Weise ihres Gesprächs – viel konzentrierter und bedächtiger, mit viel mehr Ausdruck..."

„Ich kann verstehen, dass Sie das sofort bemerkt haben," lächelte mich die Mutter wohlwollend an. „Es fällt nicht allen so schnell auf..." Sie machte eine kleine Pause, wollte noch irgendetwas sagen, doch da meldete sich die Tochter zu Wort: „Ihr Auftritt beim Welcome hat uns sehr gut gefallen, Frau Laux." Nun war ich völlig perplex und muss ein entsprechendes Gesicht gemacht haben. Die Tochter schaute mich schelmisch an und sah dabei überaus entzückend aus. „Ja, Michaela und ich waren sehr begeistert", fügte ihre Mutter höflich und freundlich hinzu. „Michaela konnte sie zwar nicht hören, aber ihre Mimik und Gestik hat sie sofort verstanden. Sie wusste genau, um was es ging. Sie hat gefühlt, was sie gesungen haben!" Meine Überraschung wurde immer größer. Das hatte ich so noch nie gehört. Das hatte man mir so auch noch nie gesagt. Ich hätte nie gedacht, dass ich mich einmal mit einem tauben Mädchen über Musik unterhalten würde. Doch genau das war der Fall. Wir sprachen über die Wichtigkeit des Ausdrucks beim Gesang. Über das Gefühl beim Singen, das ebenfalls beim Publikum ankommt. Und über die Innigkeit des Vortrags. Denn erst wenn ein Künstler eins wird mit seiner Kunst, erschafft er eine Atmosphäre, die mitreißt, die ankommt und überzeugt. Eigentlich fühlen wir das alle, doch wir, die wir normal hören können, spüren das häufig nur unbewusst. Wir konzentrieren uns mehr auf Töne und Text. Doch für Michaela war das, was bei uns sehr häufig überlagert wird, das einzig Wahre und Wichtige. Eigentlich erlebte sie dadurch sogar viel mehr als wir, ging es mir durch den Kopf. Denn im Grunde erkannte sie dadurch viel schneller das Wesentliche: die Leidenschaft und das Echte.

Renata, die stolze Mutter, erklärte mir gern, was ich zu tun hätte, damit Michaela alles verstehen würde, was ich ihr sagen wollte. Ich wurde zur gelehrigen Schülerin. Es war eigentlich gar nicht so schwer. Ich musste Michaela nur ganz genau von vorne ansehen und sehr deutlich und langsam sprechen. Nach meinen ersten ungewohnten Sprechversuchen, bei denen ich mir jedes einzelne Wort genau überlegte, wurde unsere Unterhaltung immer unangestrengter und immer natürlicher. Renata musste immer seltener für mich einspringen. Michaela wollte viel über meinen Beruf erfahren und noch mehr über all meine Reisen. Als ich anfing über unsere bevorstehende Reise zu sprechen, staunte ich allerdings nicht schlecht. Denn sie wusste häufig mehr über die Sehenswürdigkeiten auf unserer Route als ich, obwohl ich sie alle bereits mehrfach besucht hatte. Sie erklärte mir, dass eine intensive Vorbereitung sehr wichtig für sie war, da sie ja all die Erklärungen der Reiseleiter überhaupt nicht mitbekam. Weder im Bus noch bei geführten Ausflügen zu Fuß. Michaela war wirklich ein ganz ungewöhnliches Mädchen – unglaublich belesen, sehr intelligent, überaus interessiert und einfach nur liebenswert. Sie haderte kein Stück mit ihrem Schicksal. Einfach bewundernswert. Der Nachmittag an Bord verging wie im Fluge, mit meiner Moderation war ich kein Stück weiter gekommen, doch dafür hatte ich zwei neue Reise-Freundinnen gewonnen. Es war daher auch völlig selbstverständlich, dass wir uns gleich für den nächsten Tag und zu unserem ersten gemeinsamen Landausflug verabredeten.

Wir verbrachten einen wunderschönen Tag in der herrlichen Wachau. Ich kannte einen kleinen Pfad, der sich in der Nähe des Anlegers befand. Er war zwar etwas beschwerlich, bot aber dafür die sensationellsten Ausblicke. Wir besuchten das imposante Benediktinerkloster Stift Melk, wandelten durch Park und Garten und gönnten uns barocke Torten im barocken Park-Café. Es machte mir unendlich viel Spaß, ihnen meine Lieblingsplätze zu zeigen und meine Freude darüber mit ihnen zu teilen. Im Gegenzug lernte ich von Michaela die Erfahrungen aus einer Welt, die immer still war. Ob sie dadurch so in sich ruhte? So ausgeglichen und erwachsen wirkte – mit ihren gerade mal 15 Jahren? Ich vergaß den Altersunterschied genauso schnell wie ihre Taubheit. Wir waren bereits nach dem ersten Ausflug ein perfekt eingespieltes Team. Doch dann kam der Tag meines Konzertes und mir wurde wieder bewusst, dass meine neue Freundin mich und mein Programm überhaupt nicht hören konnte. Es war mehr als nur schade! Renata bemerkte mein Hadern mit der Situation und versprach mir, dass sie auf jeden Fall in mein Konzert kommen würden und sich auch schon sehr darauf freuten.

Am Vormittag – alle Gäste waren wieder auf Landgang – probten wir ungestört auf dem Sonnendeck. Meine Musiker waren großartig. Die Technik funktionierte auf Anhieb und ich hatte viel Zeit, um noch einmal meine Moderation durchzugehen und um mich auszuruhen. Renata und Michaela hatte ich den ganzen Tag noch nicht gesehen.

Nach dem Abendessen wurden alle Gäste nach oben auf das Sonnendeck gebeten. Sie genossen den Anblick der vorüberziehenden Landschaften, die Gespräche mit neuen Bekannten und manche ihren hochprozentigen Digestif. Dann begann mein Konzert. Es war eigentlich noch hell, aber man spürte bereits, dass die Sonne schon bald einen Farbenrausch am Himmel veranstalten würde. Ihr warmes Licht versetzte uns alle in eine Zauberwelt aus Gold und für mich war es der schönste Scheinwerfer, den man sich denken kann. Die Stimmung war unbeschreiblich. Es mag vielleicht kitschig klingen, doch alles an Deck war in Harmonie gehüllt, romantisch verklärt, beseelt und friedvoll. Ganz vorne, nur etwa zwei Meter von mir entfernt, saßen Michaela und ihre Mutter. Michaela verfolgte mich mit ihren Augen. Ihr Gesichtsausdruck war gelöst und entspannt. Doch irgendetwas anderes war da auch noch. Doch was? Bei jedem neuen Lied hatte ich das Gefühl, dass sie immer mehr mit der Musik mitgeht und wirklich alles versteht. Aber konnte das sein?

Nach vielen Zugaben und großem Applaus bekamen meine Musiker und ich ein Zeichen des Kreuzfahrtdirektors, dass wir nun unsere Show beenden müssten. Dabei hätten wir am liebsten ewig so weiter gemacht. Auch unser Publikum wollte uns am liebsten überhaupt nicht gehen lassen. Doch es wurde langsam dunkel. Die Häuser an Land waren bereits beleuchtet; wir hatten die Vororte Wiens erreicht. Ich eilte auf meine Kabine und zog mich schnell um. Schließlich wollte ich die Einfahrt nach Wien auch nicht verpassen. Doch vor allem wollte ich zu meinen Freundinnen. Keiner bemerkte mein Erscheinen an Deck. Alle Gäste waren mit der grandiosen Aussicht auf das Wiener Lichtermeer beschäftigt. Nur Michaela und Renata saßen immer noch so auf ihrem Platz wie ich sie verlassen hatte. Sie waren ganz aufgeregt und schienen ungeduldig auf mich zu warten.

„Sarah, ich bin völlig fertig!" empfing mich Renata. „Stell Dir vor, Michaela meint, sie hat Dich gehört!" Ich schaute wie ein einziges großes Fragezeichen. „Ja, Sarah, das stimmt. Durch die Schwingungen im Boden habe ich Deine Stimme gespürt. Die Musik gefühlt. Das erste Mal in meinem Leben. Es war fast – ja fast so wie hören."

Sie machte eine kleine Pause, ihre Stimme wurde leiser: „So wie ich mir Hören vorstelle..." In Michaelas Augen schimmerte eine Träne. Sie war glücklich. Sie war ergriffen. Sie hatte etwas völlig Neues erlebt. Beide konnten nicht verstehen, was da geschehen war. Auch ich war überwältigt und freute mich für Michaela. Dann fiel mir ein, dass ich irgendwann von einer tauben Tänzerin gehört hatte, die ebenfalls durch die Schwingungen des Bodens die Musik erspüren konnte. Und perfekt danach tanzte. Ich erzählte diese Geschichte und Michaela meinte, dass es bei ihr genau so gewesen war. „Ich hätte auch danach tanzen können. Es war einfach wunderbar!" Gemeinsam kamen wir auf die Idee, dass Michaela unbedingt in ein Opernhaus gehen sollte. Vielleicht am besten in ein Ballett oder in einen ehrwürdigen Konzertsaal, dessen Akustik berühmt ist. Vielleicht aber auch nur an einen Ort, der mit viel Holz ausgestattet ist oder einfach nur aus einer Zeit stammt, als es weder Mikrofone noch Lautsprecher gab. „Ja, Mama. Das probieren wir alles aus!" Renata nickte nur still. Und ich hoffte, dass es irgendwie und irgendwo eine Wiederholung für Michaela geben würde.

An diesem Abend unterhielten wir uns nur noch wenig. Jeder von uns hing seinen eigenen Gedanken und Gefühlen nach. Nur ab und zu schauten wir uns an. Wir lächelten uns zu wie Komplizen, die ein Geheimnis hatten. Wir waren dankbar für das, was geschehen war. Irgendwann verließen mich die zwei. Michaela nahm mich ganz fest in ihre Arme und flüsterte mir ein „Danke" ins Ohr. Es war so zart, so innig und bewegt, dass ich diesen Klang immer noch im Ohr habe, so oft ich daran denke. Ich glaube, es war das schönste „Danke", dass ich jemals gehört habe.

Abnehmen leicht gemacht

Es gibt Orte auf unserer Welt, die haben einen magischen Klang: Samarkant oder Timbuktu, zum Beispiel. Doch nur die wenigsten Menschen reisen wirklich dort hin. Manche Orte können jedoch von sich behaupten, dass sie nicht nur Magie ausstrahlen, sondern auch magisch anziehen. Für mich war das San Francisco. Ich freute mich daher schon sehr auf meine Reise, die zuerst dort hin und dann weiter nach Hawaii führen sollte. Leider wurde meine Vorfreude bei unserer Ankunft im Hafen auf eine harte Probe gestellt. Bei der bildschönen Weltstadt war von Schönheit nix zu sehen. Es regnete in Strömen. So unfreundlich hatte ich sie mir nicht vorgestellt. Nicht einmal in meinen kühnsten Alpträumen. Ein Schirm war völlig nutzlos. Gefühlt prasselte der Regen von oben, von unten und auch noch von allen Seiten. Natürlich war ich leicht beleidigt, dass mich meine Traumstadt so empfing. Doch dieses nassforsche Willkommen hielt mich nicht auf. Ich machte mich trotzdem auf den Weg. Denn dass die Stadt des heiligen Franziskus für mich ins Wasser fiel – das ging gar nicht. Ich zog mich daher so regensicher wie möglich an und verließ das Schiff. Zu Fuß! Allein. Bereits nach wenigen Minuten quietschten meine Schuhe auf Schritt und Tritt, und das Wasser floss in kleinen Sturzbächen vorne aus meinen monsunerprobten Tretern. Na, toll!

Ich flüchtete mich fürs Erste – komplett durchnässt wie ich mittlerweile war – in das nächste Café um wieder etwas zu trocknen. Den Rest würde dann später ja die Sonne machen. Dachte ich. Eine halbe Stunde verging, dann eine, irgendwann waren dann zwei vorbei. Der Regen war es nicht. Und leider bestand auch keine Aussicht auf Besserung. Ich musste wohl oder übel einsehen, dass ich aufgeben musste. Der Himmel schien verrückt zu spielen. Er ließ keine Erkundungen auf eigene Faust zu. Meine Freundin war da schlauer. Hätte ich doch bloß auch den Busausflug mitgemacht! Oder wäre von Natur aus amphibisch. Zumindest heute. Ich orderte ein Taxi und kehrte zurück an Bord. Ich fröstelte. Ich duschte heiß und zog mir etwas Wärmeres an. Eine Erkältung konnte ich mir definitiv nicht leisten. Ich schaute frustriert aus dem Kabinenfenster. Die Wolken waren immer noch dunkel, tief und schwer. Es war wirklich gemein. Aber der Himmel gestaltet nun mal sein eigenes Programm.

Pünktlich um 18 Uhr verließ unser Schiff den Hafen. Die Gesellschaftsräume waren randvoll. Wir alle standen mit unseren Fotoapparaten bewaffnet im Trockenen und schauten nach Draußen. Es goss immer noch. Wir wussten, dass wir in 30 Minuten die berühmte Golden Gate Bridge durchfahren würden. Selbstverständlich wollte das niemand verpassen. Aber genauso selbstverständlich wollte sich auch niemand in den Regen hinaus begeben. Schon gar nicht mit den sündhaft teuren Kameras. Die mit vielen Wassertropfen verzierten Panoramafenster waren aber auch nicht sonderlich fotogen. Und so richtig gut konnte man auch nicht sehen. Wer jetzt ein Foto der anwesenden Gäste gemacht hätte, hätte sämtliche Hochglanzprospekte der Kreuzfahrtbranche aufs Gemeinste konterkariert. So stellt man sich eine Traumreise normalerweise nicht vor! Viele Gäste sahen so enttäuscht aus wie sieben Tage Regenwetter. Tja, das passte. Fünf Minuten vor der Durchfahrt geschah jedoch ein kleines Wunder. Der Wettergott hatte ein Einsehen. Es hörte von jetzt auf sofort zu regnen auf. Sogar die Sonne blinzelte schelmisch durch die Wolken. Sie ahnen nicht, wie schnell wir alle draußen waren. Wir stürzten förmlich zu den Türen, viele drängelten, manche schubsten. Alles was der Regen uns angetan hatte, war augenblicklich vergessen – wir standen inmitten einer dramatischen Lichtstimmung; die vielen Wassertropfen an der Reling glitzerten malerisch; die grandiose Stadt-Kulisse zeigte sich fast schon überirdisch strahlend und die berühmte Brücke war zum Greifen nah. Überall klickten die Auslöser. Überall leuchteten Augen. Die Welt war wieder in Ordnung. Ich freute mich wie ein Kind über meine gemachten Fotos, genoss einen prächtigen Sonnenuntergang und einen letzten Blick auf die kalifornische Küste. Fünf herrliche See-Tage lagen nun vor uns. Ich machte mich noch etwas schick und wollte frohgemut zum Dinner gehen. Doch als ich die Kabine verließ, sah ich verräterische Tüten an den Geländern in den Fluren stecken. Mir schwante bei ihrem Anblick nichts Gutes.

Das Abendessen war wie immer ein kulinarischer Höhepunkt. Alle Gäste schwelgten in Vorfreude auf die kommenden sonnigen Seetage und viele schwärmten noch vom Blick auf die Golden Gate im Romantik-Licht. Waren wir nicht doch Glückskinder? War das nicht genau das, was später großartige Reiseerinnerungen werden? Nur wenige Minuten später kippte die gute Stimmung schlagartig: Der Kreuzfahrtdirektor meldete sich − völlig überraschend − mit einer Durchsage über die Lautsprecher. Er entschuldigte sich für die ungewöhnliche Unterbrechung während des Abendessens, sprach kurz über einen herrlichen Abschied von San Francisco und über das Dinner, das wir gerade genossen, und beendete seine Ansage mit betont harmlos wirkender Stimme und mit den Worten: „Meine sehr verehrten Damen und Herren, wir bitten Sie jedoch, sich in einer halben Stunde sicherheitshalber auf ihre Kabinen zu begeben. Die Brücke teilte mir soeben mit, dass voraussichtlich Windstärke 10 bis 11 auf uns zukommen wird. Wer anfällig für Seekrankheit ist, kann gerne zu uns an die Rezeption kommen. Wir haben ausreichend Tabletten für Sie." Ach Herr je! Ich erschrak. Ab Windstärke Acht wird mein Magen sehr böse mit mir. Wenn ich dann nicht flach liege, ist alles zu spät. Die Euphorie im Restaurant erhielt einen kräftigen Dämpfer. Nicht nur bei mir.

Meine Freundin, die mich auf dieser Reise begleitete, war erprobt seefest und von Natur aus unerschrocken. Sie blieb von der Schwere der Durchsage unbeeindruckt. Sie freute sich sogar irgendwie auf das vor uns liegende Wetterabenteuer und den sich daraus ergebenden Seegang. Doch ich wollte unbedingt sofort auf die Kabine, damit ich noch eine letzte Chance bekam, mein leckeres Abendessen für mich zu behalten. Ich beendete daher vorzeitig den Verzehr meines genüsslichen Hauptgerichts, verließ das Restaurant, holte mir an der Rezeption die Tabletten und ging schnurstracks auf die Kabine. Die wenigsten Gäste taten es mir nach, die Ahnungslosen! Eigentlich merkte auch ich noch nicht viel von der angekündigten Großwetterlage, doch ich spürte instinktiv, dass das Schiff sich bereits etwas anders bewegte: Es rollte. Auf dem Weg in die Kabine nahm ich daher vorsorglich noch ein paar ausgelegte Tüten mit in die Kabine. Man weiß

121

ja nie. Ein paar Minuten später kam meine Freundin in die Kabine und schwärmte von meinem verpassten Dessert. Während sie sprach wurde es von Sekunde zu Sekunde ungemütlicher. Ich ging noch ganz schnell ins Bad und legte nach einer eher flüchtigen Abendtoilette alles, was umher fliegen oder runter fallen könnte, auf ein Handtuch ins Waschbecken. Dann nahm ich die Seekrankheits-Tabletten und hoffte, dass sie noch rechtzeitig wirken würden.

Mittlerweile fing das Schiff an zu stampfen. Meine Freundin schmunzelte ob meiner Hektik. Und mein Magen befahl mir: Leg Dich sofort hin oder ich sage Deinem leckeren Abendessen sehr unlecker „Adieu!". Ich folgte meinem inneren Kommando, begab mich ins Bett und ignorierte die Kommentare meiner Freundin, die das alles sehr aufregend fand. Und deren einzige Unruhe nicht aus der Magengegend sondern aus einer gewissen Sensationslust heraus kam. „Kann ich Dich alleine lassen?" Ich war fassungslos, nickte aber. Sie zog sich schnell flache Schuhe an und stolperte Richtung Kabinentür. Sollte ich sie zurück halten? Während ich das noch dachte, war sie bereits entschwunden. Dafür flog mir der Wecker um die Ohren und die Wasserflasche kippte um. Ich fing sie in letzter Sekunde auf und legte sie auf den Kabinenboden. Das Tempo in dem der Sturm Fahrt aufnahm war beängstigend. Innerhalb weniger Minuten hatte das Schiff bereits eine heftige Schräglage. Dann krachte eine Welle an die Schiffswand. Ich flog unsanft aus dem Bett und landete auf dem Kabinenboden. Also dann: Stufe drei der Vorsichtsmaßnahmen einläuten. Ich legte meine Matratze auf den Boden und mich dazu. Hoffentlich war meine Freundin nicht allzu sorglos da Draußen...

Ich war gerade dabei auch ihre Matratze unbeholfen auf den Boden zu ziehen, als wieder eine Durchsage des Kreuzfahrtdirektors kam. Diesmal mit absoluter Dringlichkeit. Schwang da nicht sogar Panik mit? Er forderte alle Passagiere auf, sofort die Außendecks zu verlassen, um sich auf direktem Wege in ihre Kabine zu begeben. Auch die öffentlichen Räume sollten schnellstmöglich verlassen werden. Oh, je – das klang verheerend. Wenn selbst Offizielle die Fassung verlieren und ihre eigene Angst nicht mit professioneller Leichtigkeit garnieren können, dann ist wirklich alles zu spät. In diesem Moment schleuderte meine Freundin durch die Kabinentür und wurde unfreundlich von unserem durch den Raum fliegenden Fernseher empfangen. Sie konnte gerade noch ausweichen. Fernseher und Freundin landeten zeitgleich auf der Matratze. Zum Glück nicht übereinander, aber nur sehr knapp nebeneinander. Wie gut, dass ich beide Matratzen zu unserem neuen Basislager erklärt hatte. Ich glaube, sie merkte erst jetzt wie gefährlich unsere Lage war. Sie blieb brav neben mir auf dem Boden liegen und schaute mich prüfend an. „Du siehst schlecht aus," stellte sie lapidar fest. Ich nickte und fragte mit letzter Kraft an Normalität: „Und wie gut sieht's Draußen aus?"

Während sie mir von den Szenerien jenseits unserer Kabinentür berichtete, merkte ich, wie bei ihr langsam die Groschen fielen. Es war kein Film, den sie da gesehen hatte. Es war nicht sensationell spektakulär und spannend, was gerade auf unserem Schiff passierte. Nein, es war eine echte Katastrophe. Und wir befanden uns mittendrin. Der Flügel in der Lounge war aus der Verankerung gesprungen und schlitterte durch den Raum. Im Restaurant hörte man lautstark wie das Geschirr zu Bruch ging, auf dem Boden verteilte sich das Salatbüffet und die Panoramafenster, die ansonsten einen weiten Meerblick zuließen, schienen nun zu einem U-Boot zu gehören. Einige Passagiere lagen in den Gängen. Sie waren gestürzt und konnten nicht mehr aufstehen. Die Türen zu den Außendecks wurden gerade verbarrikadiert und man konnte nur noch hoffen, dass wirklich bereits alle Gäste im Inneren des Schiffes waren. Wenn nicht, dann waren sie mit Pech schon weg. Auf immer verschwunden. Ich war noch nie ein Freund von Katastrophenfilmen. Ich fand die Ölgemälde mit Schiffswracks auch noch nie klasse. Meine Fantasie malte sich dabei viel zu viel Gruseliges aus. Doch das Schlimmste an unseren jetzigen Erlebnissen war: Ich brauchte keine Fantasie mehr, um mir den kommenden Schrecken weiter auszumalen. Es war so schon schlimm genug. Und leider war meine Vorstellungskraft, dass alles auch wieder gut werden würde, unbemerkt über Bord gegangen. Ich war ein kleines Häufchen Elend. Mein Mageninhalt verschwand restlos in den Tüten, die ich krampfhaft in meinen Händen hielt.

Das wütende Treiben um uns herum wurde immer noch heftiger. Wir waren ihm ausgeliefert, hilflos, machtlos, winzig. Die Naturgewalten schlugen unbarmherzig auf uns ein. Und wenn man dachte, dass sie sich etwas beruhigten, dann offenbarte die nächste Minute, dass es nur eine winzige Verschnaufpause war, um mit noch mehr Kraft weiter zu wüten. Mittlerweile war mir so übel, dass ich darüber fast unsere missliche Lage vergaß. Mein Magen war so aufgewühlt wie die See. Und an Schlaf – mittlerweile war es so gegen 22.00 Uhr – war überhaupt nicht zu denken. Andauernd gingen sämtliche Schubladen auf und zu. Die Badezimmertüre schlug lautstark hin und her. Auch der Stuhl, den wir hingestellt hatten, um sie daran zu hindern, flog fast schwerelos kreuz und quer durch den schmalen Flur. Und zu allem Überfluss schrien ab und an aus den Nachbarkabinen schrille Stimmen. Das Schiff bewegte sich mittlerweile wie ein kleines Stückchen Treibholz zwischen heftigen Stromschnellen. Und irgendwann kommt unweigerlich der Wasserfall...

Ich hatte schon oft starken Seegang erlebt. Ich kannte kaputtes Geschirr, halbleere Restaurants und Shows vor fast leeren Stühlen. Ich hatte gelernt, mich bei Auftritten unauffällig am Piano festzuhalten oder mich lasziv-dekorativ um Säulen zu winden um nicht umzufallen. Das alles war schlimm. Aber es war kein Vergleich. Das alles erschien mir harmlos, eher wie eine kecke Laune, die sich auch wieder legt. Aber das? Das war ernst. Richtig ernst. Und die Aussicht auf Veränderung minimal. Fünf Seetage auf dem Pazifik – mir wurde Angst und Bange als ich daran dachte, dass die See sich vielleicht nicht so bald beruhigen würde. Wieso nannte man dieses Meer bloß den „stillen Ozean"? Es klang zynisch. Zumindest im Augenblick. Mein gesamtes Abendessen und gefühlt auch das der vergangenen Tage war sorgfältig in den Tüten verpackt. Ich hoffte inständig, dass mein Magen sich langsam und von selbst beruhigen würde, da effektiv auch nichts mehr vorhanden sein konnte, was ich Neptun hätte opfern können. Wir wurden sehr ruhig, meine abenteuerlustige Freundin und ich. Ohne darüber zu sprechen, wussten wir beide, dass der Grund die nackte Angst war. Klar, die Schiffe sind alle sicher. Eigentlich. Klar, der Kapitän war ein alter Hase. Aber nützt das immer? Die Wellen,

124

die ständig an die Bullaugen donnerten, stellten unseren Glauben und unsere Hoffnung auf eine harte Probe. Zwischendurch nickten wir immer mal wieder ein. Doch es war nicht wirklich der Schlaf, der uns da holte. Es war eher eine matte, bleierne Erschöpfung.

Irgendwann war diese Nacht zu Ende. Der Seegang war es leider nicht. Meine Freundin Lotte, deren Schlaf zwar ebenfalls nicht gut gewesen war, wachte mit Frühstückshunger auf. Ich beneidete sie um ihren robusten Magen. Sie robbte sich mühsam auf und ging wankend und schwankend in das Restaurant. Irgendetwas Essbares für die wahrhaft Hartgesottenen musste es da doch auch jetzt geben. Nach ein paar Minuten kam sie wieder zurück – mit Zwieback und Brot. Ein echtes Frühstück war unmöglich. Das Restaurant gab nur noch Notrationen aus, da sämtliche Passagiere bei der letzten großen Welle samt Stühlen umgefallen waren. Vernünftig wie ich war, machte ich mich über den mitgebrachten Zwieback her. Doch Vernunft beruhigt keinen Magen. Der Zwieback wollte wieder in die Freiheit. Auch das Mineralwasser wollte nicht bei mir bleiben. Meine Freundin schaute mich mitleidig an und aß verzweifelt ihr mitgebrachtes, trockenes Brot. So begann der erste Tag auf See. Im Laufe des Vormittags klopfte unsere Kabinenstewardess an unsere Tür und fragte, ob alles bei uns in Ordnung wäre. Als sie mein schneeweißes Gesicht sah, schaute sie besorgt, nahm schweigend die vollen Beutel mit und versuchte mühsam sie nicht fallen zu lassen. Bei dem starken Seegang keine leichte Übung. An Aufstehen war bei mir nicht zu denken. Ich blieb entkräftet liegen und verzichtete auf einen Badbesuch. Meine Freundin versuchte es selbstverständlich. Doch sie hatte ziemliche Probleme. Sie handelte sich ein paar blaue Flecken ein, gab widerstrebend auf und kam zurück auf unser Matratzenlager. Körperlich ging es ihr ja gut, nur ihre Psyche war etwas angekratzt. Sie versuchte daher stoisch auf ihrer Matratze sitzen zu bleiben. Da sie aber bei jeder dritten Welle umfiel, legte sie sich am Ende auch flach hin. So verging der erste Tag und die zweite Nacht. Ab und an kam die auch nicht gerade munter aussehende Kabinenstewardess vorbei, fragte, ob wir was bräuchten, und entschwand wieder. Auch der zweite Tag gab uns keine Chance auf Erholung. Es blieb nicht nur schlimm, es

125

wurde noch schlimmer. Das Wetter schien sich weiter zu steigern. Und die Wellen schaukelten sich weiter auf.

Am dritten Tag war ich so fertig, dass ich nur noch sterben wollte. Ich konnte weder essen noch trinken. Meine Freundin sah bereits sehr besorgt aus und ließ den Bordarzt kommen. Er kam, sah mich kurz an, ließ sich von ihr erzählen wie meine letzten Stunden gewesen waren und gab mir eine Spritze. Angeblich damit mein Magen wieder etwas zur Ruhe kommt. Danach ging es mir fast blendend. Ich war wohlig müde und konnte endlich wieder schlafen. Der Sturm war mir so was von egal. Am nächsten Morgen, es war bereits der vierte Tag, hatte ich mein Zeitgefühl verloren. Ich war immer noch so benommen von der Spritze, dass man mich hätte wegtragen können. Das Wetter spielte weiter verrückt. Doch irgendwie hatte das alles nichts mit mir zu tun. In mir war ein Gleichmut, den ich nie für möglich gehalten hätte. Meine Freundin Lotte, der es nach wie vor und auf eine gewisse Art ja sogar blendend ging, versuchte wieder einen Erkundungsgang. Als sie wiederkam war sie kreidebleich. Sie erzählte mir, dass das Schiff wie ausgestorben wäre. Sie hatte weder einen Gast noch ein Crewmitglied auf ihrem Rundgang gesehen. „...wie ein Geisterschiff...“ schloss sie entsetzt ihre Beschreibung. Ich nickte unbeteiligt und gleich wieder ein. Als ich wieder erwachte, hatte Lotte eine starke Unruhe gepackt. Sie war wohl in der Zwischenzeit noch einmal oben auf dem Lido Deck gewesen, natürlich hinter dem verschlossenen Ausgang. Lotte ergriff meine Hand, streichelte sie sanft und meinte fast tonlos: „Ich glaube, es geht zu Ende. Lass uns noch einmal zum Himmel schauen. Komm, wir gehen zusammen nach oben. Ich helfe Dir. Wir müssen das tun.“

Ich weiß bis heute nicht, wie sie es geschafft hat, mich in meinem jämmerlichen Zustand drei Decks weiter hoch zu bekommen. Ich kann mich auch nur noch an wenig erinnern. Ich weiß allerdings, dass ich kein Stück panisch war. Ich ließ mir meine Turnschuhe anziehen und ging im Morgenmantel mit. Wie ich aussah war mir nicht bewusst. Wir gingen den Treppenaufgang nach oben und erlebten dabei eine Achterbahnfahrt. Mal ging es wie von Geisterhand getragen drei, vier

126

Stufen fast schwerelos nach oben, mal ließ sich die nächste Stufe kaum erklimmen. So stelle ich mir eine tragische Himalaya-Besteigung vor, die nur noch mit letzter Anstrengung zu schaffen ist. Was dann kommt, kann man nachlesen. Ich schaffte unseren merkwürdigen Aufstieg und stand mit Lotte an der großen Fensterfront mit Blick zum offenen Lidodeck. Um uns herum war Chaos. Undefinierbares lag auf dem Boden, garniert mit Käse, Wurst und Brot. Neben uns stand ein riesiger, schwerer Bottich mit einer Suppe. Obwohl er nur halb voll war, schwamm sie auch bereits auf dem Fußboden. Meine Spritze schien immer noch gigantisch zu wirken. Mir wurde kein Stück schlecht. Ich nahm diese schreckliche Katastrophen-Szenerie nur unbeteiligt zur Kenntnis. „Komm Sarah, schau noch einmal nach oben, es ist vielleicht das letzte Mal." Lottes Stimme war sehr sanft. Wir gingen ein paar Schritte näher an die Scheibe und hielten uns dort an einem Handlauf fest. Ich weiß nicht, woher ich die Kraft nahm, mich dort festzuhalten. Aber es klappte.

Ich schaute zum Himmel. Doch da war kein Himmel. Ich sah nur ein riesiges schwarzes Etwas. Es baute sich rechts und links vom Schiff auf, wurde immer höher und schien uns von allen Seiten verschlingen zu wollen. Das konnte nur eine dieser berüchtigten Monsterwellen sein. In wenigen Sekunden würde sie über dem Schiff brechen. Hatte ich Angst? Irgendwie nicht. Es erschien alles so unausweichlich. So folgerichtig. Ich glaube, man braucht selbst für Panik noch ein wenig Hoffnung und Kraft. Beides hatte ich nicht mehr. Wir wussten es einfach: Jetzt gehen wir unter. Im gleichen Augenblick wurde unser Schiff hoch hinauf katapultiert. Die riesige Welle war plötzlich unsichtbar. Dann krachte es. Ein fürchterlicher Aufschlag, eine brachiale Härte schien uns mit voller Wucht zu treffen. Was wir spürten, lässt sich nicht beschreiben. Was wir dachten schon: Jetzt fällt das Schiff auseinander. Im nächsten Moment sahen wir wieder diese unheimliche schwarze Welle, eine riesige Wasserfront. Um Himmels Willen, das kann doch nicht ewig so weitergehen? Ich weiß nicht, wie ich ohne meine Spritze und ohne meine körperliche Lethargie reagiert hätte. Doch so wollte ich nur noch eins: zurück in unsere Kabine. Ich wollte keine Liegestühle verschwinden sehen. Keine

127

sicher zusammengebundenen Tische und Stühle wie Federgewichte über die Reling fliegen. Ich wollte die ganze Bescherung nicht mehr länger sehen. Keinem Untergang zusehen.

Lottes Augen waren groß wie noch nie. Ihre Pupillen schienen wie erstarrt. Sie wirkte wie eingefroren und schaute nur reglos in diese Wasser-Hölle. Das Schiff schien noch unversehrt. Doch wie lange noch? „Lass uns gehen", hörte ich mich leise und schwach sagen. Wie wir wieder zur Treppe kamen weiß ich nicht mehr. So schnell waren wir auch noch nie drei Decks nach unten gekommen. Die Schwerkraft und sämtliche Naturgesetze schienen aufgehoben zu sein. Man flog mehr als man lief. Wir hielten uns so gut es ging an irgendetwas fest. Doch selbst das vemeintlich Feste wirkte nicht fest. Und schon gar nicht nach sicherem Halt. Ohne uns ernsthaft zu verletzen oder irgendwohin geschleudert zu werden, erreichten wir wieder unsere Kabine. Wir landeten lebend auf unseren Matratzen. Ich weiß nicht, ob ich mich aufgegeben hatte. Ich weiß nicht, ob es die übermenschliche Anstrengung unseres waghalsigen Ausflugs war oder die Ermattung nach vier Tagen ohne Nahrung und Flüssigkeit. Wie und was auch immer – auf meiner Matratze angekommen, schlief ich augenblicklich ein. Bei Lotte muss es ähnlich gewesen sein. Auf jeden Fall sprachen wir kein Wort. Kein Wort der Freundschaft und kein Wort des Abschieds.

Irgendwann wurde ich wieder wach. Irgendetwas hatte sich verändert. Mein Magen meldete sich – laut und fordernd. Ich brauchte eine gewisse Zeit, um ihn zu verstehen. Es war Hunger! Der Seegang war weg. Alles war ruhig. Träumte ich das vielleicht? War das eine psychische Schutzreaktion gegen das Unfassbare? Ich schaute zu Lotte. Sie schlief noch. Ich weckte sie. Sie schreckte auf und sah mich ängstlich an. Wir sprachen immer noch nicht. Doch wir sahen beide zeitgleich zu unserem Bullauge. Wir sahen einen herrlichen blauen Himmel und lächelten still. Der fünfte Tag fing friedlich an.

Es ist kaum zu glauben, aber der Körper ist sofort wieder fit, wenn die Schaukelei aufhört. Egal wie heftig sie war. Wir brachten unsere

Kabine wieder auf Vordermann, danach uns und gingen dann in Richtung Restaurant zum Frühstück. So als ob nichts gewesen wäre. Eben so wie immer. Doch wir wussten, dass dem nicht so war. Im Restaurant staunten wir nicht schlecht: Die Crew hatte ein wahres Wunder vollbracht. Fast alles war an seinem richtigen Platz, die Auswahl am Buffet nicht ganz so wie sonst, doch immer noch reichlich. Ein paar Stühle fehlten, doch die Servietten lagen blütenweiß und akkurat gefaltet auf den Tischen. Es klingt vielleicht verrückt, aber diese vertraute Normalität hatte eine beruhigende Wirkung. Die letzten Tage und Nächte wirkten hingegen unwirklich. Wie ein böser Traum. Wahr war hingegen das, was jetzt war: ein leckeres Ei, knusprige Brötchen und frisch gepresster Orangensaft. Nach und nach füllte sich der Raum mit Passagieren. Auch sie wirkten so wie immer. So als wollten wir alle das Geschehene so schnell wie möglich vergessen. Oder verdrängen.

Während wir genüsslich und mit Heißhunger aßen, meldete sich der Bordlautsprecher zu Wort. Ein ängstliches Zusammenzucken ging durch alle Anwesenden. Wir hörten gebannt und wieder etwas angespannter auf das, was man uns nun erzählen wollte. Doch alles war harmlos. Der Kreuzfahrtdirektor hatte wieder seine normale Charme-Stimme, sagte, dass nicht viel und auf jeden Fall nichts Schlimmes passiert sei und dass wir bereits in etwa einer Stunde auf Hawaii ankommen würden. Er wünschte uns einen herrlichen Morgen und wollte sich kurz vor dem Anlegen wieder melden. Es war wirklich alles wie immer. Meine Freundin bestand darauf, dass ich noch einmal zum Arzt ging. Er schien der Einzige zu sein, der um Jahre gealtert wirkte. Er war erschöpft und wortkarg, aber freundlich. Ohne Widerspruch ließ ich mich brav an einen Tropf hängen, damit sich mein Körper von den vergangenen Strapazen schneller erholen könnte. Während dieser einen Stunde habe ich viel nachgedacht. Als ich den Arzt verließ, wusste ich, dass ich nie mehr auf ein Schiff gehen würde. Dies war meine letzte Kreuzfahrt.

Das Schiff hatte mittlerweile fest gemacht. Wir gingen an Land. Doch der Boden unter unseren Füßen schwankte. Wir waren landkrank.

129

Zum Glück schlug das nicht auf meinen Magen. Ich ging allerdings so, als hätte ich sechs Wodka getrunken. Mindestens. Und vor dem Frühstück. Ich hatte schon einmal von Seeleuten gehört, die das gleiche Phänomen erlebten. Wer wochenlang auf extrem schwankenden Schiffen verbracht hat, fühlt das Land schwankend nicht das Schiff. Auch der berühmte Seemannsgang soll dadurch zustande kommen. Fröhlich gingen wir daher in Seemannsart in die nächste Café-Bar, ließen uns einen herrlichen Cappuccino bringen und freuten uns des (Über-)Lebens.

Hawaii war großartig. Wir gingen an herrlichen Stränden spazieren, ließen uns die wohltuende Strahle-Sonne auf unsere strapazierten Körper scheinen und verbrachten den Abend unter Palmen – in Gesellschaft eines spektakulären Sonnenuntergangs über dem Meer. Irgendwie fühlte sich alles intensiver an als sonst. Irgendwie war alles noch schöner. Das Leben und unsere Welt kamen uns wie das kostbarste Geschenk vor. Wir nahmen bereits unsere letzten Tage, die zum Glück nicht unsere letzten gewesen waren, mit Humor: Ich hatte über fünf Kilo in fünf Tagen verloren. Und das auf einer Kreuzfahrt!

Es war übrigens nicht meine letzte. Allerdings die einzige, auf der ich so erfolgreich und schnell abgenommen habe. Doch ich würde diese Diät niemandem wünschen. Geschweige denn empfehlen.

Drei Minuten Sex

Für uns Künstler ist der Anreisetag ähnlich aufregend wie für Gäste. Wenn auch unter anderen Vorzeichen. Denn die Route ist für uns nur die schönste Nebensache der Welt, die Hauptrolle spielt die Arbeit. Wie wird sie? Wie sind die Kollegen? Wie kommt das erarbeitete Programm beim Publikum an? Ist auch wirklich das gesamte Gepäck an Bord? Vor allem die Bühnengarderobe und die Requisiten? Mit etwas Glück ist jedoch alles bereits auf der Kabine angekommen bevor das Schiff ablegt. Und die erste Post wartet ebenfalls. Sie enthält die wichtigsten Informationen, zum Beispiel den Termin für das Künstlermeeting. Es findet fast immer am Anreisetag statt und ist zumeist nach der obligatorischen Seenotrettungsübung. Dann liegen bereits sämtliche Auftrittspläne vor, die Probenzeiten werden besprochen und der künstlerische Ablauf der Reise wird mit allen Anwesenden koordiniert. Es ist die Stunde der Wahrheit. Denn jenseits all der Absprachen und Verträge, die im Vorwege an Land getroffen wurden, erfährt man jetzt verbindlich, was die Kreuzfahrtdirektion und das Entertainment Departement konkret von einem selbst und den anderen anwesenden Künstlerkollegen erwarten. Hier noch mal eine kleine Matinée extra, dort noch ein Zusatzauftritt, vielleicht die Teilnahme an einer Sonderveranstaltung. Eventuell auch eine Show weniger oder viel kürzer, weil der Ablauf der Reise nichts anderes zulässt. Man sollte daher stets flexibel sein und entspannt bleiben. Selbst wenn die Bühnengarderobe noch nicht aufgetaucht ist. Bei diesem ersten Treffen zeigt sich sehr schnell, ob es männliche oder weibliche Zicken im Künstlerteam gibt, wer eine Extraportion Rampenlicht braucht, leicht beleidigt ist oder schnell die Nerven verliert.

Selbstverständlich war ich auch immer auf Kollegen gespannt, die ich noch nie vorher irgendwo getroffen hatte. Besonders interessant fand ich diejenigen, die extrem viele Gesichter hatten. Oder vielleicht besser ausgedrückt: Diejenigen, die sich auf der Bühne so verwandelten, dass man sie für mindestens zwei Menschen hätte halten können. Denn der erste Eindruck, den manche Kollegen während einer Besprechung hinterlassen, kann sich schon deutlich von ihrem Verhalten während der Proben unterscheiden. Und manchmal erkennt man sogar den privaten Menschen während seiner Vorstellung kaum wieder. Und das nicht nur rein optisch, sondern auch von seinem Charakter. Am auffälligsten ist diese Verwandlung bei Magiern und Travestiekünstlern. Viele Paradiesvögel auf der Bühne sind im Alltag unauffällig, die Exaltiertesten und Exotischten manchmal sogar extrem schüchtern. Im Grunde führen viele mit ihrer Kunst ein Doppelleben. Auf eine ganz persönliche Art. Das kann sogar dazu führen, dass sie die komplette Reise völlig unerkannt an Bord verbringen. Manchmal gar nicht so schlecht...

So oft es ging und sofern es meine Kollegen erlaubten, habe ich mir daher auch immer gerne ihre Proben angesehen. Und selbstverständlich auch ihre offiziellen Shows, in der sie ihre selbstgewählte Rolle spielten. Ihr zweites Gesicht – öffentlich ausgelebt. Auf dieser Reise lagen meine Proben immer am mittleren Vormittag. Vor mir war daher kein Gastkünstler auf der Bühne, sondern das Showensemble. Es musste täglich üben, oft sogar mehrfach am Tag. Kein Wunder, denn es hatte ja auch an fast jedem Abend eine neue aufwändige Show zu bestreiten. Echte Knochenarbeit!

Eine halbe Stunde vor meinem Termin schlich ich mich heimlich, still und leise in den Saal, um ihre Probe nicht zu stören, und schaute ihnen neugierig und interessiert zu. Sie waren hochkonzentriert, überaus professionell und schienen zum Glück auch richtig viel Spaß miteinander zu haben. Auch keine Selbstverständlichkeit. Dann war ich dran. Die meisten Mitglieder des Showensembles gingen verständlicherweise gleich zügig auf ihre Kabinen. Manche blieben noch für ein, zwei Stücke und verließen dann ebenfalls den Saal. Duschen, umziehen und ein wenig Freizeit. Oder vorschlafen. Show-Nächte sind lang. Irgendwann bemerkte ich, dass sich ein Tänzer noch nicht zurückgezogen hatte. Er saß etwas versteckt im hinteren Bereich der Showlounge und schien mich unentwegt zu beobachten. Seine Mimik konnte ich auf die Entfernung nicht erkennen. Meine Probe lief ganz gut. Ich war fürs Erste zufrieden. Doch irgendetwas fehlte mir. Irgendetwas störte mich. Ich verließ die Bühne, war in meine Gedanken versunken und versuchte zu ergründen, was los war. Sollte ich irgendetwas verändern? Und wenn ja – was? Meinen männlichen Zuschauer hatte ich völlig vergessen. Ich sprach noch kurz mit meinem Techniker, bedankte mich für seine gute Arbeit und verließ grübelnd den Saal.

„Sarah, warte!" Eine mir unbekannte Stimme war direkt hinter mir. Sie klang sanft, sehr männlich und irgendwie auch eine Spur zu persönlich. Ich blieb stehen und drehte mich um. Es war der Tänzer. Sein Blick war flammend. Seine Augen strahlten direkt in meine Seele. Was war das denn? Was war denn nun passiert? Ich war irritiert. „Du hast eine wunderbare Stimme," himmelte er mich an. „Du bist eine großartige Sängerin...," schmeichelte er mir. Und nach einer kleinen Kunstpause sagte dieser bildschöne junge Mann, der mein Sohn hätte sein können, „... und Du bist eine ganz wunderbare Frau." „Um Himmels Willen...," dachte ich, „... was kommt jetzt?" Er stand direkt vor mir, war ein wenig größer als ich und glich aufs Haar diesem berühmten Liebhaber aus der Stummfilmzeit. Ich kam nicht auf seinen Namen, doch er war der Schwarm vieler Frauen in den 20er Jahren, das erste männliche Sexsymbol – Rudolf... Rodolfo... Er unterbrach meine gedankliche Namenssuche. „Deine Zarah Leander Interpretation hat mich einfach umgehauen." Mit seinen braunen Glutaugen schaute er mich schwer verliebt an. „Ich vergöttere Zarah, Sarah." Diese vier Worte, mit einer tiefen Leidenschaft gesprochen, ließen mich aufatmen. Ich entspannte mich von jetzt auf sofort und war erleichtert. Denn nun stand definitiv fest, dass dies kein Auftakt und auch keine Anmache war. Weder die Suche nach einem Abenteuer noch eine Liebeserklärung an eine ältere Frau. Ich bedankte mich bei ihm für all seine Komplimente; wir kamen ins Plaudern und verabredeten uns spontan zum Lunch.

Beim Mittagessen hatten wir uns so viel zu sagen, dass wir kaum zum Essen kamen. Einige Gäste an den Nachbartischen schauten bereits hochirritiert zu uns herüber. Man sah ihnen an, was sie dachten: Flirt,

133

Liebelei, Affäre, Skandal... Ich musste schmunzeln. Im Grunde konnte ich den Eindruck, den wir auf sie machten, sehr gut nachvollziehen. Wir verstanden uns blendend, fühlten uns bereits wie ein Herz und eine Seele und strahlten uns ziemlich häufig hocherfreut an. Außerdem merkte man dem Tänzer, ich nenne ihn jetzt einfach Rodolfo, auch wirklich kein Stück an, dass er nicht an Frauen interessiert war. Zumindest nicht in einem ganz bestimmten Sinne. Rodolfo sah aus wie ein Herzensbrecher und verhielt sich mir gegenüber auch so. Er glich dem Sehnsuchtsbild des männlich markanten Latin Lovers, dessen raffinierten Verführungskünsten kaum eine Frau widerstehen kann. Und er beherrschte die große Kunst, dabei nicht schwülstig oder plump zu wirken. Er war wirklich umwerfend.

Es gibt ja viele Hypothesen, warum sich Frauen und schwule Männer häufig so blendend verstehen. Die bekannteste von allen ist ja, dass wir Frauen unsere Angst vor sexuellen Übergriffen verlieren, da wir ja nichts zu befürchten hätten. Ich glaube, das ist zu einfach. Ich könnte mir eher vorstellen, dass es damit zu tun hat, dass alle Heteros beim ersten Kennenlernen mehr oder minder unbewusst einem anerzogenen Rollenbild folgen – Männer und Frauen. Doch wenn man aus dieser Rolle fällt (oder fallen kann), dann ist man einfach nur man selbst. So kann man sich gleich viel näher kommen und sich viel offener begegnen. Geschlecht egal. Präferenzen schnuppe. Wie auch immer: Wir waren schwer begeistert voneinander und wirkten augenscheinlich heftigst verliebt.

Irgendwann an diesem ersten Tag sprachen wir selbstverständlich auch über meine kommenden Shows, über meine verschiedenen Programme und über meinen Titel „Milord" von Edith Piaf. Rodolfo wirkte nachdenklich. Dann leuchteten seine Augen auf und er schlug mir vor, in die Rolle des begehrenden Mannes zu schlüpfen. „Ich überlege mir eine Choreografie für uns. Bei Deiner nächsten Probe stelle ich sie Dir vor!" Das war großartig. Das war genial. Und es war neu für mich. Es war, als ob er die Antwort auf meine Fragen gefunden hatte. Wie lustig. Wer hätte gedacht, dass meine leichte Unzufriedenheit während meiner Probe sich durch ihn gerade mal eben so in Luft auflösen würde. Wir verabredeten uns für den nächsten Tag. Ich war extrem gespannt.

Nach seiner Probe mit dem Showensemble zeigte er mir, was er sich für uns ausgedacht hatte. Selbstverständlich hatte er die meisten Tanzeinlagen, damit ich mich auf meinen Gesang konzentrieren konnte. Doch er mutete auch mir einiges zu. Ich gehorchte brav seinen Anweisungen und wir studierten nach und nach eine gemeinsame Show ein. Im Laufe der Reise wurden wir unzertrennlich. Wir verbrachten nicht nur viele Tage, sondern auch die meisten Nächte miteinander. Wir lästerten und lachten, wie diskutierten und tanzten. Heimlich in seiner Kabine. Wir trauten uns total vertraut zu sein, weil es nichts zu missverstehen gab. Wir entwickelten Rituale und teilten unser gemeinsames Laster: Gummibärchen und Lakritz. Und das, während wir alte UFA-Filme ansahen. Er hatte alle! Es war unglaublich! Es war herrlich!

Dann kam mein letzter Auftritt, oder besser: unser. Mittlerweile hatten wir gemeinsam drei Stücke einstudiert. Alles klappte hervorragend. Seine Soli passten tongenau zu meinen Liedern. Und gemeinsam harmonierten wir perfekt. Unsere Körper verstanden sich blind, wie man so schön sagt. Das Stück „Milord" sollte unser Höhepunkt sein. Und er wurde es auch. Was wir taten, war gewagt. Der ganze Saal war voll knisternder Erotik. Zwischen uns sprühten Funken. Und diese Funken sprangen über. Das Publikum hörte und schaute unserem heißen Liebesspiel auf der Bühne gebannt zu. Wir zelebrierten unseren Auftritt voller Hingabe. Vom verliebten Anfang bis zum trennenden Ende – in 180 Sekunden. Der Saal tobte.

Nach der Vorstellung saßen wir wieder gemeinsam kichernd in seinem Doppelbett – beide im Bademantel und Gummibärchen naschend. Dann zeigte er mir sein Knie: Es hatte Brandblasen, da er in der Haltung des Anbetenden zu mir auf den Knien gerutscht war. Über viele, viele Meter. Unsere erotisch-frivole Bühnenliebe hatte echte Wunden hinterlassen. Autsch! Im Laufe all meiner Reisen habe ich immer wieder großartige Männer kennenlernen dürfen, mit denen

135

mich noch heute eine tiefe Freundschaft verbindet. Und auch wenn wir ab und an Schminktipps teilen, lieben wir uns so, wie wir sind. Immer ungeschminkt.

Himmlisches Vergnügen

Die wenigsten Gäste an Bord eines Kreuzfahrtschiffes sind eifrige Kirchgänger, geschweige denn in ihrer Heimatgemeinde aktiv. Und selbstverständlich ist die Garderobenauswahl der Mitreisenden weit häufiger ein Diskussionsthema als die Frage nach der Existenz Gottes. Doch man könnte – so man denn wöllte – einen glaubenskompetenten Gesprächspartner finden: den Bordpfarrer. Er wird vor allem für längere Reisen „gebucht". Berufsseelsorger sind klassischerweise für die Gottesdienste und Andachten an Bord zuständig, kümmern sich um „special events" wie Hochzeiten oder plötzliche Todesfälle und halten manchmal auch Vorträge. Sie wohnen in regulären Gäste-Kabinen, haben weder Pfarramtsstube noch Beichtstuhl und stehen rund um die Uhr für Gespräche zur Verfügung – von A wie Adam bis Z wie Zölibat. Manche haben dadurch so viel zu tun, dass sie kaum zum Schlafen kommen.

Vielleicht liegt es an den weiten Horizonten, dass sich Seelen leichter öffnen. Vielleicht schütten sich Herzen lieber aus, wenn ihnen die Tiefe der See zu Füßen liegt. Vielleicht findet man auch eher die Worte für seine Gedanken, wenn der Wind sie mit sich forttragen kann. Was auch immer es sein mag: Viele Gäste suchen das persönliche Gespräch mit dem Geistlichen an Bord. Verschwiegenheit garantiert. Und inklusive. Ich muss gestehen, dass ich die Anwesenheit eines Pfarrers – eigentlich ja ein Relikt aus der Zeit der christlichen Seefahrt – sehr zu schätzen gelernt habe. Ich habe viele spannende Predigten auf hoher See gehört. Ich habe so manchen tiefgehenden Gedanken mit einem Geistlichen ausgetauscht. Und ich habe viele hochinteressante charismatische Persönlichkeiten kennengelernt – sowohl katholische als auch evangelische. Ich war daher sehr neugierig auf den neuen Herrn Pfarrer, der soeben an Bord gekommen war.

Vom Kreuzfahrtdirektor erfuhr ich, dass es ein katholischer Priester war, der zur Unterstützung seine Haushälterin mitgenommen hatte.

Er sagte mir auch, dass ein „special event" geplant sei, und dass er deswegen vielleicht noch einmal auf mich zu käme. Ich nickte und fragte, wann denn die erste Predigt sei. „Erst in einigen Tagen".

Meine erste Probe war bereits am nächsten Tag. Und das auch noch am frühen Morgen. Um ausgeschlafen und fit zu sein, ging ich daher nach dem Dinner gleich auf meine Kabine. Ich wollte unbedingt früh einschlafen. Es fiel mir nicht leicht, ich wälzte mich lange. Doch irgendwann entglitt ich sanft in das Reich der Träume. Leider nicht für lange. Ein schriller Schrei weckte mich unsanft. Wo kam er her? Was war passiert? Die Antwort ließ nicht lange auf sich warten. Denn dieser Schrei war nur der Auftakt einer ganzen Reihe überaus eindeutiger Geräusche aus der Nachbarkabine. Ein Hörspiel aus Stöhnen, Quietschen, Hecheln, Wimmern und Schreien. Mal laut, mal lauter. Nur leise schien für die Zwei schwierig zu sein. Ob das Flitterwöchler waren? Oder der erste nächtliche Polterabend vor der Hochzeit an Bord mit kirchlichem Segen? Um Himmels willen! Hoffentlich nicht! Ich klopfte gegen die Wand. Zuerst höflich, dann heftig. Doch meine Nachbarn bekamen das gar nicht mit. Im Gegenteil: Sie polterten immer heftiger gegen die wenige Millimeter dünne Grenze zwischen meinem und ihrem Bett. Mir wurde sehr bewusst, dass wir im Grunde nebeneinander lagen. Wand hin oder her. Es war eine schreckliche Vorstellung. Ich stand auf, zog mich an, drehte eine Runde über Deck und ging zurück in meine Kabine. Stille. Herrliche Stille. Ich zog mich aus, ging wieder zu Bett, schlief wieder ein und wachte wieder auf. Es war der gleiche Grund und der gleiche Schrei. So ging das sage und schreibe vier Mal. Ich hatte keine gesegnete Nachtruhe, dafür Augenringe am Morgen. Ich war alles andere als fit und mit meiner Probe war ich auch nicht wirklich zufrieden. Ich suchte mir daher zerknirscht ein stilles Plätzchen an Deck und nahm mir vor ein wenig zu dösen. Es gelang mehr schlecht als recht.

Die nächste Nacht war genau so unruhig und die übernächste auch. Die Verschnaufpausen meiner Nachbarn waren kurz. Und es gab mindestens vier Hörspiele pro Nacht. Wie ausgehungert und fit musste man dafür sein? Wer wie ich häufig auf Reisen ist, hat natürlich schon ab und an mal Liebespaare in Nachbarzimmern gehört. Doch die waren nie so unangenehm. Nie so extrem. Weder ihre Lautstärke noch die Häufigkeit. Am schlimmsten waren ihre vielen schnellen, klirrend spitzen Schreie. Stellen Sie sich die höchsten Töne einer Arie vor. Und dann eine überengagierte Sopranistin, die keinen Ton richtig trifft. Das tut jedem in den Ohren weh. Selbst auf mehrere Meter Entfernung. Doch mein armes Ohr war ja nur eine dünne Schiffskabinenwand entfernt. Was sollte ich tun? Die nächtliche Ruhestörung der Rezeption melden? Einen Zettel an ihrer Kabinentür befestigen? Mir unter Vorwänden ein andres Zimmer geben lassen? Oder unseren Pfarrer fragen, ob eine kirchliche Trauung ansteht und ihm mein Dilemma andeuten? So frei nach dem Motto: „Hochwürden, ich muss Ihnen da mal was beichten..." Ich hatte viele Ideen, doch keine gefiel mir wirklich gut. Ich besorgte mir daher Ohrstöpsel und hoffte auf Besserung. Doch daraus wurde nichts. Nach der vierten schlaflosen Nacht – und immer mit Dimmer im Ohr – wurde ich panisch. Am nächsten Abend sollte meine Solo-Show sein. In der kommenden Nacht musste ich unbedingt durchschlafen. Ich entschloss mich daher, meine Bett-Nachbarn direkt anzusprechen. Irgendeine Gelegenheit zur Aussprache musste ich in den nächsten Stunden arrangieren. Irgendwie musste sich das klären lassen. Schließlich waren wir ja alle schon erwachsen.

Am nächsten Morgen blieb ich länger in meiner Kabine und lauschte. Irgendwann müssten ja auch meine Nachbarn ihre Kabine verlassen um sich beim Frühstück zu stärken. Ich hörte die Nachbartür aufgehen, öffnete meine einen Spalt und sah die Frau. Ich schloss schnell meine Tür. Diese Frau kannte ich! Die hatte ich schon mehrfach gesehen. Doch eine junge Braut war das ganz sicher nicht. Meine Virtuosin der schrillen Tonlagen hatte in den letzten Tagen – nur fünf Deckchairs von mir entfernt – ebenfalls vor sich hingedöst. Jetzt wusste ich warum. Doch zugetraut hätte ich ihr eine solch nächtliche Ruhestörung nie im Leben. Sie wirkte komplett harmlos, überschüchtern und hatte eine Art von Bescheidenheit, die ich eigentlich schon für ausgestorben gehalten hatte. Sie war wie ihr Badeanzug deutlich in die Jahre gekommen und ausgesprochen moppelig. Deutlich zu viel für meinen Geschmack. Doch auch er war nicht gerade ein Adonis. Welche Verrenkungen machen die bloß im Nebenzimmer? Wie sah das aus? Hilfe! Meine Fantasie galoppierte gradewegs zurück in die Nacht: Zum Glück konnte ich meine Gedanken im letzten Augenblick noch zügeln. Ich wollte mir das alles gar nicht vorstellen! Geschweige denn genauer wissen. Wirklich nicht!

Dass ich mir beide überhaupt vorstellen konnte, hatte einen ganz einfachen Grund. Ich hatte sie am Anreisetag einmal zusammen gesehen: bei der Seenotrettungsübung. Er hatte ihr mit einer gewissen Zartheit die Schwimmweste angezogen, da sie sich hoffnungslos darin verheddert hatte. Seine Hilfe hatte die innige Vertrautheit vieler gemeinsamer glücklicher Jahre. Diese Art sieht man nicht oft. Ich fand das süß. Ob man dafür ein exzessives Sexualleben braucht? War das vielleicht sogar das wahre, moralisch streng gehütete Geheimnis langjährig guter Ehen? Vielleicht sollte ich genau das fragen!? Ich verließ meinen Platz, der mir mittlerweile zu sonnig geworden war, und ging zögerlich auf sie zu. Ja, das war ein guter Aufhänger. Ja, so konnte ich ein peinliches Thema diplomatisch einleiten. Als ich vor ihr stand sah ich, dass sie eingeschlafen war. Mit offenem Mund schnarchte sie wohlig leise vor sich hin. Wenn sie doch bloß nachts so friedlich wäre! Sollte ich sie jetzt wirklich wecken? Ich konnte es nicht. Zu meiner Schande muss ich gestehen, dass meine Hilflosigkeit mich ein wenig gemein werden ließ: Wie wär's mit einem Sonnenbrand?

Ich hatte Glück in dieser Nacht. Der nächtliche Marathon fiel aus. Neben mir blieb alles ruhig. Ob mein Stoßgebet in Erfüllung gegangen war, weiß ich nicht. Aber ich war dankbar für diese Pause. Ich wachte frisch wie der junge Morgen auf, sah blendend aus und fühlte mich auch so. Über Nacht war mir sogar eine gute Idee zugeflogen, wie ich den beiden alles sagen konnte ohne etwas zu sagen. Meine Solo-Show konnte kommen!

Mein Auftritt war ein großer Erfolg. Ich war mit mir und der Welt zufrieden. Ich setzte mich tiefenentspannt in die Nähe der Bar und freute mich auf ein Gespräch mit meinen Kollegen, die auch bald kommen wollten. Hatten sie die kleinen Anzüglichkeiten in der Anmoderation meiner Titel bemerkt? Denn immer, wenn ich einen Titel über Liebe sang oder „Je ne regrette rien", deutete ich leicht frivol an, was in Kabinen nebenan so alles passieren kann. Ich muss so in der Rekapitulation meines Solos vertieft gewesen sein, dass ich nicht bemerkt hatte, dass plötzlich ein Mann vor mir stand. Es war mein Nachbar. War jetzt die Stunde der Wahrheit gekommen?

Er reichte mir artig die Hand, schaute mir direkt in die Augen und sagte freundlich: „Wir sind uns leider noch nicht vorgestellt worden, Frau Laux. Das möchte ich nun nachholen ..." Ich wartete gespannt. „Ich bin der Bordpfarrer." Ich erstarrte zur Salzsäule. Doch er sprach weiter: „Ich habe eben Ihr schönes Konzert gehört und wollte Sie fragen, ob Sie morgen für die Heilige Messe das Ave Maria von Bach singen könnten. Was halten Sie davon?" Mir fehlten die Worte. „Um Himmels willen, das geht gar nicht", hätte ich am liebsten laut gerufen. Doch ich stammelte etwas von „Nerven", von „nachts keine Ruhe finden" und davon, dass es „neben meiner Kabine so laut ist, dass ich kein Auge zumachen kann." Und natürlich sagte ich „Nein". „Das tut mir leid, Frau Laux, wie schade!" antwortete er und zum Glück fragte er teilnahmsvoll: „Was ist denn neben Ihrer Kabine? Wo liegt sie denn, Sie Arme?" Ich sagte ihm meine Kabinennummer und war gespannt auf seine Reaktion. Hochwürden verzog keine Miene, wünschte mir noch einen schönen Abend und ging. Ich sah und hörte beide nie wieder.

Auf den zweiten Blick

Die meisten Paare, die sich erstmalig auf eine Kreuzfahrt begeben, sind langjährig eingespielte Teams. Man kennt die Eigenheiten des Partners im Großen und Ganzen und im Detail, aus dem Alltag und in besonderen Situationen, hat bereits viele gemeinsame Urlaubserfahrungen mehr oder minder heil überstanden und kann sich daher ohne große Risiken den Rahmenbedingungen auf einem Schiff stellen. Denn selbstverständlich ist eine Seereise mit keiner Überlandreise oder einem Hotelaufenthalt vergleichbar. Macken, Eigenheiten und Unstimmigkeiten haben nämlich leider das Potenzial sich auf dem Meer zu vermehren. Warum auch immer. Wer daher noch nie auf einer Kreuzfahrt war und statt einiger heil überstandener gemeinsamer Urlaubserfahrungen nur große Erwartungen hegt, der kann schnell aus dem siebten Himmel der Liebe auf den harten Boden einer handfesten Bewährungsprobe landen. Doch wie immer im Leben – auch das kann manchmal etwas Gutes haben...

Auf einer Mittelmeerreise bemerkte ich ein Paar, das noch ein wenig holprig miteinander umging. Sie war so um die Mitte 40, er vielleicht Mitte 50. Er wirkte sehr verliebt, sie ein wenig distanzierter. Ich nenne die beiden jetzt einfach mal Mona und Michael. Mona hatte eine perfekt geschnittene halblange Frisur und wunderschöne rotbraune Haare. Sie war sehr durchtrainiert und gertenschlank. Man sah ihr an der Nasenspitze an, dass sie wusste, was sie wollte. Und das war viel. Sie war weit davon entfernt ein süßes Weibchen zu sein, wirkte auch nicht nach einem anschmiegsamen oder warmen Typ Frau und auch nicht nach der zerbrechlich-zarten Seele, die einen starken Beschützer für die Hochs und Tiefs des Lebens brauchte. Für die meisten Männer an Bord war sie – dennoch oder genau deshalb – auf jeden Fall ein überaus interessanter und echter Hingucker. Sie spornte die männliche Fantasie an und vielleicht auch lang vergessene Eroberungsgelüste. „Die hat was..." hörte ich mal einen anerkennend sagen. Was es genau war, das konnten vielleicht nur die Männer verstehen

143

oder sehen. Ich wusste es auf jeden Fall nicht. Doch ich fand es spannend, dass ihr viele neugierige bis sehnsüchtige Blicke folgten. Heimlich, versteht sich. Michael hatte es bei der Damenwelt leider deutlich schwerer. Er hatte zwar ebenfalls eine sportliche Figur, wirkte aber aufgrund seines etwas grobschlächtigen Gesichtsschnitts nicht sonderlich attraktiv und auch nicht auf den ersten Blick sympathisch. Er machte nicht neugierig, er schien keine Dame zu inspirieren und er ließ auch kein weibliches Wesen irgendwelche Dinge erahnen, die vielleicht als Potenzial in ihm hätten schlummern können.

Michael und Mona kamen aus dem Norden Deutschlands und wir irgendwann per Zufall ins Gespräch. Wie vermutet, waren sie nicht verheiratet. Sie hatten sich erst vor sechs Wochen in einem Café kennengelernt und waren mutig, leichtsinnig oder verwegen genug, um sich gemeinsam auf Reisen zu begeben – in einer Kabine, vierzehn Test-Tage lang und beide erstmalig auf einer Kreuzfahrt. Zugegeben: Auf Reisen lernt man sich am besten kennen. Doch eine Probezeit auf hoher See kann schnell an die Grenzen des Zumutbaren gehen. Denn was macht man in den letzten 10 Tagen, wenn der Versuchsaufbau gescheitert ist?

Michael war der lebende Beweis, dass erste Eindrücke allzu leicht täuschen können. Er hatte viel Herz, einen guten Humor und eine überaus angenehme Art. Michael gewann mit jeder Minute, die man mit ihm zusammen verbrachte. Er war Zahnarzt, seine geliebte Frau vor fünf Jahren verstorben und Mona die erste, die ihn aus seinem Trauer-Kokon rausgeholt hatte. Oder besser gesagt: Es war einfach so passiert. Auf den ersten Blick. Michael hatte seine Lebens- und Liebeslust wieder entdeckt. Und sie? Nun, das blieb weiterhin unklar. Zumindest für Außenstehende. Doch für ihn schien Monas Verhalten keine Zweifel aufkommen zu lassen. Auch nicht ihre Fragen, die an ein Bewerbungsgespräch erinnerten. Böse Zungen hätten auch von Inquisition sprechen können. Manchmal erschien sie ganz abwesend, in ihre eigenen Gedanken versunken oder krampfhaft nach neuen Themen suchend. Sie schien eine Checkliste abzuarbeiten; er schien nichts zu checken. Bei einem weiteren Treffen erfuhr ich, dass Mona einen verantwortungsvollen Job in der Chefetage einer großen Firma hatte und dass sie sich die Kosten für die Suite – es war eine der besten – teilten. Und als sie erzählte, dass sie leidenschaftlich gerne tanzte, leuchteten Monas Augen zum ersten Mal richtig auf. „Und Michael?" fragte ich nach. Das Leuchten verschwand. Sie erwiderte eine Spur zu hart: „Das kann oder will er nicht..." und versank wieder in ihre Gedankenwelt. Was ging da bloß durch ihren Kopf?"

Mittlerweile war Halbzeit. Sieben Tage hatten sie bereits gemeinsam überstanden, sieben weitere Tage galt es noch zu bestehen. Michael schwebte nach wie vor auf Wolken, Mona stöckelte immer öfter alleine über das Schiff. Und dann kam Barcelona. Das ungleiche Pärchen hatte einen Ausflug auf den Spuren Gaudís gebucht und ich war als Ausflugsbegleitung mit von der Partie. Ich liebe diese wunderschöne Stadt und erfreue mich immer wieder aufs Neue an dem fantasievollen Ideenreichtum des berühmten katalanischen Architekten. Michael und Mona saßen direkt hinter mir. Sie war sehr schweigsam. Er sprudelte. Architektur und Kunst schienen sein großes Steckenpferd zu sein.

Wir erreichten den Park Güell. Unser Reiseleiter entließ uns mit den Worten, dass wir ihm entweder folgen oder auf eigene Faust unterwegs sein könnten. Ich verließ daher unsere Gruppe und machte mich allein auf die Pirsch – nach individuellen Impressionen und nach Fotomotiven suchend, die ich mit meinem neuen Teleobjektiv einfangen wollte. Ich fotografierte wie ein Weltmeister. Doch damit war ich selbstverständlich nicht allein. Überall um mich rum hörte man ständig einen Auslöser klicken. All die berühmt-berüchtigten Erinnerungsfotos mit mehr oder minder großem Anspruch des jeweiligen Fotografen gehörten einfach dazu. Was hat man bloß vor der Erfindung der Kamera im Angesicht von Sehenswürdigkeiten gemacht...? Hat man vielleicht sogar mehr gesehen? Wie auch immer – auch ich habe den Park kaum mit meinen Augen gesehen, sondern fast ausschließlich durch mein Tele. Auf Schritt und Tritt suchte ich die Ferne ab und betrachtete sie aus der Nähe. Ich freute mich wie ein Kind über all die hübschen Dinge, Szenen und Details, die ich mit meinem Erwachsenenspielzeug entdecken konnte. Und dann sah ich plötzlich Mona. Sie stand etwas versteckt neben einem Bauwerk, schaute sich öfter suchend um und unterhielt sich währenddessen fast schon liebevoll vertraut mit irgendeinem anderen Menschen, den ich jedoch nicht sah. Ich dachte gerade: „Ach guck, wenn die Zwei allein sind, taut sie ja doch auf...", als sich die andere Person in das Gesichtsfeld meines Teles bewegte. Nun sah ich, wer es nicht war: Michael. Es war ein anderer Mann. Ganz bestimmt. Feingliedriger, jünger, attraktiver. Gesehen hatte ich ihn noch nie, doch ich prägte mir sein Gesicht ein und kam mir vor wie ein Privatdetektiv im Auftrag der Moral. Ich war kurz davor ein Beweisfoto zu machen. Zum Glück fiel mir jedoch noch rechtzeitig ein, dass mich das alles überhaupt nichts anging.

Die Zeit verging wie im Fluge. Ich musste mich sputen, um zum verabredeten Zeitpunkt an unserem Bus zu sein. Ich war zwar eine der letzten, aber gerade noch pünktlich. Zum Glück kamen noch einige Gäste kurz nach mir an. Der Mann aus dem Park war nicht dabei. Und beim Zählen der Passagiere im Bus habe ich ihn auch nicht erkannt. „Mmh, vielleicht ein Bekannter, den sie zufällig getroffen hatte?" So was soll es ja geben. Auf jeden Fall wirkte Mona belebt und richtig gut gelaunt. Michael war schweigsam. Und da die beiden wieder direkt hinter mir saßen, hörte ich das kleine Teufelchen in mir fragen: „Und – wie hat Ihnen der Park gefallen, Mona?" Sie antwortete völlig gelöst, ohne die Spur eines schlechten Gewissens oder gar Argwohn: „Es war beeindruckend. Ich habe selten etwas so genossen..." Aus ihrem Mund war das bereits Schwärmerei. Ich blickte zu Michael. Er wirkte enttäuscht und bedrückt und schien sich beherrschen zu müssen, um das nicht allzu sehr zu zeigen. Ich schaute ihn fragend an und er sagte „... ich habe am Anfang nach Mona gesucht. Sie war ganz plötzlich verschwunden. Doch dann gab ich mir einen Ruck und bin kreuz und quer durch den Park gelaufen. Leider allein...". Tja, es tut immer weh, wenn Erwartungen unerwartet in tiefe Brunnen fallen. Michael tat mir ehrlich leid. Doch das Teufelchen in mir erwiderte weise: „Ja, ja, das kenne ich. In einem Park mit so vielen Menschen kann man schon leicht den Partner aus den Augen verlieren." Ich blickte dabei zwar Michael überaus freundlich an, doch aus dem Augenwinkel heraus beobachtete ich selbstverständlich Mona. Sie lächelte. „Ja, das stimmt. Aber spätestens am Bus findet man sich ja wieder...“ Michael schien das nicht so einfach abzuhaken und versuchte nach vorne zu denken. „Ich freue mich schon sehr auf seine berühmte Kathedrale. Sie muss ganz wunderbar sein!“ Ich bestätigte das und erzählte, dass ich sie heute erstmalig mit meinem Tele unter die Lupe nehmen würde und wie sehr auch ich mich darauf freute. „Mich interessiert das jetzt nicht mehr so. Ich habe schon genug Bauwerke gesehen. Ich gehe lieber shoppen.“ Monas Ansage, weiterhin lieber eigene Wege zu gehen, wirkte etwas befremdlich. Michael noch geknickter. „Schade, ich hätte sie gerne mit Dir gesehen. Es ist auch ein ganz ausgefallenes Kunstwerk...“ Sein zarter Versuch, sie zu einem Sinneswandel zu bewegen, scheiterte. „Ach, weißt Du, jeder sollte seinen Vorlieben nachgehen. Wir sehen uns ja wieder – am Bus.“ Selbst mein Teufelchen war sprachlos. Mona verabschiedete sich flüchtig von Michael und ging schnellen Schrittes über die breite Straße. Michael folgte wortlos unserer Reisegruppe in Richtung Kathedrale. Und da ich als Ausflugsbegleitung immer erst nach dem letzten Gast meiner Gruppe gehe, hatte ich das Privileg, Mona mit den Augen folgen zu können. Sie verschwand gerade in einem hübschen Café.

Gaudís Kathedrale war – wie immer – beeindruckend. Ich fotografierte jedoch weniger mit meinem neue Tele als ich gedacht hatte. Irgendwie wollte ich sie wohl mehr mit meinem Herzen als mit meiner Kamera aufnehmen. Auf einmal stand Michael neben mir, auch er war schwer begeistert. „Haben wir noch Zeit?“ strahlte er mich an. Ich schaute auf die Uhr und stellte fest, dass wir noch eine halbe Stunde hatten. „Was meinen Sie, Sarah, darf ich Sie auf einen Kaffee einladen?“ In Sekundenbruchteilen gingen mir diverse Gedanken durch den Kopf. „Nein, er flirtet nicht. Er will mit diesen großartigen Eindrücken nur nicht wieder allein sein.“ Mir fiel es daher leicht, seine Einladung anzunehmen. Und ich hatte urplötzlich eine Eingebung: In welches Café wir gehen würden, stand für mich fest. Als wir das kleine, gemütliche Café betraten, habe ich selbstverständlich zuerst geschaut, ob ich Mona oder den unbekannten Mann entdecke. Doch

147

beide waren nicht da. Ich war im Grunde heilfroh, mein kleines Teufelchen allerdings ein wenig enttäuscht.

Wir unterhielten uns über Gaudí, über seine Auftraggeber und über seine architektonische Kunst. „Wussten Sie, Sarah, dass das Haus in dem jetzt das Park-Museum ist, sein Wohnhaus war?" Ich nickte. „Wussten Sie auch, dass er sich dahin zurückzog als seine Heiratsabsichten scheiterten? Er lebte dort immer allein, asketisch und ohne sich jemals wieder einer Frau zu nähern..." Seine Stimme klang wehmütig. Mir wurde mulmig. „Ach Herrje! Was kommt jetzt?" Ich rutschte leicht nervös auf meinem Stuhl herum und suchte nach einer passenden Ablenkung von dem in der Luft liegenden Thema. Doch er war schneller. Er erzählte mir, dass er und seine verstorbene Frau viele Kulturreisen unternommen hatten. Und dass er sich so sehr darauf gefreut hatte, die Sagrada Familia mit Mona zu entdecken. „Aber ich habe mich wohl getäuscht", schloss er seine Gedanken ab. „Mona scheint mehr Interesse am Shoppen zu haben als an gemeinsamen kulturellen Erlebnissen." Mit einem unguten Gefühl im Bauch widersprach ich ihm. „Haben Sie einfach noch ein wenig Geduld. Der Park hat Ihrer Freundin doch auch gut gefallen. Manchmal braucht man eben etwas länger, um gemeinsam im Einklang zu sein." Michael entspannte sich etwas und nickte bestätigend. Ich klang ja auch überzeugend. Doch mich selbst hatte ich nicht überzeugt. Wir zahlten, gingen zum Bus und warteten auf die letzten eintrudelnden Gäste. Mona war eine von ihnen. Sie hatte ganz rote Wangen und wirkte etwas überanstrengt. „Tja, leider nichts Passendes gefunden!" sagte sie nur und wirkte dabei kein Stück enttäuscht. „Du hast etwas versäumt – mit der Kathedrale, meine ich..." Michael schien auf Interesse zu hoffen, auf Fragen oder auf irgendeine Reaktion, die mit ihm zu tun hatte, doch Mona meinte nur cool. „Das kann schon sein..." Aber sie wäre jetzt einfach nur heilfroh, schon bald wieder an Bord zu sein und unter die Dusche gehen zu können. „Dieses An- und Ausziehen beim Shoppen strengt ganz schön an..."

Als wir am Hafen ankamen waren bereits zwei, drei andere Busse mit Gästen da. Sie alle schienen so schnell wie möglich wieder an Bord kommen zu wollen. Ich wartete lieber bis der größte Andrang vorbei war. Doch es kam bereits ein weiterer Bus. Ihm entstieg der Mann, den ich mit Mona im Park entdeckt hatte. Er war also auch ein Gast.

Am nächsten Morgen ging ich später zum Frühstück. Michael kam mir mit einem undeutbaren Gesichtsausdruck entgegen. Er fragte mich, ob ich Mona bereits gesehen hätte. „Nein, leider nicht", sagte ich, „Habt Ihr denn nicht zusammen gefrühstückt?" entgegnete ich automatisch und bereute diese Frage sofort. Michael schüttelte nur den Kopf. „Mona wollte in den Fitnessraum, ich war schwimmen. Doch wir wollten uns eigentlich zum Frühstück hier treffen. Vielleicht ist sie ja noch in der Sauna? Oder hat die Zeit vergessen?" Seine Fragen waren eindeutig Selbstgespräche. Er versuchte Erklärungen zu finden, die für ihn nahe lagen. Auf das Naheliegendste kam er selbstverständlich nicht. „Soll ich ihr etwas ausrichten, falls ich sie zufällig sehe?" „Danke Sarah, gerne! Sagen Sie ihr bitte, ich bin beim Vortrag in der Lounge und warte danach auch dort auf sie..." Er verschwand. Ich knusperte an meinem Frühstück rum, ging danach noch ein wenig an Deck spazieren und dann in Richtung meiner Kabine. Ausnahmsweise nahm ich nicht den Aufzug, sondern ging die Treppe hinunter. Als ich auf Deck 6 ankam, sah ich Mona um die Ecke flitzen – und aus Kabine 601. Es war nicht ihre.

Am nächsten Tag sah ich Michael wieder. Es war wieder beim Frühstück. Er war wieder allein. Er nippte mit ganz traurigen Augen an seinem Kaffee und schien unendlich schweren Gedanken nachzuhängen. Ich ahnte Schlimmes, doch ich fragte ihn so unbekümmert wie möglich, was denn los wäre. Dann erzählte er mir, was alles passiert war. Nach dem Vortrag war keine Mona da; er ging daher an die Bar. Sie war einer ihrer häufigsten Treffpunkte gewesen. Doch auch dort keine Mona weit und breit. Dafür eine Nachricht, vom Barkeeper überreicht. Michael gab mir das zerknüllte Blatt: „Tut mir leid, aber es passt nicht mit uns. Bin umgezogen. Habe meine Sachen bereits mitgenommen. Ich bin verliebt in einen anderen." Es war schockierend, diese wenigen Sätze zu lesen. Warum hatte sie ihm das alles nicht persönlich gesagt? Warum das alles nicht in der Kabine?

149

Warum musste sie ihm diese Zeilen öffentlich zukommen lassen? Ich mochte ihm nicht sagen, wie unmöglich ich das fand. Ich versuchte daher nur, ihn ein wenig zu trösten. Mit so – zugegeben – doofen Allgemeinplätzen wie: besser jetzt als später, passt eben nicht, auf Reisen merkt man manches schneller und so weiter und so weiter. Doch natürlich konnte er das alles nicht verstehen. Natürlich war er unendlich verletzt. Natürlich hatte er all die kleinen Zeichen und Signale nicht sehen wollen. Oder er konnte sie durch seine rosarote Brille einfach nicht sehen...

Natürlich tat er mir leid. Und ihr Verhalten war alles andere als fair. Aber durfte ich richten? Vielleicht hatte sie ja versucht, mit ihm zu reden. Vielleicht hatte sie bereits über Unstimmigkeiten gesprochen, und er hatte sie einfach ignoriert. Manche Männer begreifen ja erst, dass nichts mehr stimmt, wenn die gepackten Koffer im Flur stehen. Ich setzte mich zu ihm und suchte nach einer Idee um ihn ein wenig aufzumuntern. Immerhin lag noch die zweite Hälfte der Reise vor ihm. Und – mit Pech – lief er seiner Mona, vielleicht sogar dem frisch verliebten Traumpaar, noch öfter über den Weg. Ein Schiff ist klein. „Grübeln Sie zu Hause," schlug ich daher vor. „Es wäre schade, wenn Sie die nächsten Tage nur traurig am Tisch sitzen würden. Der morgige Ausflug nach Granada wird Ihnen bestimmt gefallen. Er wird Sie ablenken, Sie werden absolut begeistert sein." „Begleiten Sie uns wieder, Frau Laux?" In seiner Stimme schwang Hoffnung. Ich verneinte. Und war dabei ganz froh, dass es keine Notlüge war. Ich hatte wirklich Proben. „Ich bin mir sicher, dass Sie ganz viel Spaß haben werden..." Michael schien davon nicht überzeugt.

Am Nachmittag sah ich Mona. Sie lag am Pool und war wie ausgewechselt. Sie war zur Turteltaube geworden. Und auch ihr Neuer gurrte wie ein Täuberich bei der Balz. Ja, die beiden waren wirklich frisch verliebt. Im Grunde passten sie sogar rein optisch besser zusammen. Für sie hatte sich die Test-Reise augenscheinlich doppelt gelohnt: Zwei Kandidaten, einer passte. Doch wie und wo hatte sie ihn bloß kennengelernt?

Am nächsten Tag nach meinem Konzert kam Michael auf mich zu, er wirkte nicht mehr ganz so verzweifelt. „Sie hatten Recht mit Granada. Es war ein Traum! Und ich habe sogar eine Dame kennengelernt, die das alles genauso liebt wie ich. Aber reicht das?" „Sie haben ja noch ein paar Tage, um das rauszufinden," lachte ich. „Hauptsache ist doch, Sie genießen die Reise wieder etwas mehr und können Ihre Begeisterung für Architektur und Kunst mit einem anderen Menschen teilen. Alles andere wird sich zeigen..." Er nickte brav und entschwand. Ich glaube, der da oben hat manchmal doch ein Einsehen mit uns Menschlein und bringt – wenn auch auf Umwegen oder nach langen Durststrecken – irgendwo und irgendwann die zusammen, die zueinander passen. Bei Mona war es der langersehnte Tanzpartner, der ihrem Leben neuen Schwung gab (wie ich zwei Tage später erfuhr). Bei Michael würde es vielleicht Granada sein...

151

Sturm auf der Bühne

Eine Kreuzfahrt ist selbstverständlich eine komfortable Rundreise auf dem Seeweg. Wobei der Begriff „Rundreise" durchaus einen Doppelsinn haben könnte. Denn das Schiff wird mehrfach pro Tag zur kulinarischen Bühne in mehreren Akten – sprich Gängen. Ultimative Höhepunkte für Fein- und Edelschmecker sind die gesellschaftlichen Events der Reise. Dann geben Küche und Keller noch einmal richtig Gas. Und die Gäste natürlich auch. Der festliche Reigen beginnt mit dem Captain's Welcome und endet mit dem Farewell. Auf längeren Reisen kommt noch ein dritter Event hinzu, intern als Mittelgala bezeichnet. Die meisten Gäste lieben diese Gala-Triologie auf hoher See. Zum einen kommt noch etwas ganz Besonderes auf die eh schon besondere Menükarte, zum anderen dürfen die großen Roben ausgeführt werden – mit entsprechendem Schmuck, versteht sich. Man zeigt gerne was man hat. Und das Defilee vor dem Restaurant gleicht den Szenen auf dem roten Teppich in Hollywood. Blitzlicht-Gewitter inklusive. Erfahrene Kreuzfahrerinnen erkennt man daran, dass sie selbstverständlich drei unterschiedliche Gala-Outfits dabei haben: Am Anfang tragen sie ihre figurbetonten Abendkleider; im Verlauf der Reise werden die edlen Gewänder dann weiter. Der Grund liegt auf der Hand, beziehungsweise lag auf dem Teller: Vorzügliche Menüs, extrem köstliche Desserts und opulente Kuchenbuffets haben die mitgebrachte Figur leicht bis mittelschwer verändert.

Erstaunlicherweise ist die Gewichtszunahme eines der beliebtesten Small Talk Themen an Bord. Nirgendwo sonst darf man so offen über das eigene Schlemmen und Schwelgen und deren Nebenwirkungen reden. Nirgendwo sonst darf man so ehrlich zugeben, dass irgendetwas nicht mehr passt, zwickt oder zwackt. Nirgendwo sonst spielen all die neu erworbenen Rollen keine Rolle. Ich sagte daher immer wieder gerne: „Es ist alles hochkarätiges Gold, was da unsere Sinne verführt." Alle nickten. „Hüftgold" scherzte ich nach einer kleinen Kunstpause weiter. Alle lachten. Kreuzfahrt-Hüftgold gehört eben einfach dazu. Das Kalorienzählen bleibt an Land zurück. Und jedes aufkeimende schlechte Gewissen kann sofort eingeschläfert werden: Ein Blick auf den Nachbar-Teller genügt. Die meisten dieser fünf bis sieben gängigen Highlights gingen spurlos an mir vorüber. Denn da meine Auftritte zumeist im Anschluss an die Gala-Dinner waren, fehlte mir für sie sowohl die Zeit als auch die Muße. Und mit einem vollen Bauch kann ich eh nie auf die Bühne. Ich weiß bis heute nicht, ob mein berufsbedingter Verzicht Glück oder Pech war.

Diese Reise hatte drei Galas, ich meine Auftritte am gleichen Abend. Also wieder kein kulinarisches hohes C und keine große Oper im Restaurant, dafür mein spartanisch-leichtes Essen. Während ich das – zugegeben – leicht enttäuscht noch in mich rein dachte, fiel mir etwas ein. Es war ein Lied. Eins, das ich noch nie an Bord eines Kreuzfahrtschiffes gesungen hatte. Es passte ausgezeichnet. Doch ich wusste auch: Es war nicht ganz ohne...

Bereits drei Tage vor dem eigentlichen Auftritt sang ich mich daher besonders intensiv und sorgfältig ein. Denn eine Stimme ist wirklich das sensibelste Instrument, das ich kenne. Sie verzeiht nichts. Sie braucht Pflege. Sie muss regelmäßig gefordert, darf aber nie überfordert werden. Der Grat ist schmal. Der Abgrund tief. Vor allem für ein trainiertes Gehör. Es bemerkt jede noch so kleine falsche Nuance. Doch das Gemeinste von allem: Selbst wenn man alles richtig macht, kann es sein, dass die Stimme im entscheidenden Moment nicht hundertprozentig mitspielt. Die wenigsten Sängerinnen und Sänger gehen daher in einem Live-Konzert richtig große Risiken ein. Völlig verständlich.

An meinem Auftrittstag war ich sehr gut bei Stimme. Ich hatte alles richtig gemacht und war perfekt einge-stimmt. Am Vormittag probte ich das Lied mit meinen Musikern daher ein letztes Mal. Sie waren angespannt. Es war auch für sie nicht gerade ein einfaches Stück. Doch sie machten es hervorragend und so waren wir uns sicher, dass wir am Abend auf der Bühne große Oper liefern konnten. Sozusagen einen Gala-Ohrenschmaus – ganz ohne Kalorien. Natürlich war ich wesentlich nervöser als sonst. Meine Stimme war mit Unmengen Kamillentee gut geschmiert. Mein Show-Makeup war noch ein wenig glamouröser als sonst. Und mich hatte ich in ein extravagantes rotes Abendkleid hineingezwängt (warum war es bloß enger geworden?). Ich warf mir meine wunderschöne schwarze Federboa um die Schultern und schwebte divenhaft elegant auf die Bühne. Auch große Oper. Hoffentlich hält mein Kleid beim Atmen und meine Stimme die Töne, ging es mir noch durch den Kopf. Dann stand ich da. Im Rampenlicht. Alle Blicke waren auf mich gerichtet. Die Lounge war voll besetzt, das Publikum bestens gelaunt und alle hatten sich so richtig fein gemacht. Es war ein schöner Anblick. Es war ein ehrfürchtiger Moment. Es war alles perfekt. Und ich wollte mindestens so gut sein wie am Morgen...

Auf ein geheimes kleines Zeichen begannen meine Musiker mit ihrem Instrumental-Intro. Wenige Sekunden später setzte ich ein. Mein Lied sollte der Auftakt meines Konzertes sein. Es begann in einer sehr tiefen Tonlage. Meine Stimme klang schön warm, kraftvoll und dunkel. Ja, so sollte es sein. Dann kam ein schwieriger Wechsel der Tonlage: Es folgte ein sehr hoher Sopran. Auch das gelang mir. Meine Stimme spielte fantastisch mit. Ich war glücklich. Ja, so konnte ich wirklich für mehrere Minuten zwischen Hoch und Tief mehrmals hin und her springen. Normalerweise wird nämlich der eine Part von einer Sopranistin bis zum hohen C gesungen und der andere Part von einer Altistin. Ich sang beide Opernstimmen. Immer schön im Wechsel. Zugegeben, eine Herausforderung und ein gewisses Risiko. Aber ein kalkulierbares. Denn Dank meiner ausgebildeten 4-Oktaven-Stimme am Konservatorium konnte ich eine solch ungewöhnliche und schwierige Solo-Version wagen. Glaubte ich zumindest. Doch es passierte etwas, womit ich nie im Leben gerechnet hätte. Ich holte gerade kurz Luft, da donnerte eine männliche Stimme in die Stille hinein und von hinten am Eingang quer durch den Saal: „Das ist nicht live. Wir lassen uns doch nicht verarschen!" Mir blieb fast der Ton im Halse stecken. Was sollte ich tun? Einfach Weitermachen, entschied ich. Nur nicht die Nerven verlieren. Keinen Fehler machen. Einfach so singen als ob nichts wäre...

155

Mein Publikum wurde unruhig, unaufmerksam, abgelenkt. Ich blendete es aus. Ich durfte mich nur auf mich, meine Stimme und das Lied konzentrieren. „Es geht vorbei", dachte ich noch. Ich bin lauter als sein aufgebrachtes Gezeter. Doch die Unruhe am Eingang wurde immer größer. „Das ist Vollplayback. Ich kenn doch das Stück!" polterte der Gast fürchterlich laut weiter. Aus dem Augenwinkel heraus sah ich, dass der Kreuzfahrtdirektor bereits einschritt. Er redete auf den Gast ein. Aber der tobende Herr ließ sich nicht beruhigen. Er wurde nur noch wütender. Einige Gäste drehten sich um. Manche schüttelten leicht den Kopf. Andere schmunzelten. Inzwischen war ich wieder bei dem tiefen Teil des Liedes angekommen. Zum Glück ist es bald zu Ende und dann sehen wir weiter, ging es mir kurz durch den Kopf. Doch in diesem Moment preschte der Passagier nach vorne. Er kam direkt zu mir auf die Bühne. Der Kreuzfahrtdirektor lief ihm sofort hinterher, leichte Panik im Blick. Er gab mir ein Zeichen, ihm das Mikrofon so schnell wie möglich zu übergeben. In diesen Tumult hinein beendete ich mein stimmliches Kunststück, das gerade zum Verhängnis zu werden schien. Kein Gast dachte an Applaus. Alle schauten nur gebannt auf unsere skurrile Live-Performance. Gehörte das vielleicht dazu? War das alles einstudiert? Einige schienen das bereits zu glauben. Denn das Geschehen war einfach viel zu ungeheuerlich um keine Show zu sein. Ich überreichte dem Kreuzfahrtdirektor mein Mikro. Ich wahrte Haltung, lächelte und überlegte mir fieberhaft, was ich tun könnte. Oder sollte. Der Gast tobte auf jeden Fall immer noch. Er schaute mich wütend an. Er beschimpfte den Kreuzfahrtdirektor und meinte, dass es eine bodenlose Frechheit sei, dem Publikum so etwas zu verkaufen. Es wäre einfach unmöglich, dass jemand (abfälliger Blick zu mir) so etwas live singen könnte.

Zum Glück kannte der Kreuzfahrtdirektor mich und meine Stimme schon seit Jahren. Er sagte daher überaus souverän: „Meine Damen und Herren, bitte verzeihen Sie diese Störung. Unsere Sarah hat nicht nur eine wunderschöne, sondern vor allem auch eine sehr ausgefallene Stimme. Sie würde niemals Playback singen! Und mit einer Liveband wäre das auch gar nicht möglich." Ich bedankte mich bei ihm und bat um das Mikro. Er gab es mir zögernd. Ich sah den wütenden Passagier

156

an und sagte zu ihm so charmant ich konnte: „Ich kann Sie sehr gut verstehen. So etwas zu hören ist wirklich nicht alltäglich. Ich werde daher – nur für Sie – das Lied noch einmal singen, ohne Band und ohne Mikrofon. Allerdings ist die Saal-Akustik ohne Technik nicht die beste. Es wäre daher schön, wenn es im Zuschauerraum ganz leise ist." Im Saal wurde es sofort mucksmäuschenstill. Der zornige Passagier funkelte mich an. Der Kreuzfahrtdirektor stand gebannt und angespannt neben mir. Ich gab ihm das Mikro und fing zu singen an. Als ich bei den hohen Tönen des Liedes ankam, war meine Stimme bis ans Ende des Raumes zu hören. Als ich den letzten dunklen Part, also wieder die tiefe Tonlage des Liedes sang, flogen all die frischen Blumen, die bis dahin als Dekorationen auf den Tischen standen, zu mir auf die Bühne. Die Leute standen auf. Sie trampelten mit den Füßen. Sie pfiffen, riefen „Bravo" und stürmten zu mir nach vorne. Ich war umhüllt von einem tosenden Applaus, der einfach nicht enden wollte. Ich versank in einem Meer aus Blumen.

Der zornige Passagier stand benommen neben mir. Unser Kreuzfahrtdirektor, sichtlich erleichtert, überreichte mir wieder das Mikro, hakte den Gast freundlich aber bestimmt unter und schob ihn Richtung Eingang. Der Mann ging beschämt aus der Lounge. Er vermied jeden Augenkontakt zu seinen applaudierenden Mit-Gästen. Sein Abgang muss ein wahres Spießrutenlaufen für ihn gewesen sein. Es gab kein Wort der Entschuldigung. Und ich sah ihn auch nie wieder. Doch von jenem Tag an gab es bei meinen Auftritten keine Blumen mehr auf den Tischen. Danke, Stimme!

157

Drei sind zwei zu viel

Was tun Männchen im Tierreich nicht alles, um Weibchen von sich zu überzeugen: Sie putzen sich raus. Sie plustern sich auf. Auffallen ist die natürlichste Form männlicher Werbung. Und die natürlichste Art der weiblichen Partnerwahl? Der Auffälligste gewinnt. Wir Menschen sind da natürlich ganz anders. Männer müssen keine Selbstdarsteller sein, um uns zu gefallen. Männer müssen kein Showtalent haben, um uns zu bezaubern. Männer müssen sich nicht schmücken, um uns zu betören. Im Gegenteil. Das macht uns eigentlich eher misstrauisch. Doch haben die Evolution, die Kosmetikindustrie, die Emanzipation, moderne Status-symbole und die Mode wirklich ganze Arbeit geleistet? Ich glaube nicht.

Wenn sich z.B. Männer in Uniform auf einer Schiffs-Bühne präsen-tieren, dann verlieren viele Frauen schnell ihren klugen Kopf. Wir Frauen verwechseln dann auch gerne professionellen Charme mit per-sönlich gemeinter Balz. Wir lassen uns manchmal sogar von äußeren Rangabzeichen so beeindrucken, dass wir die inneren Werte völlig vergessen. Hand aufs Herz, meine Damen! Starten wir einen kleinen Selbstversuch: Was passiert, wenn ein normaler Mann Sie anlächelt? Sie bemerken es nicht oder lächeln maximal ein wenig zurück. Doch was geschieht, wenn ein mit Streifen dekorierter Mann auf hoher See das gleiche tut? Fühlen Sie sich dann nicht wohlig wahrgenommen, ein wenig geehrt, vielleicht sogar ein bisschen auserwählt? Ich glaube, dass sich die fast schon magische Anziehungskraft von Offizieren nur über ein archaisches Gen erklären lässt. Die starke erotische Faszina-tion, die goldene Streifen auslösen, kann nur ein Ur-Phänomen sein. Eine Art Langzeitgedächtnis der Natur, dem wir instinktiv erliegen. Und das starke Geschlecht weiß genauso instinktiv, dass wir schwach werden. Je höher dekoriert umso schneller. Plaudern wir daher ein wenig aus dem Nähkästchen und vom Umgarnen auf hoher See.

Unser Kreuzfahrtdirektor, ich nenne ihn einfach mal Tony, war ein Mann der gefährlicheren Art: Er hatte gute Manieren. Er war char-

159

mant. Er sah blendend aus. Er war ein Mann, der einer Frau die Wagentür aufmacht, der im Restaurant den Stuhl für sie rückt, der zuhören kann und immer gut gelaunt ist. Ein Held, der selbst die schwierigste Shoppingtour meistert. Mit Engelsgeduld und geöffneter Geldbörse. Ein Mann wie aus dem Bilderbuch für große, kleine Mädchen. Wenn da nicht ein Schönheitsfehler seine Makellosigkeit getrübt hätte: sein hoher Damenverschleiß. Bei einem Tony in Straßenkleidung würden sicher sämtliche Alarmglocken „Aufpassen!" rufen. Doch bei einem Tony in Uniform summen in vielen von uns nur süße, kleine Bienchen um zartrosa Blüten.

Wenn er nach allen Seiten lächelnd über das Sonnendeck schritt, dann sah man der anwesenden Damenwelt die Sehnsucht nach mehr auf fünf Metern Entfernung an – gleichgültig ob Animateurin, Kellnerin, Unternehmersgattin oder Unternehmerin. Viele weibliche Gäste hätten nur all zu gern Tisch und Bett mit ihm geteilt. Den Tisch bekamen sie laut Programm, das Bett nie. Zumindest, soweit ich das weiß. Er nannte es sein professionelles „No-Go". Aber vielleicht war es auch nur das Überangebot an potenziellen Kandidatinnen der Generation 40 minus auf die er – sozusagen professioneller – zugreifen konnte. Denn Tony war ja nicht nur Mann, sondern auch Chef. Er war der Schwarm vieler Reiseleiterinnen, der Traum der meisten Sängerinnen und der Märchenprinz so mancher Tänzerin. Seine Schar von Verehrerinnen war ihm treu ergeben. Jede arbeitete eifrig, um gelobt zu werden. Jede wartete nur darauf, seine neue Auserwählte zu werden. Er hatte wirklich freie Auswahl. Ein nettes Wort hier, ein tiefer Blick dort, ein gutes Kompliment zur rechten Zeit – mehr Einsatz war zumeist nicht nötig, um aus einer Verehrerin eine Gespielin zu machen. Vielleicht auch, weil ein solches Verhältnis durchaus ganz handfeste Vorteile mit sich brachte: ein paar Geschenke, ein wenig weniger Arbeit und mehr Freiheiten in der Freizeit. Ich kenne wenige Männer jenseits der 40, die so wenig Einsatz zeigen müssen.

Als Tony und ich uns erstmalig an Bord trafen, flirtete er natürlich auch mit mir. Ich glaube, das gehörte für ihn einfach dazu. Doch es beeindruckte mich wenig, und er merkte schnell, dass er bei mir auf

160

Granit biss. Tony war zum Glück nicht gekränkt. Aber auch nicht erkennbar enttäuscht. Im Gegenteil: Er streifte die Ablehnung einfach ab wie nachts seine schicke Direktorenuniform. Doch da ein Kreuzfahrtdirektor kaum Menschen an Bord hat, denen er sich anvertrauen kann, entwickelte sich zwischen uns im Laufe all der Reisen eine gewisse Freundschaft. Platonisch, versteht sich.

Eine Tänzerin des Show-Ensembles hatte sich auf der letzten Reise leider so unglücklich verletzt, dass man Ersatz angefordert hatte. Niemand an Bord wusste, wer so kurzfristig einspringen würde. Alle waren daher schon sehr gespannt auf die Neue, die zum ersten Künstlermeeting dieser Reise erwartet wurde. Die Neue hieß Nina. Sie kam frisch von einer Musicalschule, war bildschön und blutjung. Sie war selbst für eine Tänzerin sehr zierlich und hatte ihre langen, blonden Haare zu einem mädchenhaften Zopf verflochten. Sie wirkte wie eine Fee aus einer anderen Welt. Nina stellte sich kurz vor und Tony stellte ihr sofort nach. „Bitte nicht dieses Kind", dachte ich nur.

In den nächsten Tagen entdeckte Nina mit großen Augen das Leben an Bord, die ersten fremden Länder und die Seefahrt. Alles war für sie neu: reisen, kreuzfahren, das Show-Ensemble, der Schiffsalltag. Tony hatte noch nie leichteres Spiel. Bereits am dritten Tag war sie hoffnungslos verliebt. Es hatte sie schwer erwischt. Es war so richtig ernst. Weniger ernst zu nehmen war Tony, der sich selbstverständlich auch verliebt zeigte. Ich versuchte Nina zu warnen, erzählte ihr von Männern, mit denen es nur so lange gut geht bis sich die Kabinentür von innen schließt, und von Affären im An-und Abreisetakt. Doch Nina hörte gar nicht richtig zu. Sie verstand kein Wort und hätte mir auch nie geglaubt, dass ihr Tony ein solcher Hallodri sein könnte. Das Schicksal nahm daher seinen Lauf. Und es kam, was kommen musste: Am vierten Tag sah ich die beiden Hand in Hand an Land gehen. Am fünften Tag verfolgten ihn ihre Blicke bereits auf Schritt und Tritt – wie ein junges Hündchen sein Herrchen: brav erzogen wartend, aber kaum den Ruf abwarten könnend. Am Tag schwebte Nina auf Wolke sieben. Am Abend tanzte Nina wie eine Göttin. Und in der späten Nacht flog sie in Tonys Arme. Eine kurze, lange Woche lang.

161

Am Anfang der zweiten Woche warf bereits ihr nahender Abreisetag seine dunklen Schatten voraus. Nina wurde von Minute zu Minute trauriger. Ihre Verzweiflung wuchs von Stunde zu Stunde. Ihr Auszug aus dem Himmel der Liebe rückte von Tag zu Tag näher. Sie zeigte sämtliche Symptome einer großen Liebe, die durch die nahe Trennung noch größer wird. Ihr ganzes Sein war voller Tragik, Dramatik und Ausweglosigkeit. Nina war gefangen zwischen Himmel und Hölle, zwischen Liebe und Leid. Aus solch großen Gefühlen kann Weltliteratur werden. In ihrem Fall würden sie leider nur irgendwann einen schalen, bitteren Nachgeschmack hinterlassen, dachte ich bestürzt. Es war wirklich sehr schlimm, was er ihr da angetan hatte. Beziehungsweise schon bald antun würde, diesem unerfahrenen, ahnungslosen Kind.

Dann kam der Abreisetag. Nina vergoss viele Tränen. Nina war völlig aufgelöst. Sie drängte ihn zu dem Versprechen, dass er sie immer anrufen und immer an sie denken würde. Er musste ihr schwören, dass er sie genau so sehr vermissen würde wie sie ihn schon jetzt. Und natürlich hat er ihr versichert, dass sie sich so schnell wie möglich wiedersehen werden.

Auf Nina warteten quälende Wochen ohne Wiedersehen und ohne einen einzigen Anruf. Für ihn kam nur die nächste Reise. Und mit ihr eine junge, fesche Reiseleiterin. Es blieb unklar, wer da wen zuerst geangelt hatte. Fest stand nur, dass Christine, die Neue in seinem Bett, besser wusste, worauf sie sich da eingelassen hatte. Und auch, wie sie sich durch ihn und ihr Verhältnis ein sehr angenehmes Leben an Bord machen konnte. Sie erhielt die besten Ausflüge, die sie kostenfrei begleiten durfte. Sie ließ sich krankschreiben, wenn sie keine Lust auf Arbeit hatte. Sie nahm sich nur die leckersten Rosinen. Den trockenen Kuchen überließ sie ihren Kolleginnen auf dem Schreibtisch. Nach wenigen Tagen ließ sein Interesse deutlich nach. Doch sie bemerkte es nicht. Christine versuchte weiterhin einen Nutzen aus ihrer Sonderstellung zu ziehen, wünschte sich mal dies oder forderte mal das. So kam es, dass er immer mehr die Lust verlor. An und mit ihr. Sie bemerkte auch das nicht. Sie fühlte sich sicher. Ein fataler Fehler!

162

Eine neue Reise begann und mit ihr ein neues Techtelmechtel. Doch Christine, seine alte Flamme, war ja noch an Bord. Sie stellte Tony zur Rede. Er wies sie eiskalt ab. Sie wurde wütend. Er zuckte nur die Schulter. Von jetzt auf sofort entbrannte ein Zickenkrieg im Reisebüro. Die beiden Reisemädels schrien sich an. Christine stichelte, Yvonne (die neue) giftete. Im Bordreisebüro war so dicke Luft, dass selbst die Gäste fast daran erstickten. Die Situation eskalierte. Es war eigentlich untragbar. Doch was machte Tony? Nichts! Das sollten die beiden unter sich abmachen. Das war nicht sein Problem. Das würde sich irgendwann schon von alleine regeln. Doch dem war nicht so. Nach 10 Tagen kam wieder ein Tag mit neuen Passagieren und neuen Künstlern. Und plötzlich war die kleine, verliebte Nina wieder da. Sie hatte nach vielen Bitten und einigem Betteln von der Reederei einen Sechs-Wochen-Vertrag erhalten und sofort unterschrieben. Endlich konnte sie wieder mit ihrer großen Liebe zusammen sein! Sie war die glücklichste Frau der Welt. Leider nicht für lange. Denn sie merkte nur allzu schnell, dass ihr Traummann kein Stück auf sie gewartet hatte. Sie erfuhr bald, dass sie mit einer aktuellen Geliebten und einer Ex-Geliebten gemeinsam auf einem Schiff war. Sie war nur noch ein kleines Häufchen Elend und verpatzte gleich die Eröffnungs-Show. Kein guter Start...

Nina weinte sich bei mir aus. Nina suchte die Schuld bei sich. Nina fragte mich um Rat. Aber was sollte ich ihr sagen? Dass es Zeit braucht? Das kann keiner glauben, wenn er mittendrin steckt. Dass sie ihn vergessen soll? Das will niemand hören, wenn ein schöner Traum gerade wie eine Seifenblase platzt. Wie klein das Wort Liebeskummer doch ist, wenn eine große rosarote Welt zusammen bricht!

Nina versuchte alles, um ihn zurückzuerobern. Sie flirtete offensichtlich mit dem attraktiven Ersten Offizier. Sie tanzte in der Disco so heiß, dass jedem Mann unter 100 die Schweißperlen auf der Stirn standen. Doch einen Mann ließ das alles völlig kalt: Tony. Sie stellte ihm nach, sie lauerte ihm auf, sie flehte ihn an. Doch er erwiderte nur kühl, dass er mit einer anderen zusammen sei. „Es ist vorbei." Nina nahm sich dann – völlig verzweifelt – auch nen andren Lover.

Natürlich so, dass er es merkte. Doch ihre Rechnung ging wieder nicht auf. Tony war nur froh darüber. „Endlich keinen Stress mehr", meinte er zu mir. Ich hätte ihn am liebsten geohrfeigt.

Christine wurde abgemahnt. Nina gab irgendwann auf. Yvonne triumphierte. Und Tony hatte echte Schmetterlinge im Bauch. So verliebt hatte ich ihn noch nie gesehen. Er verwöhnte Yvonne nach Strich und Faden. Mit Geschenken, mit Aufmerksamkeiten, mit Freizeit, mit Helikopterausflügen und mit dem einen oder anderen kostspieligen Landgang, bei dem sie angeblich gemeinsam vor Ort etwas „checken" mussten.

Im Vergleich zu Nina war Yvonne zwar schon ziemlich alt, doch zwischen Tony und ihr lagen immer noch locker mindestens zwei Jahrzehnte. Sie war ähnlich nutzenorientiert wie Christine, aber deutlich schlauer. Sie wusste ihn zu nehmen, sie geizte mit ihrer Gunst, sie taktierte, sie blieb für ihn spannend – für ein bisschen Liebe musste er sich richtig anstrengen. Insgeheim freute es mich, dass es mit seiner Neuen nicht so einfach lief. Sie lies ihn gerne und oft zappeln und ging auch häufig alleine von Bord. Einmal sah ich sie zufällig mit einem anderen Mann an Land. Er war der Reiseleiter eines Schiffes, das neben uns im Hafen lag. Es gefiel ihr gar nicht, dass ich sie zusammen sah. Doch ich dachte nicht im Traum daran die Beiden bei unserem Kreuzfahrtdirektor zu verraten. Im Gegenteil: Ich war sogar ein wenig schadenfroh. Als ich nach dieser Reise von Bord ging, sah ich Tony und Yvonne etwas abseits an der Rezeption. Sie schienen nicht die allerbeste Laune zu haben. Ich lächelte ein wenig in mich rein und war gespannt, wie sich dieses Verhältnis weiter entwickeln würde.

Es vergingen knapp drei Monate. Als ich wieder an Bord kam, wurde ich von einem überaus euphorischen Tony empfangen. Er erzählte mir mit strahlenden Augen, dass er überglücklich sei. Yvonne und er – das sei einfach großartig. Er hatte sein Haus in Spanien bereits umbauen lassen, damit sich seine Yvonne dort auch zu Hause fühlen könnte. Er hatte ihr ein eigenes Reich eingerichtet und freute sich auf ihren Einzug in wenigen Wochen. Sein Verstand schien ausgeschaltet – er war wie sonst nur seine Mädels. Ganz ehrlich: Mit so viel Verknalltsein hatte ich nicht gerechnet. Und auch nicht mit so wenig Menschenkenntnis. Für ihn war Yvonne die neue Frau an seiner Seite. Für jetzt, für immer und für ewig. Wie konnte er sich ihrer Liebe bloß so sicher sein?

Eines Tages wollte ich wieder einmal alleine von Bord. Wenige Schritte vor mir lief Yvonne. Ich drehte mich um und sah Tony an der Reling stehen. Ich winkte ihm zu, doch er schien das nicht zu bemerken. Er sah nur ihr hinterher. Sie bog um eine Ecke, war vom Schiff aus nicht mehr zu sehen, und – ich muss es zu meiner Schande gestehen – ich folgte ihr. Sie schaltete gerade ihr Handy ein. Dann telefonierte sie. Es wirkte sehr vertraut und puschelig. Langsam tat mir Tony fast schon leid. Wir kannten uns immerhin schon viele Jahre. Wir hatten beide in unserem Leben schon viel erlebt. Und wir verstanden uns im Grunde auch richtig gut. Natürlich fand ich seinen Frauenverschleiß und seine Abgebrühtheit völlig unmöglich. Doch ich konnte sein Verhalten auch irgendwie nachvollziehen. Ich wusste, dass er nicht immer so gewesen war. Tony hatte vor vielen Jahren seine erste Frau nach einer langen und schweren Krankheit verloren. Sie war seine große Liebe gewesen, sie war sein Ein und Alles. Was danach kam war Betäuben, Ablenken, Verdrängen. Blind vor Schmerz wurde er blind für andere. Und war es noch jetzt. Wie merkwürdig sich doch manchmal das Leben verhält. Da hatte er reihenweise ehrliche Herzen gebrochen und fiel nun ausgerechnet auf ein falsches herein. War das ausgleichende Gerechtigkeit? Hatte er das wirklich verdient? Wer weiß. Vielleicht. Auf jeden Fall stand zu befürchten, dass er hintergangen und benutzt wurde. Für wen und was auch immer. Doch er war so von ihrer Liebe überzeugt, dass ich meine Bedenken mehr und mehr für mich behielt. War das bei Nina nicht ähnlich gewesen?

Einmal sah ich, dass er ihr heimlich an Land nachging und sie bei einem Telefonat überraschte. Sie war sehr sauer und die beiden hatten sich heftig in den Haaren. Er war wahnsinnig eifersüchtig. Sie war wahnsinnig beleidigt. Sie schmollte und grollte sehr gekonnt. Er leistete Abbitte und lenkte ein. Am nächsten Tag war bereits alles wie immer. Sie gingen gemeinsam shoppen und er zahlte wieder brav ihre Rechnungen. Es war unglaublich. Bemerkte er wirklich nicht, wie einfach sie ihn um den kleinen Finger wickeln konnte? Auf welche Tricks er da reinfiel?

Ich war bereits seit Monaten wieder an Land und erfuhr per Zufall, dass Yvonne und Tony wirklich (noch) zusammen wohnten. Hatte ich mich getäuscht? Waren sie doch glücklich? Es verging ein weiteres Jahr bevor ich Tony persönlich wieder sah. Natürlich an Bord. Yvonne war nicht da. Ich fragte nach ihr. Er sagte nur: „Sie arbeitet auf einem anderen Schiff!" Als ich nachfragen wollte, meinte er nur kurz „Ich hab´ keine Zeit" und war weg. Es ist leider häufig so, dass See-Paare nicht gemeinsam reisen können. Das kann ein glückliches Zusammenleben schon arg belasten. Doch war es nur das? Tony wirkte alles andere als glücklich. Nach langen Fragen in einer langen Nacht gestand er mir endlich, dass sie wegen eines anderen Mannes auf das andere Schiff gegangen sei. Und dass sie mit ihm auch bereits zusammen war, als er sie kennenlernte. Sie hatten wohl eine etwas anstrengende „Hop on Hop off" Beziehung gehabt, die nun aber vorbei sei. Sie hatten sich füreinander entschieden. Der Wind auf See hatte ihm sogar etwas von Heirat zugeflüstert. Er sah schlimm aus bei seiner Beichte. Es hatte ihn mehr als arg mitgenommen. Es war ein völlig anderer Mann, der da zu mir sprach. Der Tony von einst existierte nicht mehr. Doch mein Casanova war nicht nur ein geläuterter Mann; er war auch ziemlich verbittert geworden. Bei Frauen sah er nur noch Rot. Ihn lockten nur noch Greens. Er lochte nur noch Golfbälle ein. Seine ganze Liebe galt seinem Handicap. Oder war sein ganzes Handicap die Liebe?

166

Es war auf Madeira

Vor etwa 100 Jahren gab es auf Passagierschiffen eine klare Klassentrennung. Ein Passagier der ersten Klasse hätte nie mit einem Gast aus der zweiten zu Abend gegessen. Ein Passagier der dritten wäre am Eingang zum Ersten-Klasse-Salon höflich zurückgewiesen worden. Ich schätze, dass kein Gast jemals diese Regelung in Frage gestellt hat. Bei den meisten Reedereien ist diese Form der Kreuzfahrttradition schon lange vorbei. Zumindest unter Gästen. Merkwürdigerweise hat sich jedoch unter Künstlern eine Drei-Klassen-Gesellschaft erhalten. Sie lebt aus mir unerklärlichen Gründen weiter. Und die meisten Kollegen nehmen sie einfach fraglos hin.

Zu der dritten Klasse gehören diejenigen, die für mehrere Monate an Bord sind. Sie meiden den Gästebereich, bleiben am liebsten unter sich und für Gäste und Kollegen unsichtbar. In der zweiten finden sich all jene, die am Tage für Unterhaltung sorgen oder abends im Foyer oder der Bar. Diese Kollegen sind häufig eingefleischte Einzelgänger. Sie genügen sich selbst. Wer auf die Bühne darf und sein eigenes Abendprogramm hat, befindet sich automatisch in der ersten Klasse. Es sind die so genannten Gast-Künstler. In dieser Klasse wird es bunt. Manche brauchen von früh bis spät Applaus. Doch am liebsten beklatschen sie sich selbst. Manche finden immer ein Haar in der Suppe. Und wenn nicht, dann legen sie eins rein. Einige leben ihre Egozentrik am liebsten unter Kollegen aus. Viele sind wirklich sehr anstrengend. Doch zum Glück trifft man auch andere. Ein solcher Glücksfall war Uli.

Uli war Sänger, so um und bei Mitte 40. Er hatte Klasse und kein Klassendenken. Auf der Bühne war er ein Star. Ohne Publikum ein Mensch wie Du und ich. Er war mit viel Herzblut bei der Sache, komponierte und schrieb fast alles selber und konnte, was er tat. Wir mochten uns auf den ersten Blick.

Nach unserer ersten gemeinsamen Reise waren wir beim Abschied richtig traurig. Nach unserer zweiten hatten wir das Gefühl, dass wir schon seit Ewigkeiten befreundet waren. Unser Abschied bekam schon einen leichten Hauch von Tragik. Und nun – auf unserer dritten Reise – flogen wir uns bereits beim Wiedersehen überschwänglich in die Arme. Wir glichen zwei Königskindern, die geglaubt hatten, dass das tiefe Wasser sie für immer getrennt hätte. Und die nun, völlig unvorstellbar, doch zusammen kamen – Dank einer guten Fee oder richtiger: der Künstlerbuchung des Schiffes. Wäre man sich zufällig irgendwo an Land begegnet, dann hätte man sich einfach nur richtig gefreut. Mehr nicht. Ganz anders an Bord eines Schiffes. Ein schönes Treffen wird großartig. Das Wiedersehen ist pure Magie. Doch das Verrückteste daran: Es geht fast allen Kollegen so. Aus Sympathie wird Euphorie. Es scheint ein typisches Kreuzfahrt-Phänomen zu sein. Vielleicht werden Gefühle größer, weil die Welt an Bord kleiner ist. Vielleicht verbindet ein Schiff tiefer. Vielleicht haben wir seit Generationen vererbt bekommen, dass der Zusammenhalt auf See überlebenswichtig ist. Vielleicht, vielleicht, vielleicht. Wie auch immer – fest stand, wir waren in einem Wiedersehenstaumel. Er fühlte sich richtig und völlig normal an. Zwei Seelen, endlich wieder vereint. Doch auf dieser Reise wurde alles völlig anders. Denn wir waren zu Dritt. Uli kam nicht allein an Bord. Seine Mutter begleitete ihn. Es war seine erste Tournee mit Mutter und ihre erste Kreuzfahrt mit Sohn. Ob das gut gehen würde? Ich war mir da nicht so sicher. Erwachsene Kinder mit erwachsenen Eltern auf engstem Raum können schnell in längst vergangene Rollen zurück fallen. Vergessenes, Ungeklärtes oder Unerledigtes kommt auf einmal wieder auf den Tisch. Ähnlich dem Essen bei zu viel Wellengang. Dann muss auch was raus, ob man will oder nicht.

Bereits nach zwei Tagen wusste ich mehr: Die beiden waren ein prächtiges Mutter-Sohn-Gespann. Meine leisen Bedenken waren völlig unbegründet. Sie war eine, reizende ältere Dame und mächtig stolz auf ihren Sohn. Sie war neugierig auf all die Häfen, die vor uns lagen. Er war so entspannt wie immer. Ihre zweisame Unbeschwertheit hatte nie einen schiefen Ton. Sie glichen einem perfekt eingespielten Team, bei dem keiner die erste Geige spielte. Ich genoss unsere intensiven Stunden als Trio, den spannenden Gedankenaustausch mit der unternehmungslustigen Frau Mama und die Gespräche allein mit Uli – über unseren Job, über Eltern, über unser Leben und über die Liebe. So verging eine herrliche Woche.

Am Anfang der zweiten Woche rückte mein ganz persönliches Highlight dieser Reise näher: meine Trauminsel. In Gedanken spazierte ich bereits auf der Uferpromenade Richtung Altstadt, sauste noch einmal mit einem dieser berühmten (und schrecklich unbequemen) Korbschlitten den Berg hinunter, stöberte durch die Markthalle, atmete den Duft von Blumen, trank eine köstliche Poncha, naschte Kleinigkeiten in einem bezaubernden, schwimmenden Restaurant, saß in meinem Lieblingspark auf meiner Lieblingsbank, überblickte den Hafen und das Meer. Kurzum: Unser Schiff war auf dem Weg nach Madeira. Funchal, ich komme! Meine Vorfreude wuchs von Stunde zu Stunde. Ich schwelgte bereits in einem beseelten Nur-für-mich-sein.

Es kam der Abend vor der Ankunft. Wir saßen zu Dritt beisammen und ich schwärmte wieder einmal von der bildschönen Blumeninsel in den Weiten des Atlantiks. Meine Platte hatte einen mächtigen Kratzer! Als seine Mama einmal kurz verschwand, veränderte sich Ulis Gesichtsausdruck und ich fragte ihn, was los sei. Uli druckste ein wenig herum, schaute mir dann tief in die Augen und bat mich um einen Gefallen. Einen großen. Ich hatte keine Ahnung, worauf er hinaus wollte. „Welchen denn?" fragte ich irritiert. „Nun, ich würde so gerne einmal alleine in den Bergen wandern. Ich mag meine Mutti jedoch nicht mutterseelenalleine in Funchal lassen oder sie auf einen Ausflug schicken. Kannst Du sie vielleicht morgen mit an Land nehmen?" Ich weiß nicht, was ich erwartet hatte. Ich weiß nur, dass ich erleichtert war. Dieser Bitte kam ich gerne nach. Denn all das, was ich alleine machen wollte, würde bestimmt auch mit ihr Spaß machen. Ulis Mama war auch fit genug, um ein wenig bergauf, bergab zu gehen. Warum also nicht? Wir verabredeten uns zu einem gemeinsamen Frühstück kurz vor unserer Ankunft.

Am nächsten Morgen war Uli strahlender Laune. Essen wollte er nichts. Dafür steckte er zwei Stullen vom Buffet in seinen kleinen Rucksack. Heimlich wie ein Lausbub. Wir kamen überpünktlich in Funchal an, das Anlegemanöver klappte vorbildlich und die obligatorischen Einreiseformalitäten des Schiffs waren ebenfalls schnell erledigt. Uli konnte kaum still sitzen. Fast hätte er den Abschiedskuss für die Frau Mama vergessen. So zappelig kannte ich ihn gar nicht. Ob da mehr auf ihn wartete als eine Levada-Wanderung? Seine Mama hielt ihn zurück. Sie gab ihm ein Küsschen auf die Wange und bat ihn, nicht allzu übermütig zu sein. „Sei immer schön vorsichtig am Berg, mein Kind," sagte sie bestimmt, nun ganz die besorgte Mutter. Mit einem „Ja, Mama. Ich pass schon auf mich auf!" verließ uns ein kleiner Bub, der ein großes Abenteuer vor sich hatte. Er wünschte uns viel Spaß und seine Mutter rief ihm noch schnell hinterher: "Vergiss nicht, das Schiff läuft um 18:00 Uhr aus!" „Das dürft ihr beide aber auch nicht vergessen..." lachte er und verschwand. Die Szene war zum Schmunzeln. Beide hatten eben locker 40 Jahre vergessen. Mama ist man wirklich ein Leben lang. Sohn auch.

Etwa eine Stunde später brachen auch wir auf. Der Himmel leuchtete hellblau, das Meer dunkelblau. Die Sonne strahlte und wir hatten ebenso strahlende Laune. Zuerst zeigte ich Ullis Mama meinen Lieblingspark, der leicht zu erreichen war. Er nennt sich Santa Catarina und liegt auf einer kleinen Anhöhe in der Nähe des Anlegers. Dort wartet ein wunderbarer Panorama-Blick auf die Stadt, den Hafen und das Meer. Ulis Mama hatte ihre Kamera dabei und fotografierte alles. Vielleicht aber auch ein wenig mehr. Die Aussicht an diesem Morgen war sogar noch schöner als in meiner Erinnerung. Und während Ulis Mama ihre Bilder – immer noch auf Film – aufnahm, nahm ich sie nur in mich auf. Wir spazierten durch die üppig-grüne Pflanzenwelt des Parks. Wir bewunderten seine Blüten. Wir erfreuten uns an all den zauberhaften Farben und Formen. Und natürlich wurde jedes einzelne Blümchen fotografisch gepflückt. Für Uli.

Wir gingen zur Uferpromenade. Nach einer Stunde im Schlendergang und nach vielen Fotopausen bekamen wir Appetit auf einen leckeren

Eisbecher. Die Auswahl an Restaurants war groß. Für mich waren die schwimmenden Restaurants immer die erste Wahl. Sie bestehen aus vielen kleinen Fischerbooten und sind nur durch Stege miteinander verbunden. Wir fanden so ein Boot für uns alleine, enterten es, naschten Eis und schaukelten dabei sanft im Takt der kleinen Wellen. Es war so friedlich, ein kleines Paradies. Wir hätten hier Stunden mit Nichtstun verbringen können. Doch ich fühlte mich ein wenig als Mamas persönliche Reiseleiterin und fragte daher, ob sie nicht Lust hätte, mit der Seilbahn nach Monte zu fahren – viele Fotomotive garantiert. Danach könnten wir mit einem dieser berühmten Korbschlitten den Berg hinunter sausen. „Leider muss ich dazu Nein sagen! Mein Rücken ist nicht mehr ganz so jung wie ich mich grade fühle, liebe Sarah. Aber wenn Sie mögen, machen Sie es bitte. Ich warte hier oder im Park auf Sie." Ihr Lächeln war umwerfend und es schien ihr wirklich nichts auszumachen, wenn wir für eine gewisse Zeit getrennte Wege gehen würden. Doch ich hatte bei diesem Vorschlag eigentlich mehr an sie gedacht. Ich kannte ja diese rasante Schlittenfahrt bereits. Wir blieben daher noch eine schöne Weile sitzen, atmeten beide dankbar die wunderbare Atmosphäre ein und lächelten uns ab und zu schweigend an. Irgendwann bezahlten wir unser Eis und schlenderten weiter: Richtung Altstadt.

Bei meinem letzten Besuch hatte ich ein Geschäft entdeckt, in das ich mich verliebt hatte. Es war ganz entzückend eingerichtet und verkaufte Madeira-Stickereien, natürlich die echten. Wunderschöne Handarbeiten mit traditionellen Motiven, die häufig in monatelanger Arbeit entstanden waren. Wir beschlossen, uns so ein Stück Madeira für zu Hause mitzunehmen. Wir zogen also los, stöberten durch die kleinen Gassen und suchten „meinen" Laden. Es dauerte nicht lange und wir entdeckten ein anderes kleines, feines Geschäft, in dessen Auslage wir solche Schätze sahen. Wir traten ein und wurden schnell fündig. Ulis Mutter kaufte sich einen langen, handbestickten Tischläufer und ich mir einen sündhaft teuren Traum von Tischdecke mit passenden Servietten. Da wir beide etwas kauften, konnten wir den Preis sogar ein wenig runter handeln. Es waren zwar immer noch keine Schnäppchen, aber es fühlte sich so an. Glücklich zogen wir mit unserer Beute von dannen. Jetzt war es an der Zeit für einen Kaffee. Wir machten uns auf den Weg und landeten nur wenige Minuten später auf einem kleinen Platz. Er war mit herrlichen Blumen geschmückt. Er schien einem Märchen entsprungen. Und wir – Glückskinder, die wir heute waren – fanden ein kleines, gemütliches Tischchen im Schatten. Perfekt unter einer Palme an einem perfekten Tag. Wir plauderten über Gott und die Welt, über Uli, über unseren Künstlerberuf und über die ganz eigene Welt des so genannten Showbiz. Sie war eine der wenigen Menschen, die nicht aus der Branche kam und dennoch alles verstand. Sie kannte die Höhen und Tiefen unseres Berufes, seine eigenen Gesetze, seine Grenzen und Freiheiten. Sie hörte aufmerksam zu. Sie stellte spannende Fragen und gab sensible Antworten. Selbst die schwierigen Zwischentöne schienen ihr vertraut zu sein. Uli musste ihr viel erzählt haben.

Die Zeit verging wie im Fluge. Es war purer Zufall, dass ich auf meine Uhr schaute. Ich erschrak: Es war fast fünf. In einer Stunde war das Schiff schon ohne uns weg. Wir zahlten sofort. Ich überlegte schnell. Wir brauchten zu Fuß mindestens 20 Minuten. Mit Sicherheit auch etwas mehr Tempo als bisher. Doch wir waren bereits ziemlich viel gelaufen. „Wollen wir vielleicht lieber mit einem Taxi fahren?" Das „Nein" von Ulis Mama klang selbstbewusst. Ihr „das schaff ich locker" überzeugend. Na, dann. Wir starteten unseren Fußmarsch. Und – wie es immer so ist, wenn man es eilig hat – haben wir aus Versehen ein paar Gassen mehr gesehen als nötig. Aus unerklärlichen Gründen sammelten sich nun auch kleine piksende Steinchen in meinen Schuhen. Ulis Mama hatte keine Probleme schnell zu sein. Ich schon.

Leicht geschafft kamen wir am Schiff an. Auf den letzten Metern hatten uns zwei Ausflugsbusse und mehrere Taxis überholt. Wir waren also pünktlich, mussten also nur ein wenig länger Schlange stehen. Um zehn vor sechs waren wir wirklich an Bord. Kurz vor knapp. Wir brachten eilig unsere Errungenschaften in die Kabine, machten uns ein wenig frisch und trafen uns kurz vor dem Auslaufen des Schiffes am Pool. Ulis Mama und ich. „Sein Rucksack ist nicht da", war ihr erster Satz. Ihr zweiter: „Haben Sie ihn schon gesehen?" Ich verneinte das und meinte, dass er bestimmt bereits irgendwo an Bord stecken würde. Doch ich irrte mich. Denn aus dem Lautsprecher kam die Durchsage all der Kabinennummern, die noch nicht eingecheckt hatten. Ullis Nummer war dabei.

Die Schiffsmotoren erhöhten bereits ihr Tempo, die Crew stand zum Ablegen bereit am Kai, und eine erneute Durchsage erreichte uns. Nun rief man sogar seinen Namen aus. Mit der dringenden Bitte sich sofort an der Rezeption zu melden. Nun machte ich mir doch langsam Sorgen. Wo steckte er bloß?

Wer das Ablegen eines Schiffes verpasst, hat ziemlich schlechte Karten. Kein Schiff wartet, wenn man sich nicht gemeldet hat. Doch selbst dann wartet es nie lange. Wer zu spät kommt, den bestraft das Leben – mit einer ganzen Reihe kostspieliger Ausgaben. Man muss sehen wie man zum nächsten Hafen kommt. Und man muss das zeitlich schaffen. Unser nächster Hafen war rund 600 Seemeilen entfernt. Rund 1.100 Kilometer Wasser lagen zwischen Madeira und Lissabon.

Wir eilten an die Rezeption. Ulis Mama war den Tränen nahe und wiederholte immer wieder: „Mein Junge ist zuverlässig. Da ist was passiert. Uli kommt nie zu spät. Ihm ist was zugestoßen. Er hatte sein Handy dabei. Er hätte angerufen. Bestimmt!" „Vielleicht ist der Akku leer oder er hatte keinen Empfang. Nur, weil man sich nicht meldet, ist nicht gleich etwas Schlimmes passiert. Es gibt viele harmlose Gründe ein Schiff zu verpassen," versuchte ich sie zu beruhigen. „An der Rezeption weiß man bestimmt schon mehr." Die Rezeption wusste nichts. Der Kreuzfahrtdirektor, der Uli sehr gut und lange kannte, schien auch ein wenig besorgt. Und das nicht nur wegen seines fest geplanten Auftritts. Er hatte bereits viel in Bewegung gesetzt. Ulis Handy machte keinen Mucks. Die Hafenpolizei war informiert. Eine Rundfrage nach Verkehrsunfällen war unterwegs. Die Krankenhäuser wurden gerade angefragt. Nun wartete man auf Antworten. Sie waren alle gleich: Niemand wusste etwas. Ulis Mama wollte von Bord gehen. Tränen liefen ihre Wangen runter. Sie schluchzte. Sie wollte an Land.

Sie wollte ihren Sohn suchen. Wir alle versuchten sie umzustimmen. Alleine in Funchal? Wo suchen? Keine portugiesischen Sprachkenntnisse? Er wird bestimmt nach Lissabon kommen. Und außerdem: Keine Nachricht von Polizei und Krankenhaus ist doch eine gute Nachricht oder nicht? Ulis Mama blieb schweren Herzens bei uns. Die Uhr zeigte 18 Uhr 40. Der Kapitän hatte bereits gewartet. Doch nun legten wir ab. Fünfzehn Minuten später als geplant.

Die wunderschöne Blumeninsel verschwand langsam am Horizont. Ich sah es nicht. Ulis Mama auch nicht. Unser richtig schöner Tag in Funchal war vergessen. Geblieben waren Aufregung und eine immer größer werdende Angst. Ich bat sie mit mir zum Essen zu gehen. Sie wollte nicht. „Ich bringe keinen Bissen hinunter." „Aber wir haben nur ein wenig genascht. Etwas Richtiges im Magen würde Ihnen bestimmt gut tun." Sie schüttelte nur den Kopf und ließ mich stehen. Merkwürdig, wie hohl doch so vernünftige Argumente in einer solchen Situation plötzlich wirken...

Ich musste etwas essen gehen. Das flaue Gefühl im Magen war kein gutes Zeichen. Doch auch ich schaffte nur knapp einen Teller Suppe. In meinem Kopf überschlugen sich die Fragen. Hatte Uli sich verlaufen? Den Fuß gebrochen? Den Knöchel verstaucht? Warum rief er nicht an? Warum ging an sein Handy niemand ran? Wo wollte er überhaupt hin? Nahm er einen Bus oder ein Taxi? War er überhaupt wandern gegangen? War er am Morgen nicht irgendwie anders gewesen als sonst?

Ich ging auf meine Kabine, versuchte meine eigene Unruhe zu bändigen und rief bei seiner Mutter an. Sie war mit ihren Nerven am Ende. Ich wollte sie nicht noch mehr ängstigen und stellte daher so unauffällig wie möglich meine Fragen. Auch sie wusste nicht genau, wo er wandern wollte. Auch nicht, wie er hin und zurückkommen wollte. Aber er hatte wohl seinen Personalausweis, ein wenig Bargeld und seine Kreditkarten dabei. Das war doch schon mal gut. Wir alle wissen, dass man in einem fremden Land, dessen Sprache man nicht spricht, unvorhersehbare Probleme bekommen kann. Wir wissen auch, dass es gefährlich werden kann, wenn man in unbewohnten Gebieten alleine

174

unterwegs ist. Doch was ist überängstlich und was grob fahrlässig? Wie häufig geschieht wirklich etwas? Wie häufig etwas Tragisches? Es ist sehr, sehr selten. Oder nicht?

Nach einer unruhigen Nacht traf ich Ulis Mutter beim Frühstück. Sie hatte verweinte Augen und sah sehr mitgenommen aus. Kein Wunder! Doch über Nacht schien in ihr ein Funken Hoffnung gekeimt zu haben. Wir sprachen über Lissabon. Wir waren uns sicher, dass er bei unserer Ankunft an der Pier stehen würde. Zumindest taten wir beide so. Wir versuchten uns gegenseitig Mut und Zuversicht zu schenken. Er hat bestimmt ein Flugzeug genommen. Er hat sein Handy einfach nur verloren, der Schussel. Unser Frühstück endete mit ihren Worten: „Das darf er nicht noch mal mit mir machen. Ich werde ihm in Zukunft einsame Wanderungen einfach verbieten!" Ich hoffte sehr, dass sie bald die Gelegenheit bekam, ihn mächtig auszuschimpfen.

Während der Überfahrt zum Festland hatte die Reiseleitung an Bord bereits alle Flüge gecheckt, die Lissaboner Hafenbehörde informiert und auch noch häufiger mit den zuständigen Behörden auf Madeira telefoniert. Unser Kreuzfahrtdirektor informierte uns verhalten und sachlich. Es gab keine Fähren. Es gab aber einige Flugverbindungen, die schneller waren als wir. Dann wäre Uli bereits vor unserem Schiff im Hafen. Und es gab auch noch während unserer Liegezeit ein paar Möglichkeiten. Wir blieben ja zum Glück über Nacht in Lissabon und würden erst am Nachmittag wieder ablegen.

Bei der Ankunft im Hafen standen Ulis Mama und ich zusammen an der Reling. Kein Uli weit und breit. Die Ausflüge begannen, das Schiff leerte sich. Es blieben wie immer nur wenige Gäste an Bord. Normalerweise genieße ich das fast menschenleere Schiff. Jetzt erschien es mir unheimlich. Bange Stunden vergingen. Zum Glück hatte ich am Nachmittag eine Probe. Ich lud Ulis Mutter ein, dabei zu sein. Das macht man normalerweise eigentlich nicht. Sie nickte stumm, begleitete mich fast mechanisch und sagte mir kurz vor dem Bühnneingang, dass sie doch lieber zurück an die Rezeption möchte. „Dort weiß man zuerst, was mit ihm ist." Ich nickte ebenfalls stumm und blickte ihr besorgt nach. Als ich von der Probe zurückkam, saß sie immer noch dort. Ganz in sich gekehrt. Ihr Gesicht sprach Bände. Sie zog sich immer mehr zurück. Auch von mir. Der Abend kam. Dann die Nacht. Dann der nächste Morgen. Immer noch kein Lebenszeichen von Uli. Der Vormittag verging. Die Zeit der Abfahrt rückte näher. Ich ging zur Rezeption. Schon von weitem schüttelten die beiden Mädels dort nur den Kopf. Man sagte mir, dass Ulis Mama von Bord gehen würde. Man hatte für sie ein Hotelzimmer für eine Nacht und einen Rückflug nach Deutschland gebucht. Ich ging nun doch zu ihrer Kabine. Sie sehen, umarmen und trösten. Sie öffnete. Sie stand inmitten vieler Koffer. Ihrer und Ulis. Um 12:00 Uhr ging sie weinend von Bord. Ich musste an Bord bleiben.

Ihr Anblick beim Verlassen des Schiffes zerriss mir das Herz. Jeder Schritt auf der Gangway schien sie gebrechlicher zu machen. Sie war blass und grau und sah unendlich verloren aus. Das Schiff hatte für sie eine Begleitung organisiert. Sie wurde abgeholt und zum Hotel gebracht. Sie stieg in das Taxi und fuhr los. Sie hat sich nicht umgedreht. Jeden Tag fragte ich nach, ob das Schiff von Uli oder seiner Mutter gehört hätte. Ich hörte immer ein „Nein." Zuhause angekommen rief ich mehrmals Ulis Festnetznummer an. Dort meldete sich ein freundlicher Anrufbeantworter mit seiner Stimme. Sie sagte mir immer das gleiche: „Ich melde mich so bald wie möglich."

Zuerst war ich ein wenig enttäuscht. Dann dachte ich, dass eben sein normales Leben zwischen seinem Rückruf und mir gekommen war. So ist das halt. Das weiß man ja. Es vergingen zwei Jahre. Ich saß im Wartebereich eines Flughafens. Ich blätterte in einer Zeitung. Wenig interessiert. Mehr aus Langeweile. Auf einer der letzten Seiten fand ich einen Artikel. Man hatte in einer Höhle in den Bergen bei Funchal eine männliche Leiche gefunden. Seine Organe waren verschwunden. Es gab Spekulationen über eine Organmafia. Und es gab ein Bild des Mannes. Er sah aus wie Uli.

Ich weiß bis heute nicht, ob er noch lebt. Doch wenn ich an ihn denke, sehe ich sein Lachen. Manchmal aber auch ein Grab. Es ist voller Blumen. Sie sind bunt, einige duften und sie blühen das ganze Jahr – wie die Blumen auf Madeira.

Die Hand Gottes

Auf vielen längeren Kreuzfahrten ist ein katholischer oder ein evangelischer Geistlicher an Bord, der – neben seiner seelsorgerischen Tätigkeit – ökumenische Gottesdienste feiert. Seine Arbeit wird von den jeweiligen Kirchen finanziert und über sie wird er auch auf die Schiffe vermittelt. Manche werden von ihrer Kirche direkt angefragt, manche bewerben sich. Denn ein Auslandseinsatz „Seereise" ist durchaus etwas Besonderes. Die meisten Priester, Pfarrer oder Theologen möchten daher auch nicht nur ihrer beruflichen Berufung nachgehen, sondern auch einmal eine Kreuzfahrt live erleben, ihrem Alltag an Land befristet „Adieu" sagen oder durch die Reise eine ganz bestimmte Ecke der Welt kennenlernen. Anders gesagt: Sie sind Menschen wie Du und ich.

Nach einer gewissen Zeit auf festem Tournee-Boden, lag nun auch wieder für mich eine längere Schiffsreise vor mir. Doch ich dachte zurück – an meine letzte Fahrt und an einen dieser Menschen wie Du und ich, der allerdings weit mehr als das gewesen war. Es war ein evangelischer Pfarrer. Seine Frau und seine Kinder hatten keine Zeit gehabt ihn zu begleiten, doch er war dennoch nicht allein an Bord gekommen: Sein Vater reiste mit. Eine recht seltene Konstellation, so nebenbei bemerkt. Beide wirkten wie ein super eingespieltes Team und machten bereits auf den ersten Blick einen großartigen Eindruck. Sowohl durch ihr Charisma als auch rein optisch. Ich nahm mir daher spontan vor, einen seiner Gottesdienste zu besuchen. Am besten natürlich gleich seine erste Predigt, die – ähnlich wie bei uns Künstlern – über Erfolg und Misserfolg beim Publikum entscheidet. Oder, um im Duktus zu bleiben: die Größe der Fan-Gemeinde bestimmt.

Auch noch jetzt, nach vielen, vielen Jahren, erinnere ich mich noch gut an ihn und auch an einige seiner Worte und Gedanken. Er war wirklich ganz außergewöhnlich und der beste Geistliche, den ich jemals auf einem Schiff erleben durfte. Er betete nicht einfach so

Gottes Wort herunter, er interpretierte auch nicht nur irgendwie die Bibel neu – nein, er erzählte wahre Geschichten. Von Menschen, Begebenheiten und Situationen. Immer mitten aus dem Leben, immer glaubhaft. Jede Predigt war einzigartig, ein modernes, spannendes Gleichnis. Es hatte immer das, was gute Geschichten haben sollten: Humor, Schwung, eine interessante Story, Nachvollziehbarkeit und gute Botschaften. Er zog seine Zuhörer in seinen Bann, brachte sie zum Lachen und zum Weinen, regte an und machte nachdenklich, er baute auf oder zeigte uns Blickwinkel, auf die wir alle nicht so ohne weiteres gekommen wären. Es war eine Freude, ihn zu erleben. Alle, die wir ihm lauschten, hatten ihm sicher auch noch nach Jahren einen Erkenntnis-Gewinn zu verdanken. Kurzum: Er wurde zum Star der Reise. Seine tiefsinnigen Themen lieferten Stoff für viele Gespräche unter den Gästen, seine Gottesdienste wurden immer besser besucht, und da Bordpfarrer dem Entertainment-Departement an Bord unter-stellt sind, könnte man ohne eine Spur von Zynismus sagen: Er war ein perfekter Unterhaltungskünstler mit göttlich-christlichem Auf-trag. Seine Mission waren Glaube, Liebe, Hoffnung im Zeichen der Menschlichkeit. Selbstverständlich hatte er auch jenseits seiner Pre-digten ein offenes Ohr für jeden, der Zuspruch brauchte. Er sah und hörte mit dem Herzen, war vielseitig interessiert, durch und durch sympathisch und schien mit allen Höhen und Untiefen des menschli-chen Lebens vertraut zu sein. Kein Wunder daher, dass man ihm gerne vieles anvertraute. Er wurde der beliebteste Gesprächspartner an Bord. Mit ihm konnte man im wahrsten Sinn des Wortes über Gott und die Welt plaudern, diskutieren, tiefgründig philosophieren oder einfach nur lachen. Er fand immer den richtigen Ton. Wie schade, dass nicht alle so sind. Denn dann wären die Kirchen mit Sicherheit jeden Sonntag gefüllt und vielleicht sogar wir Menschen alle ein wenig besser...

An diesen Menschen dachte ich also, als ich nun wieder an Bord ging. Ob ihm der neue Geistliche auf dieser Reise das Wasser reichen konnte? Meine Kollegen und die Reiseleitung, die ebenso begeistert gewesen waren wie ich, waren ebenfalls schon sehr gespannt. Wir alle nahmen uns vor, „dem Neuen" so erwartungslos wie möglich zu begegnen. Denn schließlich hatten wir ja die Gleichnisse des anderen verstanden und so gut es ging auch verinnerlicht. Vergleiche unter Vorbehalt sind schlechte Ratgeber. So lernt man keinen Menschen wirklich kennen. Unser erster Eindruck des neuen evangelischen Pfarrers war daher auch gut. Er war freundlich und zugewandt, sympathisch und in gewisser Weise sogar locker. Doch leider waren seine Predigten weit davon entfernt zugewandt, sympathisch oder locker zu sein. Sie waren weder interessant noch irgendwie besonders. Außer: besonders langweilig. Man merkte ihm zwar an, dass er sich Mühe gab, doch er konnte die Passagiere – bis auf sehr wenige 70- bis 80-jährige eifrige Kirchgänger – nicht beeindrucken. Er hatte nicht die Gabe mit Geist, Herz und Seele zu predigen. Seine Stimme war so emotionslos als läse er einen ihm unbekannten Kassenzettel aus dem Baumarkt vor. Wie schade!

Dieser neue Pfarrer war allein aufs Schiff gekommen. Höchstwahrscheinlich suchte er auch deshalb immer mal wieder das persönliche Gespräch. Doch jede Unterhaltung mit ihm begann und endete mit seiner Familie. Er sprach sehr viel über seine wunderbare Frau, seine glückliche Ehe, seine prächtigen vier Kinder und über die durch und durch heile Welt, in der er zu leben schien. Und falls man mal auf ein andres Thema kam, dann sagte er zig-fach Gehörtes. Ein Gespräch mit ihm war zwar nett, aber auch irgendwie banal. Seine große Leidenschaft galt dem Tanzen. Wann immer es sich ergab, sah man ihn auf der Tanzfläche. Nie mit weiblichen Gästen, dafür immer mit den hübschesten Tänzerinnen. Ob bei lateinamerikanischen oder Standard-Tänzen, bei Freestyle oder Showstyle – er ließ kein Stück aus. Er hätte den perfekten Eintänzer für allein reisende Damen abgegeben. Doch er verausgabte sich ja lieber mit den blutjungen Tänzerinnen. Sie alle mochten ihn allerdings sehr. Sie kannten die Namen seiner Kinder, nahmen eine gewisse Keckheit nicht übel und fanden sein offensichtliches Flirten auch nicht weiter bemerkenswert. Man hatte ihn in die Schublade „harmlos" gelegt. Denn schließlich war er ja ein glücklich verheirateter Mann. Und ein Pfarrer.

Ob wir wollen oder nicht, wir alle haben mitunter ein Klischee im Kopf. Für mich passten der langweilige Prediger, die unscheinba-

181

re graue Maus der männlichen Art, der perfekte Familienvater und Gatte sowie der Casanova auf dem Parkett nicht wirklich gut zusammen. Irgendwie frönte er seinem Hobby doch ein wenig zu intensiv. Irgendwie war es einfach zu viel des Guten. Als er mich daher einmal ebenfalls um einen Tanz bat, sagte ich ihm instinktiv ab. Wegen Kopfschmerzen. Auf eine ganz bestimmte Art hatte ich sie ja sogar. Vielleicht hat er meine Vorbehalte gespürt, vielleicht auch nicht. Auf jeden Fall erzählte er mir bei einem anderen Treffen, wie schade er es fand, dass seine Frau und seine Kinder nicht dabei sein konnten. Und wie schön es daher für ihn sei, dass ihm so professionelle und gute Tänzerinnen die Gelegenheit boten, seiner großen Leidenschaft nachzugehen. Er schaute mich fast unterwürfig an. Ich nickte nur. Im Grunde hatte er ja auch Recht. Warum sollte ein Geistlicher nicht gerne tanzen? Warum sollte ein Geistlicher bei seinem Hobby nicht mehr in Schwung kommen als in seinem Beruf? Das gibt es ja in andren Berufen auch.

Die Reise ging langsam dem Ende zu. Es war an der Zeit die Koffer zu packen und dem Schiff und seiner Mannschaft „Auf Wiedersehen" zu sagen. Am letzten Abend tanzte unser Pfarrer ein letztes Mal exzessiv in den Morgen. Wenige Stunden später ging es auch für ihn mit dem Bus zum Flughafen. Vor uns lag ein langer Nachtflug von 12 Stunden. Am Flughafen angekommen reihten wir uns alle schön brav in die lange Schlange vor dem Counter. Der Pfarrer wartete direkt hinter mir. Ich hatte ihn nur flüchtig begrüßt. Nach und nach mussten wir unsere Koffer auf das Gepäckband hieven und hofften, dass unsere Koffer nicht ebenfalls zugenommen hatten. Ein paar Kilos mehr auf der Personenwaage sind nur ärgerlich. Doch Übergepäck kann richtig teuer werden. Dann kam ich ran und wollte mein erstes Schwergewicht hochheben. Der Pfarrer war schneller. Ich freute mich. Und war sehr dankbar. Als Künstlerin hatte ich das Glück (oder Pech), 20 Kilo mehr mitnehmen zu dürfen. Die Kosten für dieses Übergepäck bezahlte die Reederei. Ich hatte insgesamt drei große Koffer. In einem war ausschließlich meine Bühnengarderobe. Während der Pfarrer mühsam meine Koffer hochstemmte, fragte er mich, ob ich in Frankfurt in einen anderen Flieger umsteigen würde oder zu einem Zug müsste. Ich sagte „Zug" und „leider". Er schien erfreut und bot mir an, mir dabei dann ebenfalls zu helfen. Natürlich sagte ich sofort zu. Natürlich bedankte ich mich überschwänglich. Denn es war ein kaum zu schaffender Kraftakt so bepackt in einen Zug zu steigen.

Dummerweise hatte ich bereits des Öfteren das Pech gehabt, dass meine vororganisierten Helfer nicht da waren. Sei es, weil mein Flieger unpünktlich war oder sich mein Gepäck verspätete. Unser Pfarrer war daher für mich ein echter Glücksfall. Wir hatten – im Gegensatz zu den Gästen – keine Sitzplatzreservierung für unseren Flug. Er fragte mich daher, ob wir nicht zusammensitzen könnten. Ich sagte gerne zu und die Bodenstewardess ermöglichte es uns. Ich muss gestehen, ich war sehr erleichtert. Denn man weiß ja nie, wer neben einem sitzt. Gerade bei einem langen Nachtflug möchte man ja am liebsten ungestört schlafen und keinen hibbeligen Nachbarn. Oder einen sabbeligen. Noch schlimmer: einen dicken, dessen eine Hälfte auf dem eigenen Sitz liegt. Ich war wirklich sehr froh. Denn dass mein Nachbar nach einer durchtanzten Nacht auch nur noch schlafen wollte, lag für mich auf der Hand. Im Flieger bot er mir höflich den Fensterplatz an. Ich rutschte durch und machte es mir sofort gemütlich. Ich nahm die Schlafdecke aus der Plastikhülle, griff mir mein Kissen und meinen Pulli und kuschelte mich in meine Fensterecke. Ich wollte weder essen noch trinken. Ich wollte einfach nur schlafen. Ich deckte mich bis zur Nasenspitze zu und wünschte meinem geistlichen Nachbarn einen guten Flug und eine gute Nacht. Als das Essen kam, habe ich schon geschlummert. Irgendwann bekam ich im Halbschlaf mit wie das Deckenlicht gelöscht wurde und dass sich mein Nachbar auch bis zum Hals zudeckte. Nur noch wenige Leselampen brannten. Sie störten mich nicht.

Ich fiel in einen tiefen Schlaf. Doch irgendwann krabbelte irgendetwas unter meiner Decke rum. Was träumte ich da? Träumte ich überhaupt? Nein, es war eindeutig eine Hand, die unmissverständlich in Höhe meiner Brust ihr Unwesen trieb. Und das wiederum konnte nur die Hand meines christlich-unchristlichen Nachbarn sein. Zuerst mochte ich es kaum glauben. Aber als seine Hand in tiefer gehende Regionen abtauchte, wusste ich, was ich nicht glauben konnte. „Lass sofort die Finger von mir," fauchte ich ihn leise an. „... oder ich schreie so laut, dass der ganze Flieger Bescheid weiß, was Du für ein Schwein bist!" Er nahm ganz langsam seine Hand zurück und flüsterte mit einer Unschuldsstimme: „Ich dachte, Du wolltest das auch." Es war unfassbar! Ich blitzte ihn in der Dunkelheit an: „Bestimmt nicht!" Ich war total schockiert. Ein Geistlicher, ein Göttergatte – und dann das? An Schlaf war bei mir nicht mehr zu denken. Doch er drehte sich nur ein wenig von mir ab, faltete die Hände vor seinen Bauch und schien Sekunden später tief und fest zu schlafen. Hatte er noch gebetet?

Die Stunden zogen sich. Als das Anschnallzeichen ertönte, war ich heilfroh. Der Flug war überstanden. Er tat so, als wäre nichts passiert, so als würden wir uns nicht einmal kennen. Er entschuldigte sich nicht. Er redete nicht mehr mit mir. Auch beim Verlassen des Fliegers fiel kein Abschiedswort. Und dann war er plötzlich verschwunden. Sein Hilfsangebot hatte seine Gültigkeit verloren. Kein Abenteuer im Himmel, kein Koffertragen auf Erden. Doch hätte ich mir von ihm überhaupt ein letztes Mal helfen lassen? Ich glaube nicht. Ich hätte auch dann lieber meine schwere Last ertragen als ihn. Tja, Geistliche sind eben wirklich Menschen wie Du und ich. Und böse Wölfe im Unschuldslammfell werden durch ein Theologiestudium nicht automatisch zum guten Hirten. Auch wenn wir das am liebsten glauben wollen.

Kindermund

Bei einem Solo-Konzert an Land hat sich das Publikum den Künstler auf der Bühne ausgesucht. Auf hoher See wird er oder sie ihm einfach vorgesetzt. Ein voller Saal bedeutet normalerweise bereits Anerkennung und Wertschätzung. Auf einem Schiff kann es vielleicht Interesse, vielleicht Neugier, vielleicht aber auch nur Langeweile sein. Eine klassische Tournee unterliegt ganz anderen Gesetzen als ein Engagement auf Kreuzfahrtschiffen. Jeder Auftritt ist eine Herausforderung. Fans muss man sich hart erarbeiten. Die Stimmung im Saal ist anfälliger. Und die allgemeine Atmosphäre an Bord spielt ebenfalls eine Rolle. Mein Show-Programm auf den sieben Weltmeeren hatte daher immer sehr viel Spielraum. Und erst während der Reise legte ich die Auswahl meiner Stücke fest. Bei vielen wusste ich, dass sie gefallen würden. Manche waren unberechenbar. Sie zu vermischen war ein ganz besonderer Reiz. Aber auch ein Risiko.

In meinem Repertoire gab es ein Lied, das bereits von Natur aus unberechenbar war. Eins, bei dem ich auf Unvorhersehbares gefasst sein musste. Es war ein Lied, bei dem ich einen männlichen Gast zu mir hoch auf die Bühne bat. Passend zum Stück. Das Original war von einem Mann. Es wurde Anfang der 60er Jahre ein Bestseller. Es handelte von seiner Ehe und seiner Ehefrau. Er beklagte sich, er jammerte und er sang in aller Deutlichkeit, was sich kaum ein Ehemann je auszusprechen traute. Sein Begehren war weg. Seine Liebe schwand. Die Schuldfrage hatte er auch bereits geklärt: Es war die Gattin. Sie verschlampte. Sie sah nicht mehr so knackig aus wie am Tag des ersten Rendezvous. Sie war für alles verantwortlich. Er nur bedauernswert. Kurzum: Ein Macho wusch schmutzige Wäsche. Sein leicht französischer Akzent machte sie kaum sauberer. Viele Frauen fühlten sich angegriffen. Viele Männer kauften die Single. Das ideale Geschenk – zum Valentins-, Hochzeits- oder Muttertag, zum Geburtstag oder zu Weihnachten. Oder einfach so, statt Blumen. Ob es ein hilfloser Versuch war, zu reden, ob pure Gemeinheit oder aber ein Humor, den allein Männer verstehen, kann ich nicht sagen. Die meisten dieser Platten landeten jedoch nach heftigen Streits zerbrochen im Müll. Ein Scherbenhaufen großer Gefühle.

Bereits ein Jahr später erschien eine ähnlich deutliche Retourkutsche. Der neue Text war aus der Sicht einer langjährigen Ehefrau geschrieben. Das Lied wurde damals kaum beachtet. Erst nach den 68er Demonstrationen, der sexuellen Revolution und der Emanzipation wurde der Song, interpretiert von einer deutschen Chansonnette, ein wenig bekannter. Doch an den meisten Männern ging sein Dasein spurlos vorüber. Die meisten Frauen erinnern sich kaum. Und wer die 60er nur aus dem Geschichtsunterricht kennt, hat von beiden Varianten noch nie etwas gehört. Das die Geschichte des Songs. Nun meine:

Nach drei Tagen an Bord war ich mir immer noch unsicher. Sing ich das Lied oder sing ich es nicht? Ich schlenderte über die Decks, ging in Gedanken noch einmal die Liedzeilen durch, fühlte mich eins mit der Welt und milde gestimmt. Ein typisches Kreuzfahrt-Phänomen. Ich landete am Pool, fand ein lauschiges Plätzchen im Schatten, wollte mir mein Repertoire noch einmal durch den Kopf gehen lassen und dabei die anwesenden Sonnenanbeter und Sonnenanbeterinnen beobachten. Charakterstudien als Entscheidungshilfe. Mit fiel eine sehr fröhliche Familie auf. Das Paar, vielleicht etwas über 40, saß am Beckenrand des Pools und unterhielt sich angeregt. Sie ließen ihre Tochter dabei nie aus den Augen, sprachen mit ihr und lobten sie. Sie war im Wasser, zog unermüdlich ihre eleganten Bahnen und war augenscheinlich eine ausgezeichnete Schwimmerin. Ihr zuzusehen war eine wahre Freude. Trainierte sie etwa für Olympia? Die Eltern schienen auf jeden Fall mächtig stolz auf sie zu sein.

Nach vielen Runden entstieg das Mädchen dem Pool. Sie sah mich, strahlte mich an und kam direkt auf mich zu. Ich sah überrascht, dass sie das Down-Syndrom hatte, früher als Mongolismus bekannt. Ihre Eltern beobachteten nun ihre Tochter und mich. Unauffällig, aber aufmerksam. „Gehst Du auch schwimmen?" sprach sie mich an. Ich verneinte, nannte ihr meine Gründe und bewunderte ihren Schwimmstil. Sie freute sich sehr. So begann unser Gespräch.

Lara war 16, arbeitete in einer Behindertenwerkstatt, war musisch begabt und einfach nur eins: zauberhaft. Sie hatte sich auf den gemeinsamen Urlaub gefreut, gestand mir aber, dass sie ihre Arbeit schöner fand. Ihre Eltern ließen uns nicht lange allein. Da ich annahm, dass sie ihre Tochter abholen wollten, um mich nicht zu stören, ergriff ich die Initiative: „Möchten Sie sich zu uns setzen? Wir unterhalten uns grade sehr angenehm." Sie zögerten kurz. Ich strahlte sie an. Sie blieben. Wir unterhielten uns noch ein paar Minuten, dann brachen sie auf. Mit einem „Lara und Sarah sind jetzt Freundinnen" verabschiedete sich das Mädchen. Ich war wieder allein, verlor mich in meinen Gedanken.

Glückliche Familien sind etwas ganz besonderes. Man spürt ihren Zusammenhalt, fühlt ihre Kraft und sieht ihren liebevollen Umgang. Diese Eltern liebten einander. Sie liebten ihre Tochter. Und ihre Tochter gab diese Liebe tausendfach zurück. Liebe ist wirklich das Wichtigste im Leben. Sie trägt, sie schützt, sie macht frei. Und wen oder was liebe ich? Außer meinem Beruf und das Reisen? Gibt es überhaupt noch einen Traummann, wenn die Schwärmereien der Jugendzeit in die Jahre gekommen sind? Habe ich ein Ideal? Ich glaube, es war gut, dass ich mich in diesem Moment wieder an das erinnerte, weswegen ich hier war: Singe ich nun das Lied oder singe ich es nicht? Was bleibt vom Glück – 30 Ehejahre später? Ich sah mir all die Gatten an. Stolz präsentierten sie ihre grauen Brusthaare. Viel selbstbewusstes Gockeln bei eitel Sonnenschein. Es war auffällig und ein wenig erschreckend. Warum können Männer ihre eigene in die Jahre gekommene Optik so gut tolerieren? Warum nicht bei Frauen? Es ist mir ein Rätsel. Doch noch rätselhafter erscheint mir, dass wir Frauen das männliche Altern ebenfalls mehr akzeptieren als unseres. Warum bloß? In diesem Moment kam die bildschöne und blutjunge Frau aus der Parfümerie vorbei, von einem betörenden Duft umweht. Sie ahnen sicher, was mit der Männerwelt geschah. Und sie verstehen sicher auch, dass ich mich nun sofort entschied: Ich singe das Lied!

Es kam der Abend meiner Solo-Show. Drei Stücke hatte ich bereits gesungen, und der Zuspruch aus dem Publikum war umwerfend. Nun wurde es spannend. Das vierte Stück war mein unberechenbarer Liebling. In meiner Anmoderation erzählte ich ein wenig von meinem idealen Ehemann. Ich beschrieb die Veränderungen der letzten zwanzig, dreißig Ehejahre – die Fülle der Haare, die Fülle des Körpers, die Fülle der Erfahrungen. Dann sprach ich über das, was mir sehr wichtig war und ist: Humor. Alles klang ganz harmlos, sogar ein wenig schmeichelhaft. Sollte es ja auch. Während ich dann öffentlich ein wenig über das gemeinsame Lachen mit meinem perfekten Ehemann nachdachte, ließ ich das Licht im Publikum ein wenig heller drehen. So erleuchtet suchte ich mir dann ein leicht moppeliges Prachtexemplar mit schütterer Haarpracht zwischen 50 und 60 aus, fand ihn und wollte ihn zu mir auf die Bühne bitten. Ich ging gerade den ersten Schritt auf einen bestimmten Herrn zu. Er spürte, dass er gemeint war und straffte seine Schultern. Doch plötzlich rief eine glockenhelle Stimme: „Papa, Papa, sie meint Dich!" Es war Lara. Einige im Publikum kicherten als sie weitersprach: „Sarah, nimm Papa. Er hat wenig Haare und einen ganz weichen Bauch. Wie ein Kopfkissen!"

Am liebsten hätte ich laut losgelacht. Doch das gehört sich nicht in einer Show. Ich schaute daher nur lächelnd und fragend zum Herrn Papa während Lara ihren Vater immer mehr stupste und drängte. Dann zog sie ihn förmlich vom Stuhl hoch, und er kam lachend zu mir auf die Bühne. Viele Männer wirkten enttäuscht. Einer ganz besonders. Er wäre nur allzu gern meine erste Wahl gewesen. Doch nun fragte ich Laras Papa nach seinem Namen und versicherte ihm, dass ihm nichts passieren würde. Ich bat ihm einen Stuhl an, er setzte sich und saß nun mitten auf der Bühne. Ich näherte mich ihm ein wenig kokett und fragte verführerisch: „Michael, für die nächsten drei Minuten sind wir verheiratet. Sind Sie bereit?" Er nickte und sah mich erwartungsvoll an. Mein Lied begann.

Ich sang von seinem Spiegelbild, das einmal deutlich anders war. Von seinem Doppelkinn, seiner Müdigkeit am Abend, seinem Aussehen am Morgen, seinem Leiden bei der kleinsten Erkältung. Das Lied wurde von Zeile zu Zeile schlimmer. Streitereien um Nichts, Gemecker über Kleinigkeiten, Verstecken hinter Zeitungen, kein Zuhören, kein Verstehen. Manche Frauen im Publikum lachten bereits leise. Einst galt sein Heldentum mir. Doch nun war er nur noch vor seinen Freunden der Größte. Und natürlich im Büro. Bemerkte er denn nicht wie lächerlich er sich machte – vor den Kindern und bei mir. Viele Männer im Saal waren betroffen. Doch vor allem: Sie atmeten auf. Denn sie standen – beziehungsweise saßen – ja nicht im Rampenlicht. Aus ihrer anfänglichen Enttäuschung, nicht mein perfekter Ehemann zu sein, wurde unendliche Erleichterung. Nur wenige wären so souverän geblieben wie Laras Papa es war. Er hatte sehr viel Humor. Er spielte hervorragend mit. Er kommentierte die jeweiligen Liedzeilen mit Baucheinziehen, drohte mir mit dem Finger, schüttelte ungläubig den Kopf oder gab mir mit kleinen Gesten Recht. Oder Unrecht. Ich kniete vor ihm nieder, ergriff seine Hand, schaute ihm tief in die Augen und erklärte ihm: „Du warst einst mein Ideal." Ich machte eine kleine Kunstpause. Das Publikum hielt für den Bruchteil einer Sekunde die Luft an. Dann sang ich weiter. Natürlich war er auch jetzt noch mein Ideal. Und er würde es auch bleiben. Komme, was wolle. Für immer und ewig. Beim letzten Ton forderte ich ihn mit einem entsprechenden Händedruck auf, sich von seinem Stuhl zu erheben. Wir standen nebeneinander, verbeugten uns gemeinsam und das Publikum applaudierte.

Ich führte ihn zurück an seinen Platz, übergab ihn seiner Ehefrau und fragte, ob ich noch irgendetwas vergessen hätte. Mein Mikro war selbstverständlich noch an. Sie schüttelte lachend den Kopf und Lara rief fröhlich: „Dass er laut schnarcht hast Du nicht gesungen...". Das Publikum lachte. Jetzt lachte ich auch. Mein kleines, gemeines, unberechenbares Lied hatte ein ur-komisches Ende gefunden. War ich enttäuscht? Vielleicht ein ganz klein wenig. Doch andererseits bereicherte diese überraschende Wendung das Spektrum all der denkwürdigen Situationen, in die ich im Laufe der Jahre mit diesem Lied geraten war. Es war schon erstaunlich. Der Song und seine Zeilen waren ja immer gleich. Ich fing auch immer ganz harmlos an, dann wurde der Weg steinig und dornig, doch zuletzt kam der versöhnliche Schlussakkord und das Happy End. Doch das, was rund um den Song passierte, war immer anders. Wirklich immer. Jeder meiner Ehemänner auf Zeit erlebte ein Wechselbad der Gefühle. Und alle reagierten auf ihre Art. Es gab Männer, die stolz darauf waren, von mir erwählt worden zu sein. Sie knickten bereits nach einer Minute ein. Ich kannte Draufgänger, die versuchten, mich trotz der Vorwürfe zu umgarnen. Herren, die im Verlauf böse wurden und mich heimlich anblitzten. Freiwillige, die immer kleinlauter wurden, und mir schon fast leid taten. Einige, die mich immer mehr anhimmelten. Obwohl oder weil ich sie beschimpfte. Manche, die sich ertappt, erniedrigt oder beleidigt fühlten. Und es selten verstecken konnten. Doch in einem glichen sie sich aufs Haar (wie voll es auch immer war): Alle waren heilfroh, wenn sie wieder bei ihrer Frau ankamen. Fast alle verziehen mir auch meine Tiraden, die ich ihnen musikalisch an den Kopf geworfen hatte. Denn wann kniet im richtigen Leben eine Frau vor ihnen nieder?

Ebenfalls spannend war, wie sich all die Ehefrauen verhielten. Es gab solche, die herrisch sagten: „Du bleibst hier!" Ehefrauen, die ihren Mann förmlich auf die Bühne drängten. Eifersüchtige, die am Ende etwas zu laut klatschten. Pikierte, die ihren Mann mütterlich in Schutz nahmen. Und bei meiner Frage sagten: „So ist mein Mann nicht." Es gab auch Rachsüchtige, die sich diebisch freuten. Doch die meisten Frauen nahmen es mit sehr viel Humor und ihren Mann mit einem Kuss zurück. So unterschiedlich die Frauen und Männer bei meinem Auswahlverfahren reagierten, so verschieden meine Auserwählten sich auf der Bühne verhielten, so verrückt waren auch meine Erlebnisse danach. Denn natürlich wurde ich sehr häufig auf dieses Lied angesprochen. Es waren zumeist Frauen, die mir noch unbedingt die eine oder andere Anekdote aus ihrem Eheleben erzählen wollten. Ganz ehrlich: Was ich alles hörte macht ehemüde. Ehemänner sprachen mich nie an. Nur solche, die es werden wollten. Sie schmeichelten mir, sie umwarben mich. Sie schwärmten davon, welch eine Superfrau ich doch wäre. An ihrer Seite. Und so weiter. Bei sympathischen Bewerbern hatte ich mir eine Antwort zu recht gelegt, die nicht weh tat: „Ich habe meinen Schatz schon vor langer

Zeit gefunden. Es tut mir leid. Aber wenn er nicht wäre, wer weiß ..."
Das war zwar ein eindeutiger Korb, aber er hatte immerhin ein paar
schöne Blumen. Bei einigen musste ich deutlicher werden, doch ich
blieb immer taktvoll.

Auf einer Reise traf ich jedoch auf einen Mann, der keinen Korb,
sondern richtig einen vor den Bug bekam. Er war anfangs ganz
charmant und lud mich zu einem Drink an die Bar ein. Er bestellte Champagner – ohne mich zu fragen. „Auf der Bühne haben Sie
mich ja nicht erwählt. Aber das kann ja noch kommen, nicht?" Ich
bestellte eine Cola und verwies auf meinen Traummann an Land. Er
ignorierte das. Jedes Nein von mir machte ihn engagierter. Er wurde
immer unverschämter, zudringlicher. Er war unfassbar penetrant.
Er war sich so unendlich sicher, dass er bei mir landen würde. Ach
was, schon längst gelandet war. Meine deutlichen Absagen waren
doch nur ein neckisches Katz-und-Maus-Spiel, oder etwa nicht? Mir
riss der Geduldsfaden. „Haben Sie vier Millionen?" hörte ich mich
völlig cool fragen. Er schaute mich perplex an und fragte: „Wieso
vier Millionen?" „Unter vier Millionen läuft bei mir nichts!" Ich muss
gestehen, dass mir meine spontane Abwehridee der geschäftsmäßigen
Art neu war. Sie gefiel mir allerdings sehr gut. Er machte kurz ein
erschrockenes Gesicht, schien zu rechnen und meinte dann ölig: „Na
ja, liebe Sarah, es gibt ja auch noch anderes, was ich Ihnen bieten
kann." Dieser Satz kam so eindeutig zweideutig rüber, dass ich Mühe
hatte, in meiner coolen Rolle zu bleiben. „Und von einer Million
können wir Zwei auch schon ganz gut leben," faselte er weiter und
rückte immer näher. Ich stand auf, reichte ihm sehr förmlich die
Hand und sagte von oben herab: „Das ist mir zu wenig!" Ich drehte
mich um und war weg. Am nächsten Tag sagte mir der Kellner an
der Bar, dass der Mann noch sehr betrunken war. Und richtig sauer.
Ich sah ihn nie wieder.

Das mit meinem Traummann zu Hause und das mit den vier Millionen war natürlich völliger Quatsch. Jahrelang hatte ich meinen passenden Ehemann nur auf der Bühne. Eine Leihgabe für drei Minuten.
Und das war auch gut so. Mit großer Freude gab ich sie immer wieder

191

gerne an ihre Frau zurück. Mein Ideal habe ich nie gesucht. Doch mein Ideal hat mich gefunden. Ich freue mich auf all die Ehejahre, die noch vor uns liegen. In zwanzig, dreißig Jahren werde ich einen Text darüber schreiben. Ich bin mir sicher, dass ich dieses Lied noch nie gesungen habe.

Mein kleines, großes Kreuzfahrtwunder

Manche Künstler verschwinden nach ihrem Auftritt nicht nur hinter dem Vorhang, sondern auch während der gesamten Reise von der Bildfläche. Sie meiden das gesellschaftliche Leben an Bord. Sie zeigen sich nur im Rampenlicht, nie von Angesicht zu Angesicht. Verstanden habe ich das bis heute nicht. Denn das Einzigartige eines Kreuzfahrt-Engagements ist doch gerade dieser direkte Kontakt. Wo sonst kann man seinem Publikum so persönlich begegnen? Wo sonst kann man so unkompliziert in andere Lebensmodelle reinschnuppern? Oder sich von anderen Gedanken- und Erlebnis-Welten inspirieren lassen? Im privaten Alltag hat jeder seinen Trott, auf einer Tournee kein Künstler wirklich Zeit, und nach einem Konzert an Land kann man all die reizenden und spannenden Menschen auch nicht alle auf einmal kennenlernen. Nur auf hoher See ist all dies möglich. Davon müsste eigentlich jeder Künstler träumen. Und dafür dankbar sein.

Nach meinem ersten Schiffsauftritt eilte ich daher auch auf dieser Reise so schnell wie möglich zum Ausgang der Lounge, um für mein Publikum da und ihm nah zu sein. Dort traf ich auf gefühlt die Hälfte aller Gäste, die vorher in meinem Konzert gewesen waren. Ich war überwältigt und – zugegeben – auch ein wenig überfordert. Mit so vielen Fans hatte ich nicht gerechnet. Sie waren begeistert, löcherten mich mit interessierten Fragen, wollten bereits den nächsten Showtermin wissen und mich gar nicht wieder weg lassen. Zum Glück hatte ich genügend Autogrammkarten dabei, konnte sämtliche Widmungen und Wünsche erfüllen und ihnen allen mit Antworten gerecht werden. Nach gefühlten zwei Stunden lichteten sich die Reihen. Wenn auch nur sehr langsam. An eine Unterhaltung im kleinen Kreis war allerdings nicht mehr zu denken. Ich war einfach zu erschöpft. Aber natürlich auch überglücklich. Ich wollte mich gerade verabschieden, da entdeckte ich eine Dame, die sich wohl die ganze Zeit im Hintergrund gehalten haben musste. Mir stockte der Atem, als ich sie sah. Sie kam direkt auf mich zu und bat mich um ein Autogramm.

„Für Heidi, bitte..." lächelte sie mich freundlich an. Selbstverständlich wollte ich es ihr gerne geben. Doch als ich ihre Stimme hörte, fiel mir der Stift aus der Hand und ich fast in Ohnmacht. Das konnte doch nicht wahr sein!? Als ich ihre Zähne sah, geriet ich vollends aus der Bahn. Ich wusste nicht wie mir geschah. Geschweige denn, wie ich meine Gefühle unter Kontrolle bekommen sollte. Das war zu viel. Zu viel für mein Herz, für meinen Kopf und für meine Nerven. Wer oder was spielte mir hier einen Streich? War wahr, was ich da sah?

Vielleicht sah man mir meine Verwirrung an. Auf jeden Fall hat sie sie gespürt. Denn die Dame Heidi fragte mich besorgt: „Ist alles mit Ihnen in Ordnung? Geht es Ihnen gut, Frau Laux?" „Ja, ja," erwiderte ich eine Spur zu schnell, „alles ok!" Dabei war nichts ok. Wirklich gar nichts. Ich war komplett konfus. In mir wirbelte alles durcheinander. Ich versuchte mich zu beherrschen, so normal wie möglich zu wirken und hörte mich dabei ein völlig albernes „Kann ich sonst noch etwas für Sie tun?" sagen. Wie blöd war das denn? Wie peinlich unpersönlich. Sie druckste ein wenig rum. Dann gab sie sich einen Ruck. „Ich traue mich fast nicht zu fragen, Frau Laux, aber würden Sie vielleicht morgen mit mir frühstücken? Ich bin alleine an Bord und würde mich so gerne einmal mit Ihnen unterhalten..." Ich sagte sofort zu, verschwand allerdings so schnell ich konnte mit einer Ausrede in Richtung Kabine. Es glich eher einer Flucht denn einem eleganten Abgang. Man schreibt über mich gerne „Diva ohne Allüren". In dieser Situation fühlte ich mich mehr als „Diva mit Vollmeise." Trällern kann die ja auch. Na, toll!

Meine Kabine wurde zum Versteck. Ich war heilfroh mit mir allein zu sein. Ich musste mich wieder fangen, sammeln und dieses Erlebnis verdauen. Natürlich hatte die Dame bemerkt, dass ich irgendwie merkwürdig war. Ich hoffte jedoch, dass sie das ganze Ausmaß meiner Fassungslosigkeit nicht bemerkt hatte. Und ich hoffte auch, dass ich sie nicht allzu sehr angestarrt hatte. So völlig entgeistert – im nur allzu wahren Sinn dieses Wortes. Ich schlief sehr unruhig in dieser Nacht. Ich hatte abstruse Träume. Und am nächsten Morgen fühlte ich mich leider nur ein ganz klein wenig aufgeräumter.

Wie verabredet war ich pünktlich um 8 Uhr 30 im Frühstücksraum und sah sie schon von weitem. Mir wurde sofort wieder mulmig. Sie winkte mir zu und ich ging so gelassen wie möglich an ihren Tisch. Wir begrüßten uns wie alte Bekannte. Wir unterhielten uns über den kommenden Tag und völlig selbstverständlich über Privates. Zwischen uns war bereits eine Vertrautheit, die nicht selbstverständlich war. Verstohlen betrachtete ich sie genau. Sie sollte schließlich nicht merken, dass ich sie immer wieder anschauen musste. Denn ich konnte nicht glauben, was ich da sah. Oder wen. Irgendwann fragte sie mich, warum ich sie denn die ganze Zeit so genau und prüfend anschauen würde und ob bei ihr alles in Ordnung sei. „Aber ja,“ antwortete ich schnell. Ich fühlte mich ertappt und wollte irgendetwas Unverfängliches und Charmantes sagen. Doch ich verhaspelte mich bereits beim ersten Satz. Dann sprudelte es aus mir heraus. Wobei sprudeln das falsche Wort ist. Es war eher ein Damm, der brach. Meine Worte stürzten auf sie ein. Meine Gedanken tosten und brausten ihr ungestüm entgegen. Und das, was ich sagte, überschlug und brach sich wie meine Stimme.

„Sie sehen aus wie meine beste Freundin. Sie sehen sich nicht nur ähnlich. Sie sehen wirklich aus wie sie. Ihr Gesicht... Ihr Haar, es hatte das gleiche Braun... der leicht schiefe Schneidezahn. Ooh, entschuldigen Sie... Sogar die Stimme! Wie ein Engel, der auferstanden ist. Oder eine zweite Chance auf Erden erhält. Wie eine Fata Morgana, die keine ist. Denn wissen Sie, meine Freundin ist erst vor wenigen Jahren gestorben. Ganz plötzlich. Mit 45. An einer Lungenembolie nach einem harmlosen Zahnarztbesuch. Aufgrund ihrer Unvernunft, die sie Lebenslust nannte. Am Abend nachdem ihr ein Weisheitszahn gezogen worden war. Sie ging auf eine Party. Sie sollte sich erholen, ausruhen. Doch ihr ging es ja gut. Was tat sie? Sie rauchte, sie trank, sie feierte ausgiebig. Dann ging sie nach Hause. Dann war es vorbei. Es war ein Schock, sie zu verlieren. Und es war ein Schock, Sie hier zu sehen. So viele Gemeinsamkeiten, so viel Ähnlichkeit – das geht kaum in meinen Kopf... Seit gestern denke ich ständig an Bärbel. Eigentlich heißt sie Barbara. Sie könnten eineiige Zwillinge sein. Doch sie hatte keine Geschwister...“ Ich redete und redete. Mein Herz schüttete sich

195

vor ihr aus. Vor einer Fremden, die mir zwar etwas entsetzt aber wohlwollend zuhörte. „Wohnen Sie eigentlich auch in München? Sie haben sogar den gleichen Dialekt." Die Dame Heidi nickte nur kurz. „Ich wusste es. Es wird immer schlimmer mit den Übereinstimmungen... Es tut mir leid, dass ich Sie jetzt so überschütte." Ich redete und redete – ohne Punkt und Komma. Ich sprach von Gedanken und Gefühlen, von denen ich bislang gar nicht wusste, dass ich sie hatte. Ich konnte einfach nicht aufhören. Alles, was mich seit unserer Begegnung am letzten Abend beschäftigt hatte, kam auf den Tisch. Alles, was ich mich nach dem Tod meiner Freundin gefragt hatte, sagte ich ihr. Sie schaute mich weiter aufmerksam an und hielt dabei ihren Kopf ein wenig schief. Natürlich wieder genau wie Bärbel.

Der Frühstückssaal leerte sich. Die Kellner wurden leicht unruhig. Immer häufiger blickten sie zu uns rüber. Mein halbes Brötchen lag immer noch unangetastet auf meinem Teller. Die Serviette, die ich mir eigentlich auf den Schoss legen wollte, zerknüllte ich in meiner Hand. Dass ich mich einer Wildfremden so hemmungslos anvertraute, war mir noch nie passiert. Dass mich Bärbels Tod noch immer so aus der Bahn warf, hatte ich auch nicht gedacht. Und dass es so viele Ähnlichkeiten überhaupt geben kann – eigentlich unmöglich. Zum Glück hielt mich Heidi nicht für vollends verrückt, nicht einmal für temporär übergeschnappt. „Das musste wohl endlich mal raus..." meinte sie mitfühlend, „ ... und nirgendwo steht, was sich bei einem ersten Treffen gehört, Frau Laux", zwinkerte sie mich schelmisch an. Ich war erleichtert. Sie schien diesen ungewöhnlichen Auftakt sogar eher anziehend denn abstoßend zu finden. Denn sie sagte lächelnd: „Wissen Sie, Frau Laux, charmante Banalitäten beweisen doch nur gute Umgangsformen. Wir sind schneller bei der Sache. Wir lernen uns bereits richtig kennen."

Eigentlich waren wir schon nach diesem Frühstück befreundet. Doch wir bauten unsere neu gewonnene Freundschaft aus, gaben ihr eine Basis und gemeinsame Erlebnisse. Wir unternahmen sehr viel zu zweit. Und führten viele intensive Gespräche. Sie hatte die gleiche fröhliche Art, die gleiche Begeisterung für ein ungewöhnliches Leben, den gleichen Abenteurergeist, ein ähnlich großes Herz und die gleiche Tatkraft wie Bärbel. Ich bewunderte ihren Mut für einen durch und durch selbstbestimmten Weg, der nur der ihre war. Es war unglaublich, wie viel Bärbel in ihr steckte. Doch im Laufe der nächsten zehn Tage hörte ich auf mich durch sie immer wieder an meine tote Freundin zu erinnern. Ich lernte dafür die lebenskluge Heidi kennen. Heidi arbeitete und wohnte in München. Ihr Chef, Inhaber einer Werbeagentur, hatte ihr diese Reise geschenkt, da sie einen neuen Großkunden akquiriert hatte. Sie schwärmte von ihren Freiheiten im Job und von Ihrem Chef, den ich aufgrund ihrer Erzählungen reichlich sympathisch und ziemlich spannend fand. „Läuft da was? Bist Du in ihn verliebt oder er in Dich?" Sie lachte bei meiner Frage, schüttelte den Kopf und meinte nur, dass es solche ungewöhnlichen Männer-Exemplare einfach nur viel zu selten gäbe. Das wäre alles. Verliebt sei er ganz sicher nicht. Sie auch nicht. Ihr ganzes Herz gehörte Panama und einem Panamaer. So oft es ging, besuchte sie ihn und ihren eigenen Grund und Boden. Richtig viel Land hatte Heidi sich gekauft. Mitten im tiefsten Urwald. Nun wurde dort gerade ihr Haus gebaut. Nur mit ´nem Boot zu erreichen. Nach einer langen Flussfahrt durch den Dschungel. „Einfach herrlich...", schloss sie ihre Beschreibung „...und kein Tourist weit und breit." Für mich war ihr Panamaleben tollkühn. Für sie ein echter Traum, der sich erfüllt hatte.

Dann kam Heidis Abreisetag; mein Engagement an Bord ging weiter. Wir verabschiedeten uns in dem Bewusstsein, dass wir uns bald wieder sehen würden. Denn schließlich wohnte sie die meiste Zeit in München und nicht in Panama und ich war nicht die meiste Zeit auf den Weltmeeren unterwegs, sondern wohnte an Land in Nürnberg. Uns trennten daher nur zwei Stunden Autofahrt. Ein Klacks! Von wegen ein Klacks! Sieben Jahre später hatten wir uns immer noch nicht getroffen. Nicht einmal telefoniert oder geschrieben. Unser ganz normales Leben hatte uns einen Strich durch die Rechnung gemacht: mehr unterwegs, längere Tourneen, verlorene Telefonnummern, vergessene Nachnamen, entgangene Chancen, unendlich viele verpasste Gelegenheiten. Und irgendwann wurde das dann zum schlechten Gewissen. Was blieb war eine wunderbare, doch vor allem: eine lebendige Erinnerung.

Eines Tages – ich hatte wieder ein Engagement auf einem Kreuzfahrtschiff – wollte mir unser Moderator und Sängerkollege Hanno einen Herrn vorstellen. „Das ist ein interessanter Mann, Du kannst Dich gut mit ihm unterhalten", pries er ihn mir an. Er schloss seine Fremd-Werbung mit den Worten: „Ich kenne ihn schon von vielen Reisen. Wirst sehen, Du wirst ihn auch mögen." Leicht widerwillig ging ich mit. Ich hatte eigentlich keine Lust auf Smalltalk. Und auch keine Lust, Zuhörer dieser klassischen Unterhaltungen langjährig Bekannter zu sein, die sich länger nicht gesehen hatten. Denn dann beginnt jeder dritte Satz mit „Weißt Du noch..." Doch er stellte uns nur kurz vor, nannte unsere beiden Namen und verabschiedete sich. Huch, was sollte das denn? Wirklich keine Zeit? Ein abgekartetes Verkupplungsspiel unter alten Freunden? „Ach, was soll's", dachte ich nach meiner ersten Abwehrreaktion. „Lass dieses Treffen auf Dich zukommen. In fünf Minuten hast Du eh Kopfweh und musst leider auf Deine Kabine. So 'ne Ausrede glauben Dir doch alle. Ist doch egal, was sich die beiden da ausgedacht haben. Wenn sie überhaupt gedacht haben..."

Ich setzte mich daher freundlich, wenn auch recht distanziert zu dem Fremden. Allerdings merkte ich schnell: Mein Kollege hatte Recht. Dieser Mann war wirklich anders. Bereits nach wenigen Minuten waren wir in ein leichtes und lockeres Gespräch vertieft. „Haben Sie zufällig die Show gesehen?" fragte er mich plötzlich. Ich stutzte kurz und sagte „Nein!" Stimmte ja, gesehen hatte ich sie ja wirklich nicht. So unbedarft wie möglich hakte ich nach: „Warum fragen Sie das?" „Nun, die Sängerin hat eines meiner Lieblingslieder gesungen. Sie hat eine ganz außergewöhnliche Stimme..." Aus Versehen hätte ich beinahe „Danke" gesagt. Ich wurde immer neugieriger. Ich fragte nach dem Lied, nach dem Warum des Mögens und zum Schluss. „Kennen Sie denn die Sängerin?" Er schüttelte den Kopf: „Nein. Ich habe noch nie etwas Derartiges gehört und auch leider keinen Platz im Saal bekommen. Also nur gehört, kein Kennen, kein Sehen." Nun wurde es interessant. Und er auf einmal auch. Denn die meisten allein reisenden Männer, die mich zu einem Drink an der Bar einladen möchten, sehen mich als Trophäe für Ihr Ego. Sie sind eigentlich nur an der Sängerin interessiert. Sie wollen die Frau auf der Bühne, nicht die Frau, die ungeschminkt im Haus rum läuft, mal erkältet oder schlecht drauf ist. Sie wollen sich mit dem Glanz der Popularität schmücken, um noch mehr toller Hecht zu sein. Es war eigentlich immer das Gleiche: Sie baggerten offensiv und setzten sich (zumeist recht peinlich) in Szene. Ich blieb immer defensiv und versuchte, diesen Dates so schnell und charmant wie möglich zu entkommen. Denn als engagierte Künstlerin an Bord sollte man es tunlichst vermeiden, irgendeinem Gast allzu sehr auf die Füße zu treten. Auch wenn man genau das am liebsten täte. Doch vor mir saß auf einmal ein Mann, der mich für einen ganz normalen Gast hielt. Einfach eine Frau. Ich hätte schnurren können...

Wir hatten gemeinsame Interessen, wir lachten, wir unterhielten und amüsierten uns prächtig. Fünf Minuten? Von wegen! Nach zwei langen, kurzen Stunden hatten wir uns immer noch richtig viel zu sagen. Plötzlich dämmerte es mir. Ich erschrak. Um Himmels Willen! Nicht verlieben! Nicht auf dem Schiff! Ich muss die Reißleine ziehen. Ich gehe auf meine Kabine. Ganz schnell. Jetzt. Sofort! Ich verabschiedete mich ein wenig zu plötzlich, im Grunde sogar unhöflich. Er blieb irritiert zurück. Ich ging verstört auf meine Kabine. Noch nie hatte ich mit einem mir unbekannten Mann so lange und intensiv geredet. Und noch nie war ich so schnell so durcheinander gewesen. Ich ließ jede Einzelheit unseres Abends Revue passieren und bemerkte erst jetzt, wie viel Persönliches ich bereits von mir Preis gegeben hatte. Waren seine Blicke nicht auch immer persönlicher geworden? War da bereits etwas mit uns geschehen? Ich erlebte die berühmt-berüchtigte Achterbahn der ungestümen Gefühle. Plötzlich Teenager. Meinte er es so? Oder doch anders? War es so? Oder so doch nicht? Erst kurz vor dem Einschlafen wurde ich wieder erwachsen oder was ich dafür hielt. „Du bildest Dir da nur was ein" redete ich mir gut zu, „alles war bestimmt eine ganz normale Unterhaltung. Ansonsten war da nichts. Ganz bestimmt nichts."

Am nächsten Morgen lief unser Schiff Stockholm an. Man hatte mich gebeten, einen Ausflug zu begleiten. Ich hatte zugestimmt. Ich kannte Stockholm gut und freute mich daher auf den kommenden Überblick bei einer Stadtrundfahrt mit den Passagieren. Zum einen gab sie mir die schöne Möglichkeit viele meiner Lieblingsplätze noch einmal wiederzusehen; zum anderen gab sie mir die Chance IHM zu entkommen. Denn ich wusste bereits: Er mochte solche Touren nicht. Ich saß bereits im Bus als ich ihn sah. Ich hätte mich am liebsten versteckt. Ich hätte ihn am liebsten angelockt. Ich hätte, ich hätte. Unsere Bustür schloss sich. Es ging los. Ich fühlte mich sicher. Nun konnte ich entspannt aus dem Fenster sehen und ihn und sein Tun beobachten. Er schaute in alle Busse. Er suchte jemanden. Dann fuhr mein Bus langsam an ihm vorbei. Er entdeckte mich, lächelte mich an und winkte mir zu. Sein Blick sagte mehr als 1000 Worte. Er hatte gefunden, was er gesucht hatte: MICH! Mein Herz klopfte schneller als 1000 Mal pro Sekunde. Ich winkte zurück. Wie schön. Oh, ja. Oh, nein. Ich versuchte, mich auf die bildschöne Stadt zu konzentrieren und nicht mehr an ihn zu denken. Mit mäßigem Erfolg.

Beim Frühstück am nächsten Morgen trafen wir uns wieder. Zufällig. Er wollte gerade gehen. Ich kam. Er wollte mir Gesellschaft leisten. Ich lehnte ab. Allerdings gestand ich ihm, dass ich die Sängerin gewesen sei, die er gehört hatte. Dabei beobachtete ich ihn ganz genau. Wusste er es vielleicht doch? Hatte er mich nur getäuscht? Seine Überraschung wirkte ehrlich. „Ach ja, und heute ist bereits mein nächstes Konzert..." erklärte ich ihm, während ich so tat als müsste ich jetzt wirklich dringend frühstücken. Er sagte, er kommt bestimmt, er freut sich drauf. Dann war er weg. Hatte ich das SO wirklich gewollt?

Den ganzen Tag kümmerte ich mich um meinen Auftritt. Ich machte meine Stimmübungen. Ich ging mein Repertoire noch einmal durch. Ich hatte eine lange Probe, ruhte mich aus, zog mich um und legte meinem Gesicht sein Bühnen-Outfit an. War ich aufgeregter als sonst? Ein wenig. Na ja, vielleicht ein wenig mehr als ein wenig. Dann begann meine Show. Vorhang auf! Ich sah ihn sofort. Er saß in der ersten Reihe. Genau in der Mitte. Ich ertappte mich dabei, dass ich ihn während meines Auftritts immer wieder ansehen musste. Ich beobachtete sein Gesicht, seine Mimik, seine Reaktionen. In meinem

Programm gibt es Stücke, bei denen ich einen Gast zu mir auf die Bühne hole. Das klappt normalerweise immer ganz wunderbar. Doch falls sich einmal alle von mir Auserwählten sträuben sollten oder ich einfach nicht meinen Traummann für die kommenden vier Minuten finde, gab es natürlich eine Absprache: Dann musste ein Kollege ran.

Es war so weit. Ich moderierte mein nächstes Stück an. Es hieß „Milord". Welchen Mann sollte ich mir holen? Ich fühlte mich nicht nach irgendeinem Gast. Ich wollte daher ausnahmsweise schnurstracks zu meinem Kollegen Hanno gehen, doch im Sekundenbruchteil einer Sekunde entschied ich mich um. ER sollte mein Tanzpartner sein, für einen kurzen, langen Walzer lang. Ich wollte ihm nah sein – ganz unverfänglich vor Publikum. Ich wollte seine schönen Hände spüren – ganz unauffällig im Rampenlicht. Ich griff mir meine Requisiten und ging direkt auf ihn zu. Ich legte ihm einen weißen Schal um, setzte ihm einen Zylinder auf und führte ihn in die Mitte der Bühne. Er sah umwerfend aus. Weniger umwerfend war, was dann passierte. Er war schrecklich nervös, er hatte ständig Angst mir auf die Füße zu treten, und er konnte leider auch keinen Walzer. Er tat mir fast leid. Dummerweise hielt er mich auch nicht fest in seinen Armen, wie ich es mir gewünscht hatte. Wir waren weit davon entfernt ein perfektes Paar im Dreivierteltakt zu sein. Hatte ich wirklich erwartet, dass wir von jetzt auf sofort im Tanz verschmelzen? So wie in diesen herrlich altmodischen Hollywood-Filmen? Ich gestehe: Ja. Ich hatte es mir irgendwie gewünscht. Doch im Grunde war es so wie es war eigentlich noch schöner. Denn es fühlte sich trotz allem richtig gut an. Und es war real. Kein durcharrangierter Film. Ich war hin und weg. Er nur unendlich erleichtert als es vorbei war. Ich begleitete ihn unter Publikumsapplaus auf seinen Platz. Ich musste fast lachen. Nach meiner Show verschwand er. Er wartete nicht am Ausgang der Lounge. Er war nicht an der Bar. Ich suchte ihn. Ich entdeckte ihn nirgends. Hatte ich ihn verschreckt?

Erst am nächsten Morgen trafen wir uns wieder. Vielleicht war es zufällig, auf jeden Fall war es wieder beim Frühstück. Er schaute mir tief in die Augen und meinte, er müsse mich treffen. Nur unterhalten, möglichst mit mir alleine. Oh, weh! Das war genau das, was ich mir ebenfalls wünschte. Doch auch genau das, was am wenigsten ging. Nicht an Bord eines Schiffes. Nicht zu zweit allein. Nicht, wenn einer von beiden bekannt ist wie ein bunter Hund. Und falls man dummerweise bei einem Tête-à-Tête auch noch entdeckt wird, dann geht das sofort rum. Dann hat man bereits eine Affäre bevor sie überhaupt angefangen hat. Klatsch und Tratsch über Liebesdinge verbreiten sich wie ein Lauffeuer. Von Bug bis Heck, auf allen Decks, unter den Gästen und der Crew. Das Gesehene wird fantasievoll angereichert, das vermeintlich Geschehene von Tag zu Tag mehr ausgeschmückt und die Bemerkungen werden von Stunde zu Stunde anzüglicher. Das durfte ich mir nicht antun. Damit durfte ich unseren Anfang von Was-auch-immer nicht belasten. Doch es stand ebenso fest, dass wir so ein heimliches Treffen dringend brauchten. Denn für eine öffentliche Aussprache waren unsere Gefühle füreinander einfach viel zu offensichtlich. Was also tun?

Ich dachte kurz nach, ging alle Plätze an Bord durch und verabredete mich mit ihm am Bug des Schiffes. Das Wetter war mäßig und die Gefahr dort auf andere zu treffen gering. Ich steckte eine Visitenkarte ein, schrieb vorher das Datum meiner Ankunft an Land rauf, mummelte mich regensicher ein und machte mich auf den Weg. Es war eigentlich klar, dass ich ein bekanntes Gesicht treffen würde. Dummerweise war es das der Reiseleiterin, deren Näschen für Amouröses schiffsbekannt war. Sie schaute mich forschend an, kräuselte kurz die Stirn und rief mir ein grinsendes „Fang Dir bloß nichts ein...“ hinterher. War das zweideutig? Sympathische Fürsorge wegen des Schmuddelwetters? Was auch immer es gewesen war, ich wusste: Viel Zeit durften wir nicht miteinander verbringen. Nicht, dass sie auch noch rein zufällig an Deck auftauchte oder uns beobachtete. Als ich ihn sah wusste ich, dass wir eigentlich nicht viel miteinander zu besprechen hatten. Uns war klar, was mit uns passiert war. Auch er hatte sich vorbereitet. Wir schauten uns tief in die Augen, tauschten unsere Visitenkarten aus und trennten uns. Es war irgendwie romantisch, aber auch irgendwie tragisch. Was würde daraus werden? Würde daraus überhaupt etwas werden?

202

Am nächsten Tag haben wir uns nicht gesehen. Am Tag darauf war Abreise. Ich blieb an Bord. Er fuhr weg. Ich versteckte mich über Stunden in meiner Kabine. Ich wollte ihn nicht sehen. Ich wollte keinen Abschied. Alle hätten gemerkt, was mit uns geschehen war. Meine nächsten zwei Wochen an Bord fühlten sich an wie eine Ewigkeit. Ich checkte täglich meine Mails. Aber er schrieb nicht. Das war zwar klar, da ich ihm ja eindeutig zu verstehen gegeben hatte, dass ich erst wieder an Land etwas von ihm hören wollte, aber dennoch. Ich versuchte, mich auf meine Konzerte zu konzentrieren, freute mich über die wunderbaren Gespräche mit meinem Publikum und stellte erleichtert fest, dass niemand an Bord von dem Geschehen etwas ahnte. Selbst Hanno nicht. Am Tag meiner Abreise fühlte sogar ich mich fast so, als ob nie etwas gewesen wäre.

Ich war gerade einmal fünf Minuten zu Hause, da bekam ich eine Mail. Sie war von ihm. Wie konnte man bloß so perfekt timen? Als ich seine Zeilen las – es waren nur drei – musste ich lachen. Einen so wunderbaren, komischen und ungewöhnlichen Liebesbrief hatte ich noch nie erhalten. Ich schrieb sofort und in ähnlicher Art zurück. Fünf Minuten später kam sein Anruf. Es war erstaunlich, wie einfach, eindeutig und klar das mit uns war. Wir verabredeten eigentlich nur kurz das Wann und Wie unseres ersten Treffens. Ich wollte bereits auflegen, doch dann kam ein: „Ich muss Dir aber noch was sagen...“ Ich erschrak.

Ich konnte nicht glauben, was ich erfuhr. Ich saß die ganze Zeit kopfschüttelnd auf meinem Sofa und hörte gebannt zu. Als er vor zwei Wochen nach Hause kam, hatte er das Gefühl, dass er unbedingt mit irgendeinem Menschen über seine Reise reden musste. Er ging im Geiste alle seine Freunde und Bekannten durch, doch es schienen nie die richtigen für sein Thema zu sein. Dann fiel ihm eine Mitarbeiterin ein. Er rief sie an und gestand ihr, dass er sich an Bord in die Sängerin verliebt hätte, dass es aber eigentlich schon viel mehr wäre und viel tiefer gehen würde. So als ob man sich bereits erkannt hat, obwohl man sich noch gar nicht kennt. Seine Mitarbeiterin hörte brav und sehr lange geduldig zu. Doch anstatt eines Kommentars kam nur die

Frage: „Hatte die Sängerin rote Haare?" Er war perplex, sagte „Ja!" und fragte „Warum?" Dann lachte sie und meinte: „Dann kann es nur Sarah Laux gewesen sein."

Ich mache es nun ebenfalls kurz und Sie ahnen es auch sicher schon: Seine Mitarbeiterin war Heidi. Heidi, die Monologe der seltsamen Art wohl anzuziehen scheint. Heidi, die seitdem meine beste Freundin ist. Heidi, die schon damals zwei Menschen kannte, die sich später zufällig auf der Ostsee begegnen sollten. Ein Mann, der so ganz anders war als all die anderen, und eine Frau, die ganz normal und auch wieder nicht ist, haben inzwischen geheiratet. Es ist die große Liebe. Es war (fast) auf den ersten Blick. Es war etwas, an das wir beide nicht mehr so richtig geglaubt hatten. Doch nun wissen wir wieder, dass es sie wirklich gibt. Und sie wird von Tag zu Tag größer. Immer noch...

Epilog

Die Idee zu diesem Buch entstand bei Kerzenlicht. Eines Abends – ich erzählte meinem Mann gerade wieder etwas aus meiner Kreuzfahrt-Zeit – schaute er mir tief in die Augen und fragte: „Hast Du eigentlich Tagebuch geführt?" Ich schüttelte den Kopf. „Hast Du irgendwas aufgeschrieben?" Ich schüttelte ihn wieder und meinte: „An das Wichtigste erinnere ich mich." „Dann schreibe es doch jetzt mal auf." „Warum soll ich das tun?", fragte ich zurück. „Werde ich Dir zu vergesslich? Außerdem interessiert das doch keinen..." „Ich glaube, das siehst Du falsch", sagte er in einer ganz bestimmten, typischen Tonlage. Es ist seine diplomatische Kritikerstimme, die nie weh tut, aber dennoch klar ein Überdenken einfordert. Nach einer kleinen Kunstpause sprach er weiter: „Ich hätte nie gedacht, dass das, was Du mir erzählst, wirklich auf den Schiffen passiert. Es ist verrückter und unglaublicher als in allen Filmen zusammen. Es ist spannend und es ist wahr. So was interessiert. Nicht nur mich..." Ich zuckte mit den Schultern und lenkte vom Thema ab.

Seit jenem Abend hat er mich immer wieder mit der Nase darauf gestupst, dass das, was ich ihm gerade erzählt hätte, schon wieder eine spannende Geschichte wäre. Zu ihm sagte ich dann zwar immer nur „Ach, Quatsch!", doch steter Tropfen höhlt den Stein. Irgendwann setzte ich mich daher heimlich hin, schrieb Notizen, formulierte Erinnerungsskizzen und dann nach und nach die ersten Geschichten. Nicht zielgerichtet, nicht kontinuierlich, nicht für andere, sondern nur für mich. Dabei fiel mir auf, dass meine Zeit auf Kreuzfahrtschiffen fast 30 Jahre lang das Drehbuch meines Lebens gewesen war. Aber nicht nur das. Auch meinen Mann hatte ich ja auf einem Kreuzfahrtschiff kennengelernt. Und erst seitdem durfte ich dankbar zwei Lieben gleichzeitig leben: die Liebe mit meinem Mann und die Liebe zur Musik. Aber das empfand ich als meine Privatsache. Ich hätte aus meinen Kreuzfahrt-Erinnerungen immer noch kein Buch gemacht. Doch Dieter, mein Mann, sah das anders. Er fand all die schrägen, skurrilen, gefährlichen und romantischen Erlebnisse großartig. „Sie sind zu besonders, um nur in Deinem Kopf zu sein", sagte er mir immer wieder.

In meinem ganzen Leben habe ich nie das Gefühl gehabt, dass ich etwas Besonderes erlebe. Geschweige denn gedacht, dass ich selbst etwas Besonderes bin. Ich war und bin einfach nur ich. Mal geht's mir schlecht, mal geht's mir gut. Das alles prägt. Das alles gehört dazu – zu diesem Puzzle, aus dem irgendwann das Gesamtbild einer Persönlichkeit wird. Bei allen Menschen. Ich war und bin daher einfach nur Sarah – sowohl auf der Bühne als auch im Privaten. Im Grunde wundert es mich immer noch, dass das „die anderen" häufig ganz anders sahen. Es begann schon während der Schulzeit.

Ich wollte unbedingt Tierärztin werden. Doch ich war in Leichtathletik um Längen besser als in Latein. Das quälte mich. Ich schrieb in Deutsch die besten Aufsätze, doch das ließ mich kalt. Ich flog aus unserem Schulchor raus, weil meine Stimme unserem Lehrer viel zu präsent war. Aber ich konnte nicht anders singen, obwohl ich mir große Mühe gab. Und als ich bei einer Schultheaterpremiere den Dolch zückte, um meine Spielpartnerin zu ermorden, bekam sie so viel Angst, dass sie auf der Bühne in Ohnmacht fiel. Es war ein Desaster. Ich war zu überzeugend. Für mich stand daher fest: Ich war für NICHTS so richtig gut geeignet.

Eines Tages besuchte mein Klassenlehrer meine Eltern und meinte, ich sei was für das Theater, für den Film oder für die Musik – aber nix für die Naturwissenschaften und die klassische Uni. Das mit der Tiermedizin solle ich mir abschminken. Man überredete mich daher zum Vorsingen beim Meistersinger-Konservatorium in Nürnberg. Niemand war überrascht, als ich mit 16 die jüngste Schülerin in der Opernklasse wurde. Nur ich wunderte mich, dass es so einfach gewesen war. Ich hatte doch nur gesungen.

Meine Professorin habe ich geliebt. Sie konnte mich führen, meine Stimme schulen und mir und meinem Tun Selbstvertrauen geben.

Nach zwei Jahren ging sie zurück in die Staaten. Eine neue Professorin kam. Leider war bereits unser erstes Zusammentreffen eine Katastrophe. Interessiert fragte sie, was ich denn als lyrischer Sopran am liebsten singen würde. Ich antwortete wahrheitsgemäß: „Alles, nur nicht Wagner." Was ich nicht wusste und auch nicht wissen konnte, war dummerweise: Sie liebte Wagner. Es gab nur Wagner. Und kurze Zeit später gab es dann mich nicht mehr und meine Stimme war auch nicht mehr da. Ich fiel in ein großes, tiefes Loch. Was tun?

Ich telefonierte mit meiner Ex-Professorin in den USA und erzählte ziemlich verzweifelt, was passiert war. Sie war schockiert und versprach mir, mich demnächst wieder anzurufen. Ich bewarb mich spontan bei der Schauspielschule in München und wusste nicht mal, ob ich das wollte. Doch ich wurde sofort angenommen. Und nicht nur das: Meine amerikanische Förderin verschaffte mir ein Vorsingen bei dem berühmtesten Gesangslehrer Münchens. Auch er nahm mich sofort an.

Meine ersten Engagements bei Theater- und Musicalproduktionen sind mir förmlich zugeflogen. Doch es fühlte sich falsch an. Per Zufall traf ich eine Freundin, die mir erzählte, dass ein Produzent für ein ganz bestimmtes Stück eine Interpretin suchen würde. Ich wusste: Er hatte schon mehrere bekannte Schlagersängerinnen entdeckt und berühmt gemacht. Doch ich wusste auch: Bei diesem Stück hatte er vielen Sängerinnen nach den ersten Proben abgesagt. „Was soll's", dachte ich und ging einfach hin. Ich merkte: er hatte wenig Vertrauen. Dennoch gab er mir einen Kassettenrecorder mit dem instrumentalen Playback und den Text. Ich sollte im Nebenzimmer erst mal üben. Fünf Minuten später war ich wieder da. Ich sah ihm förmlich an, dass er mir eine Blamage gönnte – wegen meiner Überheblichkeit. Er ließ mich ins Studio und ich sang. Nach kurzer Zeit unterbrach er mich. Oh je – was würde jetzt kommen? Er war die Begeisterung in Person und machte mit mir einen Termin für den nächsten Tag aus. Das Einspielen des Stückes lief hervorragend und er nahm mich und das Demo mit zur Ariola. Eine Stunde später hatte ich einen Plattenvertrag. Allerdings mit einem Haken: Ich durfte nur noch singen, was man mir vorgab, und ich sollte eine neue Marke werden. So was ganz Großes! Man wollte mich aufbauen.

Ich mache es kurz: Das war nix für mich. Ich lernte zwar die große, weite Welt kennen, traf Promis ohne Ende, ernährte mich von Schampus und Kaviar, doch meine Seele wurde nicht genährt. Sie hungerte immer mehr. Doch wo gehörte ich denn nun hin? Vielleicht doch zum Film oder ins Theater. Es schien so. Denn nach meinem 10-Jahres-Schallplatten-Vertrag bekam ich ein wunderbares Angebot nach dem nächsten. Sogar Hollywood war dabei. Ich konnte es kaum glauben. Wovon andere nur träumen, bekam ich von jetzt auf sofort geschenkt. Dass daraus nichts wurde, lag an mir. Genauer: an einer leichten OP, die vermurkst wurde. Ich bekam durch eine Blutvergiftung ein Nierenversagen und zwei Liter Wasser in die Lunge. Mein Leben hing an einem seidenen Faden und erst in letzter Sekunde bin ich dem Tod von der Schippe gesprungen. Durch ein Medikament, das noch nicht ausgetestet war. Aber es war die letzte Hoffnung. Ich überlebte. Die nächsten 10 Jahre war ich dennoch weg vom Fenster. Weder Schauspiel noch Gesang gingen. Ich kämpfte täglich um meine Stimme und um ein neues Leben: mein nächstes Leben.

Dieses nächste Leben begann mit der Kreuzfahrt und mit Chansons. Ich wurde sofort süchtig. Das war es! Doch wie bei fast allem gibt es eine Licht- und eine Schattenseite. Das Licht waren all die wunderbaren Reisen, das begeisterte Schiffspublikum und all die Erlebnisse, die ich – natürlich nur zum Teil – hier in diesem Buch niedergeschrieben habe. Der Schatten war die zunehmende Einsamkeit zu Hause, weder Zeit für den Aufbau einer klassischen Karriere als Sängerin noch für das Pflegen von Beziehungen – sowohl beruflich als auch privat. Von langfristigen Tourneen ganz zu schweigen. Es war dennoch alles super und ich hätte mein Leben lang so weiter gemacht. Ich war ja immer noch glücklich. Zumindest meistens. Irgendwie.

Als ich Dieter an Bord traf, musste ich mich entscheiden: für ihn und einen beruflichen Neustart an Land oder gegen ihn und für das Meer. Meine Entscheidung war einfach. Einer großen Liebe darf man nicht davonschippern. Seitdem schreibe und komponiere ich nur noch meine eigenen Chansons, interpretiere berühmte Evergreens von Edith Piaf oder Marlene Dietrich und bin endlich angekommen: mit meinem eigenen Programm auf all den zauberhaften, kleinen Bühnen, auf denen man seinem Publikum herrlich nah sein darf. Und bei einem Mann, der mich liebt, der zu mir steht und mich machen und lassen lässt. Außer mit diesem Buch...

Es hat ein paar Jahre gedauert bis ich zu diesem Projekt endlich „Ja" sagte. Doch ich traute mir nicht zu, dass ich das alles ganz alleine schaffen würde. Dieter konnte nicht mein Sparringspartner sein. Er hatte zwar die Empathie, konnte schreiben und kannte mich, aber er hatte keinerlei Kreuzfahrterfahrung. Und so blieb dieses Buch wieder für geraume Zeit eine Idee für irgendwann einmal später oder auch nicht. Ich hatte es schon fast wieder vergessen. Dieter nie.

Wie so vieles in meinem Leben hat es sich gefügt – auf einem Kreuzfahrtschiff. Zwei Raucher kamen ins Gespräch, an einem frühen Morgen auf dem Achterdeck am letzten Tag der Reise. Mein Mann sprach Petra Clamer an. Er wusste nicht, dass sie die Kultur-, Kunst- und Geschichts-Vorträge an Bord hielt, die ich so klasse fand. Ich wusste nicht, dass sie eigentlich Journalistin war, Kommunikationsaufträge im Bereich der Touristikwerbung übernimmt und die Kreuzfahrt von Land- und Seeseite kennt. Und das alles erfolgreich seit vielen Jahren. Das erfuhr aber Dieter. Er stellte uns natürlich vor. So lernten wir uns kennen. Aus einem Sparringspartner wurde eine Partnerin. Ihre Nachfragen forderten und inspirierten mich. Wir waren ein perfektes Team. So ist dieses Buch nun doch noch entstanden. Im Grunde ist es mir passiert. Und es hat mir viel mehr Spaß gemacht, als ich gedacht hatte. Es ist eigentlich auch ein kleines, großes Kreuzfahrtwunder.

Ich wünsche Ihnen viel Spaß beim Lesen und Nacherleben und freue mich auf Ihr Feedback.

Ihre
Sarah Laux

209